季刊 考古学 第35号

特集 石器と人類の歴史

◉口絵(カラー) 人類最古の石器　アフリカ・オルドヴァイ遺跡
黒耀石原産地の石器製作
蛇紋岩製磨製石斧
石斧柄と磨製石斧

（モノクロ） 狩猟具としての石器
漁撈と石器・骨角器
木工具と収穫具
まつりの石器

JN214945

表紙デザイン・カット／サンクリエイト

人類最古の石器
アフリカ・オルドヴァイ遺跡

高さ100mを越す断崖に，色紙の束を重ねたような地層の堆積に，人類200万年の歴史のサクセションを示すオルドヴァイ遺跡は，人類史の宝庫である。そこで人類最古の石器を手にすると，荘厳な人類史の重味と感動を全身に受けることができる。

構　成／戸沢充則

壮大な人類史の堆積をみせるオルドヴァイ遺跡

初期の礫器

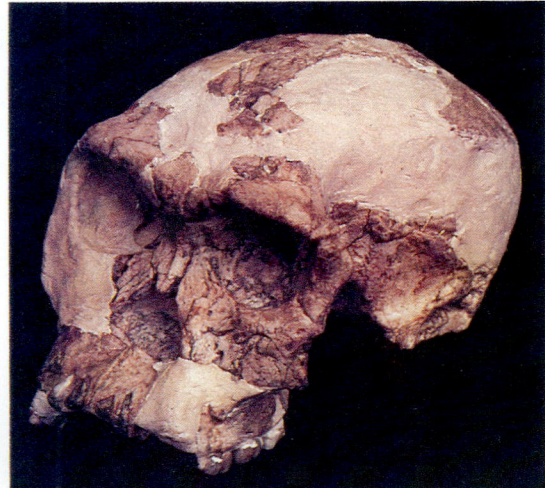

最古の石器の製作者（アウストラロピテクス・アフリカヌス）

加工の進んだ礫器

握　斧

黒耀石原産地の石器製作

鷹山第Ⅰ遺跡の集中的な遺物の出土状態

鷹山遺跡群は，中部高地の著名な黒耀石原産地の一つである星糞峠の直下に広がる先土器時代の遺跡群である。尖頭器文化期を中心として，その前後の時期におよぶもので，鷹山第Ⅰ遺跡は，その中核的な遺跡である。石刃や槍先形尖頭器の集中的な製作が行なわれ，製作された石器や調整された素材，原石などが搬出されていたことが明らかである。

構　成／矢島國雄
写真提供／明治大学鷹山遺跡群調査団

鷹山第Ⅰ遺跡での原石，石核などの集中的な出土状態

八ケ岳山麓，麦草峠の黒耀石の露頭

鷹山第Ⅰ遺跡Ｓ地点の槍先形尖頭器製作工程　　上段：板状の礫を素材とする槍先形尖頭器の製作工程（類型Ａ）
下段：部厚い剥片を素材とする槍先形尖頭器の製作工程（類型Ｂ）

蛇紋岩製磨製石斧

新潟県境に近い富山県境Ａ遺跡では，縄文時代中期以降，蛇紋岩の磨製石斧を多量に製作していた。遺跡の眼前に広がる海岸から無尽蔵ともいえる蛇紋岩原石を採集し，剝離・敲打・研磨によって完成した磨製石斧は日本各地に運ばれ，使用されたようである。境Ａ遺跡からはおびただしい数量の磨製石斧未成品を始め，敲石・砥石・台石といった石製工具類が出土している。

構　成／山本正敏
写真提供／富山県埋蔵文化財センター

境Ａ遺跡の遠景（中央茶色の部分が発掘地点）

蛇紋岩製磨製石斧

蛇紋岩製磨製石斧未成品

硬玉製敲石

砂岩製砥石

石斧柄と磨製石斧

縄紋時代の縦斧用膝柄には磨製石斧固定法の違いがある。①単にソケットに着装し紐などで固定する鳥浜遺跡例に顕著な類型。②斧台部に乗せ，両側から2枚の留め板をあて緊縛する桜町遺跡例に明らかな類型。③斧台部上面に平坦部を造り，上から被せるように押え具をあて緊縛する荒屋敷遺跡・番匠地遺跡例に見受けられる類型。それらは磨製石斧の形態と密接に関連する固定法が想定できる。　　　　　　　　　　　構　成／山田昌久

福島県番匠地遺跡例
いわき市教育委員会提供

福島県荒屋敷遺跡例
三島町教育委員会・福島県立博物館提供

北海道忍路土場遺跡例（用途不明品）
小樽市教育委員会提供

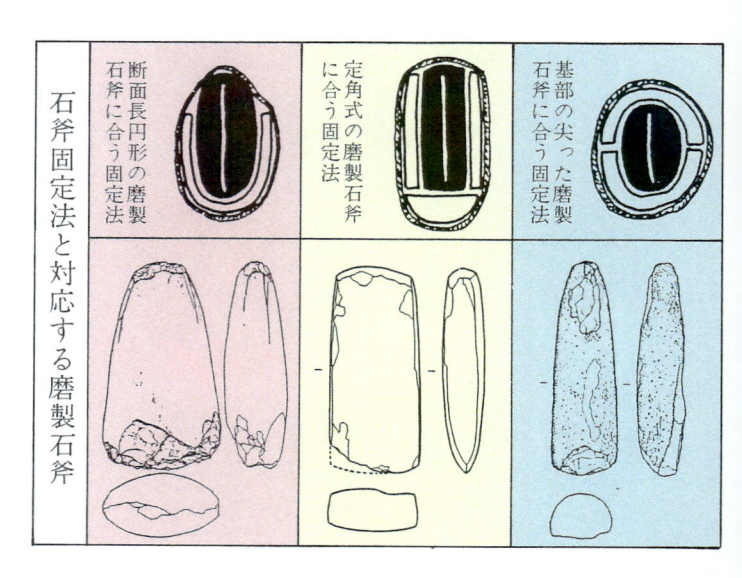

石斧固定法と対応する磨製石斧

断面長円形の磨製石斧に合う固定法

定角式の磨製石斧に合う固定法

基部の尖った磨製石斧に合う固定法

狩猟具としての石器

狩猟用石器の変遷は，基本的に槍を用いる突き猟を主体とした先土器時代から，これに弓矢猟の開発された縄文時代へと連続的な変遷をたどる。狩猟具を主体とする先土器時代の石器には大陸から波及したものもある。縄文時代は石鏃を主体としているが，東日本には槍先形尖頭器が加わる地域もある。

構　成／阿部芳郎

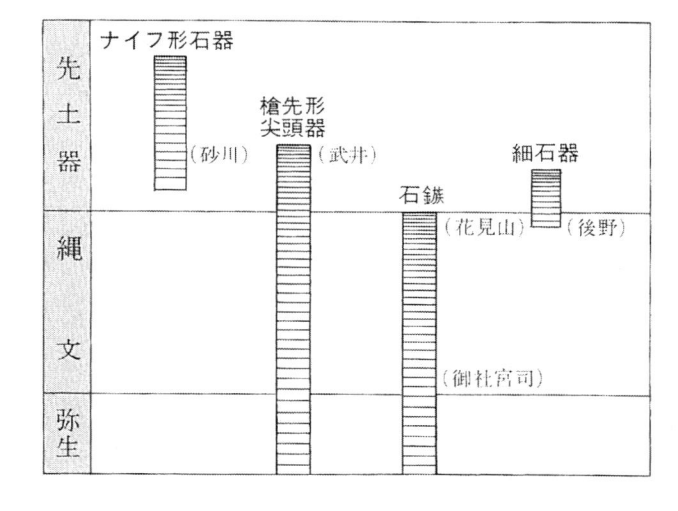

先土器	ナイフ形石器（砂川）		槍先形尖頭器（武井）		石鏃	細石器（後野）	
縄文					（花見山）		
					（御社宮司）		
弥生							

埼玉県砂川遺跡のナイフ形石器（先土器時代）
明治大学考古学博物館提供

群馬県武井遺跡の槍先形尖頭器（先土器時代）
明治大学考古学博物館提供

神奈川県花見山遺跡の石鏃と尖頭器（縄文草創期）
横浜市埋蔵文化財センター提供

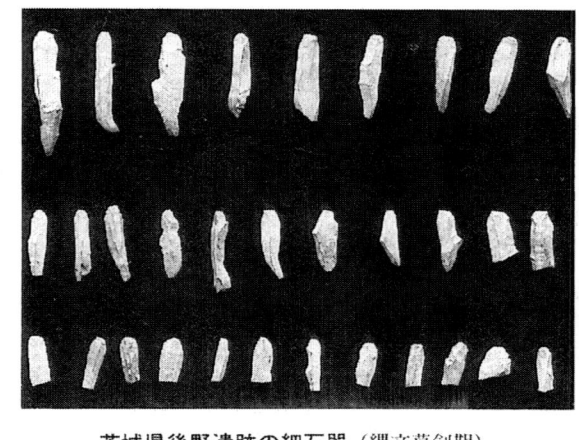

茨城県後野遺跡の細石器（縄文草創期）
勝田市教育委員会提供

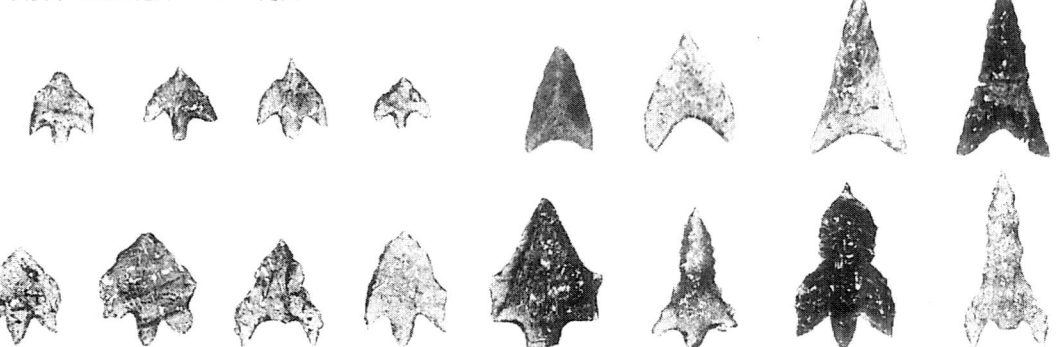

長野県御社宮司遺跡の石鏃（縄文晩期）　長野県教育委員会提供

漁撈と石器・骨角器

仙台湾から三陸沿岸地域では，縄文中期後半以降に，釣針・ヤス・銛といった骨角製漁具が発達する。また，マグロなどの外洋性大型魚の骨がしばしば検出されたため，この地域は外洋性漁業のセンターであると理解されてきた。しかし，近年の貝塚調査法の進展により，中～小型の表層回遊魚や内湾性魚類の占める比重がかなり高いことが明らかになった。

構　成／加藤道男・山田晃弘
写真提供／東北歴史資料館

里浜貝塚出土の漁具（釣針，燕形銛，組合せヤス）

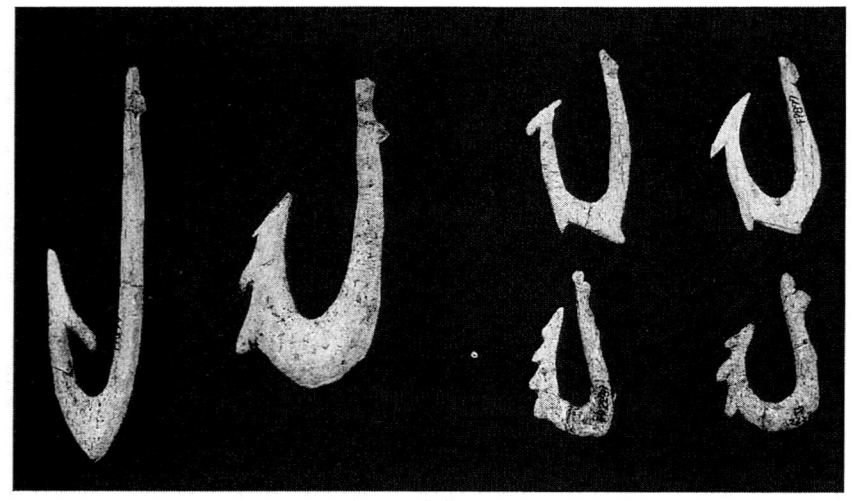

田柄貝塚出土の釣針

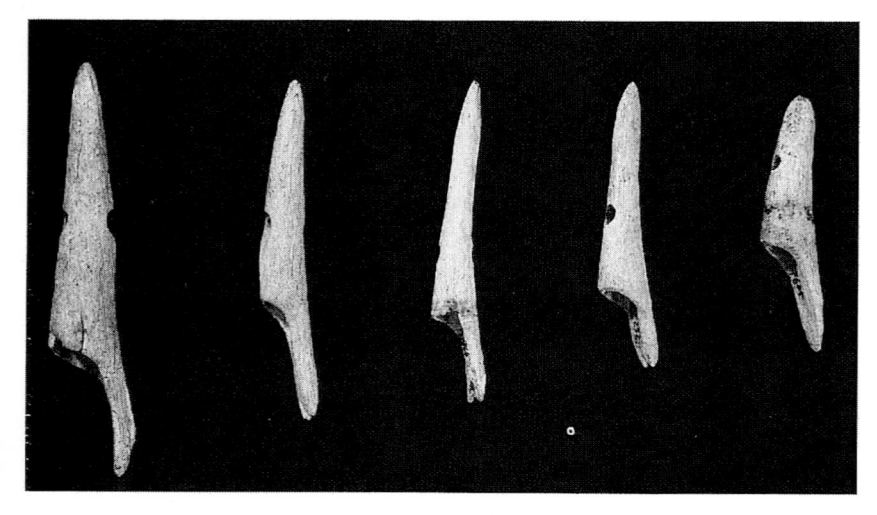

田柄貝塚出土の燕形銛

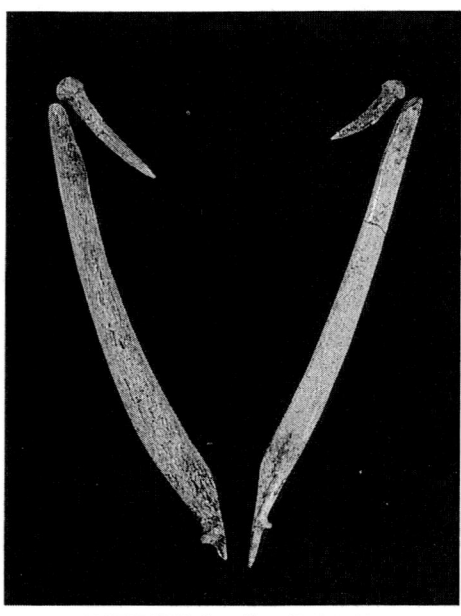

田柄貝塚出土の挟み込みヤス

田柄貝塚出土の軽石製浮子

木工具と収穫具

弥生時代の水田耕作では，木工用の磨製石斧群で作られた木製農耕具が主役をなした。しかし地域によっては，縄文時代の石器を思わせるような打製石器農耕具が，かなり新しい時代まで使われていた。

構　成／戸沢充則

太形蛤刃石斧（割斧）

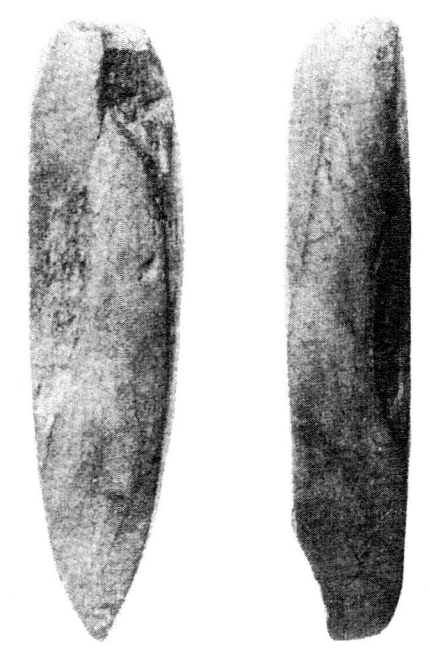

柱状片刃石斧（手斧）

扁平片刃石斧（手斧）

長野県岡谷市海戸遺跡出土の磨製石斧群

有肩扇状形石器

打製石庖丁 ── 磨製石庖丁

長野県飯田市恒川遺跡出土の収穫具（弥生後期，古墳前期）

まつりの石器

石棒は縄文時代の中期から晩期にかけて盛んに用いられたが，当時のまつりにかかわる呪術的な用具と考えられる。住居の炉辺に設置された例や埋甕内に樹立された例をみると，火や妊娠呪術にかかわるまつりに用いられたものらしい。また，屋外に集積状態で出土する例などは，集落全体のまつりに用いられたものであろう。

構　成／山本暉久

長野県御射山原 2 号住居跡　高森町教育委員会提供

岐阜県堂之上 6 号住居跡　久々野町教育委員会提供

埋甕内の石棒樹立状態

長野県瑠璃寺前 3 号住居跡　長野県埋蔵文化財センター提供

神奈川県東正院遺跡第 2 環礫方形配石遺構出土の小型石棒

東京都下布田遺跡特殊遺構　國學院大學久我山高等学校提供

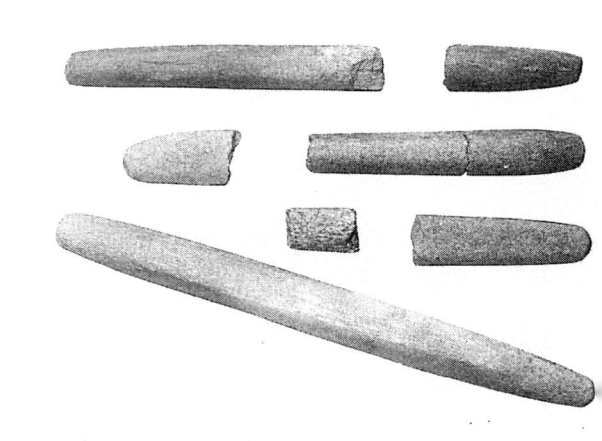

東正院遺跡出土の石棒　神奈川県立埋蔵文化財センター提

季刊　考古学

特集

石器と人類の歴史

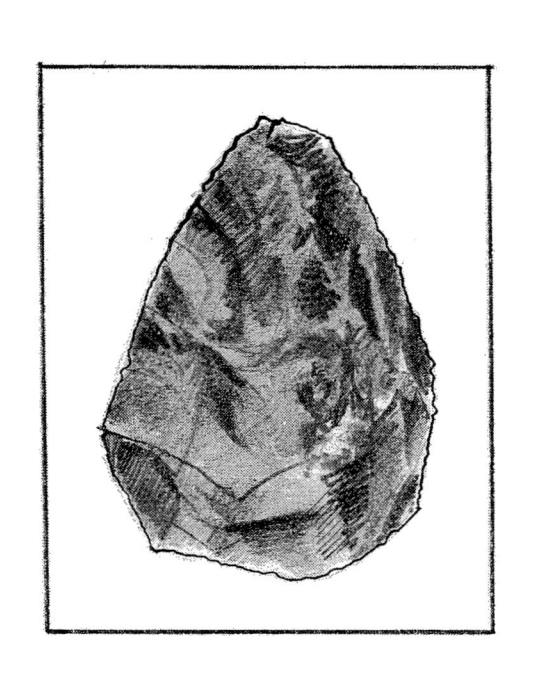

石器と人類文化

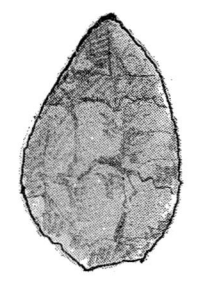

明治大学教授 戸沢充則
（とざわ・みつのり）

石器が使われた時代と人類文化の展開の歴史を全体的に概観し，併せて道具として石器をみつめるという本特集のねらいを示す

1　人類の時代と石器の技術

　限りなくサルに近いヒト科の“動物”であった“祖先”の時代は別として，人類史の最古の年代は300万年前ないし200万年前の時代であったと，いま一般にはそう説明されている。仮に300万年前とするその人類史スタートの指標はなにかと問われれば，多くの考古学者は，あるヒト科の動物が道具を使って，組織的な“労働”，とくに積極的な狩猟をはじめたことを証拠にあげる。

　人類がはじめて手にした道具は，必要に応じて自分の身近なところから拾いあげた木の棒であり，死んだ大型獣の骨の一部であり，大小手ごろな大きさの石塊であったにちがいない。そのような“天然の道具”の時代はかなり長く，数万年いや数十万年もあったであろうと推測される。

　こうした作られた道具以前の道具の使用という長期間の試行錯誤の中で，人類は道具についてのさまざまな経験や知識を蓄積したはずである。例えば敵や獣を傷つけ，倒すには，丸太棒より先が尖ったり，角がある木の方がよく，柔かい木や骨よりも，硬い石の方が与える打撃ははるかに大きいなどなど……。

　このようにして人類はまずはじめに，道具づくりの最も好ましい素材として石を選択した。丸味のある，手のひらの中につかみやすい河原石の一端に，相手を傷つけやすい縁＝刃を作りだすための，ただ一発の加撃＝剝離が石器技術の第一歩であった。この単純な技術は後世へ，次の時代へとひきつがれ，一発の加撃が二発になり，複数にな

り，加撃の方向を変え，力量に強弱をつけ，加撃具も石ばかりでなく骨や木を併用するなど，多様な加工を石に施すことが可能になっていった。

　技術の伝承は人類が自らの歴史＝人類史を創出し，それを発展させる要素として，おそらく他のどんな要素（自然環境や形質的特徴等々）よりも重要なものであったと思われる。そして石器こそは300万年間におよぶ人類史のごく最近の時代，年代にしてせいぜい数千年以降の短い時間を除く人類史のほとんどの期間を通じて，技術の伝承を支える中心の位置を占めつづけていたのである。

　巻頭写真にみる東アフリカのオルドヴァイ遺跡は，最も単純な技術で作られた石器（礫器＝打器）が，たび重なる技術的改良によって，石の素材（原石）の形を全く変えるまでに複雑に加工された石器（握斧）を生み出すにいたるほとんど全過程を，数10mにおよぶ厚い堆積層の中に層位的に保存する世界で唯一の遺跡といってもよい。

　その間に猿人（アウストラロピテクス）は原人（ホモエレクトス）に進化し，実に約100万年という悠久な時間が経過した。かほどさように初期の人類の道具の進歩はゆるやかであった。しかしそれを支えた技術は着実に改良を重ね，ホモサピエンスの時代，さらに新石器時代へと進歩の速度を早め，やがて石器は姿を消すが，その間に蓄積された技術は，現代文明の中で，人類生存の“哲学”を見失わせるほどに，急激な開発と異常な膨張をするにいたった。

　人類300万年の歴史と，その間の石器およびその技術の変遷をかえりみることは，地球人とし

て，地球の大自然の中に生きてきた人類の，現代における生き方を反省することでなくてはならないのであろう。

2 人間の道具として石器を研究する

石器は約300万年とされる人類史の時間の経過の中で，また地球上の異なる地域の複雑な環境空間の中で，さまざまな様態をもって存在する。下部（前期）・中部（中期）・上部（後期）旧石器時代とか，新石器時代といった時代区分，あるいはアフリカの石器，ヨーロッパ，アジアの石器，日本の先土器時代の石器等々といった地域性の大枠は，石器を考古学的に研究する枠組として意味をもつが，300万年の人類史を通じて，地球上の多くの地域で，「石器」という名の下でくくることのできる一つの歴史遺産が，人類史的視点でどんな歴史的役割を果したのだろうかというジオラマを見ることは，いままでほとんどなかったといってもよい。

日本の学界では，戦前，日本石器文化の主体を占める縄文時代の研究において，早くから石器への関心が示されたが，明治・大正期を通じてそれは石器分類学，あるいはその中の特殊な器種の石器の個別研究に止まっていた。とくに大正・昭和前半期に縄文土器の編年研究が隆盛をきわめ，石器研究はないがしろにされる傾向が強かった。昭和10年代にあった「ひだびと論争」は，古い時代の人々の生活や生産に直接かかわりあいの深い石器の研究こそ重視すべきだという地域研究者の提言を，中央の研究者が編年研究こそ優先すべきだとしてしりぞけた論争として，日本考古学史に記録されているものであるが，そのことが戦前の石器研究の状況をよく示している。

しかし早くから農耕文化との関連，あるいは東アジア周辺文化との関係が重要な研究テーマであった弥生文化の石器については，生産の道具として，またアジア史的文化財として，縄文時代の石器とは別の視点で研究が進められていた。

戦前の，総じて停滞していた石器の研究は，敗戦後ようやく学界に一定の座を占めるようになった。その最大の契機となったのは，日本の旧石器文化（先土器時代文化）の発見とその研究の急速な進展である。日本で出土する石器が，ヨーロッパの，あるいは中国大陸のどんな石器に時代的・文化的に対比されるかといった比較研究の必要性は

ともかくとして，石器以外に目立った研究対象のない先土器時代文化については，石器（石器群）から最大限の時代性やその時代の歴史的変遷などを明らかにすることが，研究出発の当初から強く志向された。そのため，おおげさにいえば日本の学界においてははじめて，体系的かつ実践的にヨーロッパ先史学などにおける石器研究の方法論が積極的に導入され，試行錯誤の中で日本の学界独自の方法論の確立も意図されるようになったのである。以来40年余，日本の先土器時代の研究は，その難解さという欠点を除けば，おそらくこと石器研究の方法という点では，世界の学界の水準に負けるものではないといってよいであろう。

それとともに，永い停滞を続けていた縄文文化の石器研究は，1960年代から本格的に研究が進められ，藤森栄一らによる信州八ヶ岳山麓を主要なフィールドとする縄文中期農耕説（縄文農耕論）を通じて，画期的な進展を示しはじめた。そこでは個々の器種の石器の機能や用途が問題にされ，遺跡から，さらには一つ一つの竪穴住居址に残された幾種類もの石器のセットが重要視され，考古学的な分析・解釈からひき出された仮説を，石器の製作や実験的使用などの研究を重ねて，縄文中期文化のよって立つ生活基盤や特徴を明らかにしようとした。その結果（あるいは前提）として提唱された縄文中期農耕説については，"農耕"の様態や位置づけなどに学界ではさまざまな評価はあるが，縄文文化の石器を人間の生活と直接むすびつけて研究の対象とするという，永い学史の中で望まれながら果されなかった，本来あるべき石器研究の実践が示された意義は大きい。

それ以来，先土器時代文化の石器研究の方法の深化とあいまって，縄文文化の石器研究は，いわゆる「生業論」と深くむすびついて，石器の組成論的研究を発展させ，縄文文化の地域性の把握や，一遺跡を残した"集団"の動態にかかわる石器群の製作・使用・廃棄のメカニズムを，遺跡あるいは遺跡群の単位で研究する動向などが顕著にあらわれている。

弥生時代の石器の研究実績や動向をもふくめて，いまや日本考古学における石器研究は，一つの重要な学史的段階を迎えているように思える。この時点で研究者にとって最も必要なことは，改めて，石器を人類史の大きな流れの中でとらえ，それが人間の歴史を作った基礎となり，つねに人

人の生活とともにあった道具であった"考古資料"であるという視点で，研究を進めなければいけないということである。

3　石器のもつさまざまな姿

本特集は全体として上記のような目的をもって企画された。

第Ⅱ章「石器と時代」では，人類が道具として石器を手にしてから，石器を主要な道具として使わなくなるまでの長い期間，どんな道具を使い，そしてどんな時代を経てきたかが概観されている。人類最古の石器については，日本列島の資料ではその把握が困難である。また下部（前期）旧石器時代といったとくに古い時代についても同様である。したがってそれらの記述は日本以外の地域を扱っているが，それ以降の新しい時代については，むしろ日本列島の実態をとらえることに重点をおいて執筆をお願いした。ここでは各時代にわたる研究の成果と，前述したような日本の学界での石器研究の主要な動向を理解することができる。「石器の終わる時」は，いわゆる"石器時代"の枠組を大きくはずれた時代に生きのこる，道具としての石器の"生命力"を覚えさせ，人間の生活の多様性を改めて認識させられよう。

第Ⅲ章「石器の技術」では，やや特殊とも思える資料を対象として，日本における実態として「旧石器的」「新石器的」といえる石器とは何か，その技術的特徴の一端をどんな形でとらえられるかをテーマとした。いずれも石器および技術についての新しい視点が示唆される。最近関連資料が増加してきているのでその不安は少なくなったが，えてして考古学研究者は遺跡に残された「石器」だけで石器（道具）を理解してしまうことがある。「道具の復元」では完成された道具としての石器をみることへの重要さを認識したい。

第Ⅳ章「石器の製作と技術」の3つの節は，いずれも最近の調査・研究の成果にもとづいて，要約的な記述がおこなわれている興味深い論考である。石器の製作と流通が社会的分業というシステムの下に行なわれているということは，以前から弥生時代の石器群，とくに磨製石器群について指摘され，研究業績も多いが，縄文時代に関してもヒスイの広域におよぶ流通のほか，最近になって蛇紋岩磨製石斧の列島横断規模での流通・分布が明らかとなった。それのみかより古い先土器時代についても，石器原料の原産地遺跡およびそれに付随した石器製作遺跡への関心が深まり，それぞれの時代の流通を支えた社会のシステムには当然なんらかのちがいが予想されるとしても，石器が生産や生活の場で使われた道具としてのみならず，全時代を通じて，人々の動態を知ることのできる研究材料として，今後より重要な役割をもつであろうことが示唆される。

この拙稿でも再三述べてきたように，石器は人人の生産・生活の場で，本来の役割を果すべく300万年にもわたる長い時代，欠かさず作り続けられてきた，人類の主要な道具である。しかしその人類活動の場も様式も実に多様で，かつ複雑な姿相をもっている。

第Ⅴ章「石器と生業」の中にとりあげた人々の活動の場はほんの限られたいくつかの場にすぎない。ここでは日本列島に限ってケーススタディ的に，石器（道具）がそれぞれの役割に応じて活躍した姿を描き出すことにした。各論とも扱った資料の性格にもよるが，問題の指摘や視点にそれぞれ特徴があって，それぞれに石器研究の面白さや，ある意味では研究のむずかしさを感じさせる。しかしトータルないい方をすれば，それは研究者もまた研究の対象とされた古い時代の人々も，それぞれ考え方や生活の仕方は多様なのであって，考古事象のあらわれ方もけっして画一的ではないということを，教訓的に示しているようにも思える。

物を実証的に厳密に扱うことを研究の第一義とする考古学の研究では，形態や型式の分類，さらにその類型化などといったことが，研究の重要な手段であることはいうまでもない。その点で本特集が型式や編年などといった研究の重要課題を全く扱っていない点は企画の欠陥として指摘されるかもしれない。しかし反面，資料の類型化が，原始・古代人の生活の画一化に結びつきがちな"考古学的発想"は，それがつねに正しいとはいえない。

人類300万年の石器の歴史が，人類の多様な生活への対応，直接いろいろな場面で果している役割を，そのままとらえて正しい歴史を復元する方法論を，今後の石器研究の上で確立しなければならないであろう。

石器と時代

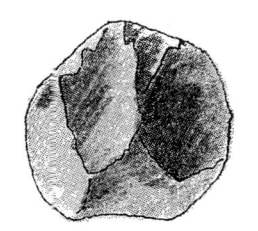

人類史の展開の過程で，石器はいかなる役割をはたしただろうか。石器の起源からその終焉に至るまで各時代の特徴を解説する

石器の起源／旧石器時代の石器／日本旧石器時代の石器／縄文時代の石器／弥生時代の石器／石器の終わる時

石器の起源

古代学研究所助教授

■ **鈴木忠司**

（すずき・ちゅうじ）

ヒトの起源は 400 万年前まで遡り，最古の道具である石器の証拠はアフリカにおいて 250 万年前まで遡ることがはっきりしている

人類の起源にまつわる発見は，問題の性質上，いつの場合にも人々の大きな関心を惹き起こす。19世紀以来，営々として続けられてきた科学的な探求の歴史には，いくつかの重要なエポックがあるが，わけても1950・60年代におけるオルドヴァイ遺跡での発見はもっとも重要なものであった。ここにおいて，はじめて正確な出土状態の把握と年代上の位置づけが可能になり，化石人類学と考古学の両側面からの議論が同じ土俵の上で可能となったからである。

オルドヴァイ以降にもいくつもの重要な発見がなされ，人類の起源に関する研究はますます盛んになってきている。このうち特筆すべきは，分子生物学研究[1]と東トゥルカナ，アファール地域など，主として北部ケニヤ，エチオピアのフィールドからもたらされた発見であろう[2]。これによって，化石からヒトの起源は 400 万年前まで遡り，最古の道具（石器）の証拠は 250 万年前まで遡ることがはっきりした。さらに分子時計によってヒトと類人猿との分岐点はたかだか 500 万年前のことにすぎないことが予想されることとなり，いつ果てるとも知れなかった源流遡及行は一応の終着点を見出しつつある。小論では，以上のような経過を踏まえながら，今日に連なる人類史の出発点に

おいて，石器がいかなる役割を果たしたのかを考えてみたい。

1 最古の石器

現在のところ，最古の石器群を出土した遺跡はエチオピア・アファール凹地，ハダールのウエスト・ゴナ(Gona)であり，その年代は約 250 万年前と測定されている。詳報に接していないが，試掘では19点の石器が得られている[3]。その内訳は，石核（打器 chopper）1，石核片1，剝片17（完形5，破片12）である。これらは，M. D. リーキーの分類に従えば，明らかに打器，多面体石器，円盤状石器を含んでおり，したがって，オルドヴァイ I 層の石器群と同じ特徴を具えていると理解されている。オルドヴァイ最下層の石器群の年代は約180 万年前であり，ウエスト・ゴナとは50万年以上のひらきがあるが，知見はあまりにも乏しいので，一度オルドヴァイに立ち戻って，最古の文化の具体像をみておこう[4]。

前期オルドヴァイ文化 Oldwan（図1）出土層は I 層から II 層中部下半に及び，DK，FLK N. N.，FLK Z.F.，FLK N. などがその代表的な地点である。打器，多面体石器，円盤形石器，球形石器，削器，彫刻刀形石器などがあり，まれに

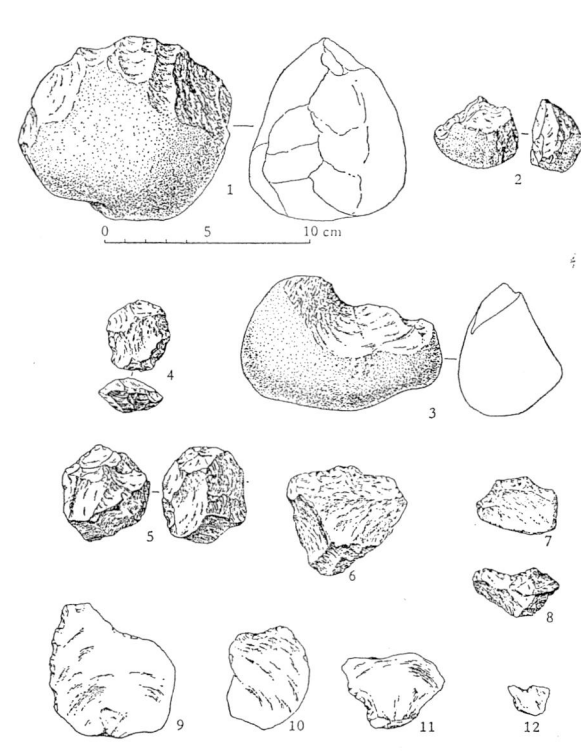

図1 前期オルドヴァイ文化の石器（オルドヴァイ DK Ⅰ層出土）（Clark, J. D., 1982による）
1〜3打器，4円盤形石器，5多面体石器，6〜8削器，9〜12使用剥片（1〜3・5〜7溶岩，4・8〜12石英）

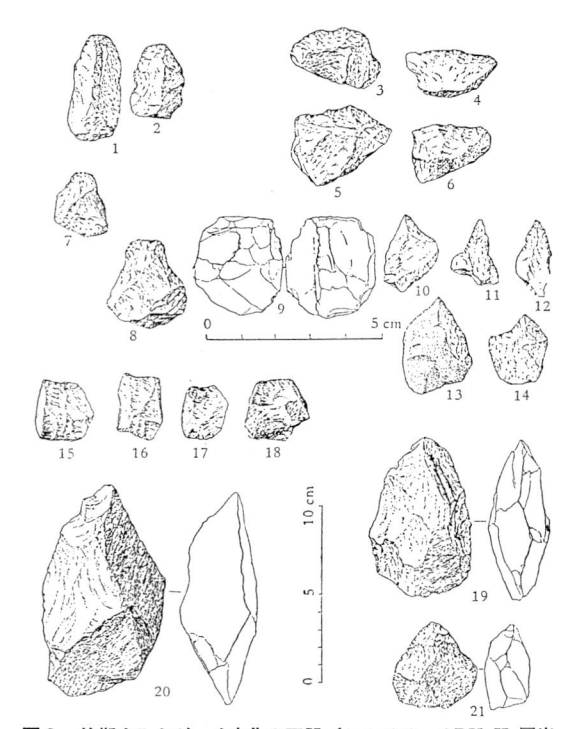

図2 後期オルドヴァイ文化の石器（オルドヴァイBK Ⅱ層出土）（9の縮尺は他の½）
1・2掻器，3〜6削器，7・8鼻形削器，9多面体石器，10〜14錐，15〜18楔形石器，19〜21両面加工石器（1〜18・21石英，19・20溶岩）

祖型両面加工石器もみられる。打器，多面体石器，円盤形石器，削器などが組成の主体である。DK の打器30.4％という数値はやや少なめで，通例60％前後をこれが占めている。débitage や台石，槌石も多く認められている。

後期オルドヴァイ文化A・B　Developed Oldwan（図2）　AがⅡ層中部下半にあり，FLK N.S.C.，HWK E.S.C. などがその主たる地点であり，BはⅡ層中部から上部にわたり，FC W.，SHK，TK，BK などがその代表例である。打器，多面体石器，円盤形石器，球形石器，削器，彫刻刀形石器がある。真正の両面加工石器や錐形石器が新たに加わる。また前段階で組成の中心にあった打器が10〜20％に減少し，かわりに球形石器が30％前後に急増している。後期オルドヴァイ文化Bでは，両面加工石器の存在が顕著になり，小型剥片石器が一層増加する。

前期アシュール文化　ホモ・エレクトゥスの残した文化であると推定されているが，層位的な位置はⅡ層中部にあり，アウストラロピテクス・ボイセイ，ホモ・ハビリスと共存した時代でもある。EF-HR 地点では石器群の構成の上からは，

後期オルドヴァイ文化のそれと大差なく，打器，両面加工石器，多面体石器，円盤形石器，削器を有している。握斧，握槌を含む両面加工石器の出現とこれが全体の50％を越すところに，最大の特色とこれをアシュール文化と認定する根拠がある。これら石器群構成の変遷を概観すれば図3のようになる。

2　狩猟説から食物分配説へ

鮮新世末期〜更新世初頭にかけての乾燥化は，森林の縮小を引きおこし，森のサル達の中から，直立二足歩行し周辺のよりオープンで乾燥したサバンナに進出する一群が出現した。最初のヒトである。これがいわゆるルーシーに代表されるアウストラロピテクス・アファーレンシスであって，およそ400万年前のできごとであった[5]。そして250〜200万年前ころには，ロブストス，アフリカヌス，ハビリスの三つのタイプの猿人が登場する。これと時を同じくするように，ウエスト・ゴナの石器群が登場し，オルドヴァイ文化が始まっている。

三者のうちいずれが石器の製作・使用者であったのかは別にして，明らかに250万年前の東アフ

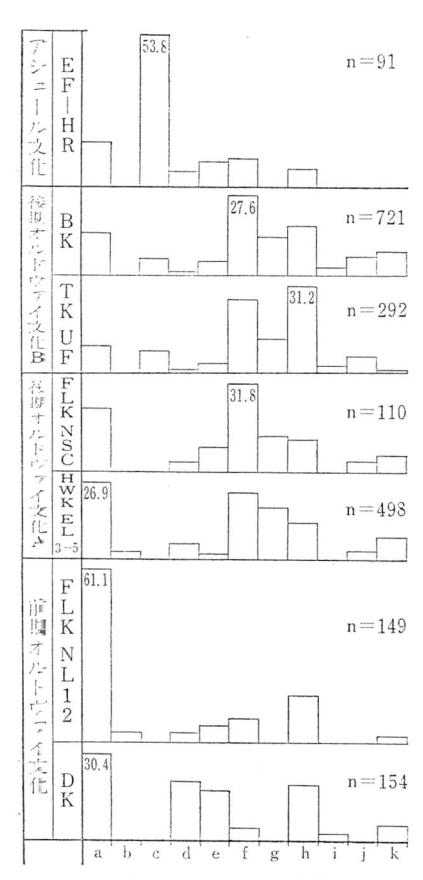

図3　オルドヴァイ文化からアシュール文化にいたる 石器構成比の変遷（Leakey, M. D., 1971より作成）
a：刃器，b：祖型両面加工石器，c：両面加工石器，d：多面体石器，e：円盤形石器，f：球形石器，g：modified battered nodules and blocks, h：削器，i：彫刻刀形石器，j：錐形石器，k：その他（棒グラフ中の数値は，主要器種の比率を示す）

リカには，石器製作をするヒトが誕生し，確実に人類史の第一歩が印されることになった。オルドヴァイ文化はウエスト・ゴナから前期オルドヴァイ文化を経て，後期オルドヴァイ文化へと移行する。百数十万年前の最古のアシュール文化の出現後もこれと併存してその伝統を保持し続けるというから，少なくとも100万年以上継続したことになる。

ところで，オルドヴァイ文化は，握槌，握斧の顕著な存在によって特徴づけられるアシュール文化と対比してみると，この間の変化はごくわずかなものであり，基本的性格はほとんど変わることがなかったとみることができる。それは，構成比の若干の変化を別にすれば，打器を中心とする重量石器（heavy duty tool）と削器類に代表される軽量石器（light duty tool，小型剝片石器）の二大要素からなっていた。これこそが初期人類が人類とし

ての生活様式を確立していくための道具立ての基本構造であった。

このような道具を携えた初期人類の行動・生活様式の特徴とはどのようなものであったのだろうか。オルドヴァイの調査結果などから，1970年代までに描かれたものは，肉食に比重のかかった，大型動物をも対象とした狩猟者としてのすがたであった。したがって，オルドヴァイ文化の石器群の主要な役割も狩猟行動とこれに係るものであると暗黙のうちに理解されるところとなっていた。

しかしながら，1970年後半頃から，ヒト化の要因を肉食・狩猟に求めるいわば狩猟説に対して，様々な角度から疑問が投げかけられはじめた。西田利貞氏の解釈もその一つである[6]。打器は狩猟行動にかかわる道具というよりも，木の枝を払ったり先を尖らすような用途，もっと具体的には掘り棒の製作具ではなかったかと推測し，乾燥したサヴァンナに進出した初期人類の生存にとって，地下に可食部をもつ根茎類の利用こそが肝要ではなかったかというものであった。

ポスト狩猟説としてもっともよく知られるのが，G. アイザックによる食物分配説である[7]。コービ・フォーラには，HAS，KBS，FxJj 50 など180～150万年前のオルドヴァイ文化に属する重要な遺跡がある。アイザックは，これらの遺跡を，石器のほかにほぼ1体分の大型動物の遺体からなるものと，石器集中に加えて多数多種の動物の砕かれた骨から構成されるものとに区分する[8]。解体遺跡（butchery site）と居住遺跡（occupation site）である。

解体遺跡の例である HAS[9] では，1頭分のカバの骨と114点の石器が出土した。石器は大部分が剝片で，他は多面体石器，石核（打器）各1，ハンマー・ストーン1となっている。これは，カバの死骸から肉を切り取るために，そこで肉切り用の刃物を打ち割ったことを示していると理解される。

居住遺跡の例として，FxJj 50 に触れておこう[10]。ここでは，1,405点の石器と約2,100点の動物骨片が出土している。石器の構成は，オルドヴァイと全く同じといってよい内容をもつ。打器を含む重量石器約50，ハンマーストーン6を含む礫類約30，その他が削器，剝片を含む軽量石器である。動物骨は，シマウマ，ガゼル・インパラなどの各種のレイヨウ，キリンなどで，肉食獣，サ

19

イ，ゾウを除く多種類からなっている。

　動物骨の割れや切り傷（cut mark）[11]さらに石器の使用痕[12]の研究から，ここが切り取られた動物遺体の一部が何度も運び込まれ，鋭いエッジを持った剥片で肉をそぎ取り，ハンマーで叩いて髄を取り出して食するといった行動が同じ場所で一定期間繰り返されたホーム・ベース的なキャンプであったことが判明した。同じ性格の遺跡はオルドヴァイ，オモ，メルカ・カントゥレ，ガデブ，ミドル・アワッシュなどでも認められることから，ホーム・ベースを拠点として繰りひろげられるこのような初期人類の生活は，当時すでに東アフリカ全土の普遍的な行動様式となっていたと考えられる。

3　石器の役割

　アイザックは，道具や石器の材料，食料などを運搬すること（運搬する2本足の霊長類），採集した食料をホーム・ベースまで食べずに持ち帰ること，食料を分配すること，肉食への依存度が高いこと，道具とくに工具を用いることなどを，人間と類人猿との大きな違いであると指摘している[13]。先の実例のように肉（おそらく植物質食料も）が遺跡まで持ち込まれ，そこで処理されていることは，食物の運搬と分配を裏付ける。これらは同時に直立2足歩行の意義と男女一対のペアから成る家族の成立をも十分に示唆する。一見すると，石器や骨片が乱雑に散らばっているだけにすぎないオルドヴァイ文化の遺跡は，石器の製作・使用，骨（肉）の持ち込みとその処理の痕跡が一定期間集中的に展開されているという理由によって，実はこのような重大な意義を秘めていた。

　こうした理解が進むにつれてオルドヴァイ文化の石器とりわけ打器や削器，剥片などの石器の評価に大きな変化を生じる。この変化は，狩猟説から食物分配説への移行，すなわち勇しい狩猟者から，これと較べて幾分みすぼらしい肉（動物の死体）や植物食の採集者への初期人類像の転換と軌を一にするものである。ウエスト・ゴナの報告者も伝統的には打器と分類されるべきものを石核と理解する立場に立っているし，アイザックの所説の各所にもみられるように，打器は目的物（道具）ではなく，そこから打ち剥がされた剥片こそが目的物だという理解が有力になりつつある。したがって，多面体石器，円盤形石器も当然石核とみな

すべきであろう。

　旧人・新人段階に出現する石槍やナイフなどが真の狩猟具であるとすると，オルドヴァイ文化の石器の特徴は，あまりにも狩猟具からは遠い姿をとどめている。狩猟という先入観から解き放たれてみれば，こうした理解はむしろ自然なものであると言ってよい。ただし，多面体石器や円盤形石器に問題はないとしても，打器を石核であり，バイプロダクツであるという方向で強調しすぎるのはまだ時期尚早であるように思われる。いま確認すべきは，オルドヴァイ文化の石器群のうち，削器，剥片を主とする剥片石器の意義に一層注目すべきであるということであろう。自然死などによる動物遺体の一部を切り取って持ち帰る（腐肉食）際に，石の刃物の持つ効用は想像にかたくない。

　ところで，石器以前に木器・骨角器の使用が想定されることがある。しかし，食物分配説とこれに通じる剥片石器重視の理解によって，こうした主張に大きな歯止めがかかったと言える。ここで石器のもつ特性をあらためて考えなおしてみると次の2点に要約されよう。第1は，緻密な岩石を素材にしているための剥片が持つ鋭利さ，切截能力（軽量石器）であり，第2は，固い岩石と重量による破壊性（重量石器）である。これらは，決して木器や骨角器では十分に得ることはできない特性であろう。石器の存在があってこそ肉も有効な木器も手にしえたと言うべきであろう。多量の石器が製作・使用され，多種類の動物遺体（肉）が持ち込まれ集中的に処理された遺跡（ホーム・ベース）の存在は，勇ましい狩猟行動によってもたらされたものではないにしろ，肉食への依存度を高めつつあった初期人類の生存にとって，石器が欠くことのできぬ位置を占めていたことを意味している。鋭利な刃をもった1片の石器が人類史上に果たした役割はこのあたりに求められるのではないだろうか。

　なお小文を記すにあたって，大参義一先生の御教示にあずかりました。記して謝意を表する次第です。

註

1）野沢　謙「ヒトとサルの遺伝的差異」『サルはどこまで人間か』小学館，1989
2）大参義一「東アフリカの初期旧石器文化」『生物科学，31—4，1979
　　加藤安信「東アフリカの前期旧石器文化」アフリ

カ研究，34，1989

3) Harris, J. W. K. Cultural beginnings : Plio-Pleistocene archaeological occurrences from the Afar, Ethiopia "The African Archaeological Review", Vol. 1, 1983

—— Further commentary on the earliest Known stone tools "The South African Archeological Society Newsletter", 5—2, 1982

4) 鈴木忠司「アウストラロピテクスの文化」生物科学，26—4，1974

Leakey, M. D. Olduvai Gorge, Vol. 3, 1971

——The Early Stone Industries of Olduvai Gorge "Union Internationale des Sciences Préhistoriques et Protohistoriques, IXe Congrès, Colloque", 1976

Clark, J. D. (ed) The Cambridge History of Africa Vol. 1, 1982

5) D. C. ジョハンソンほか著・渡辺毅訳『ルーシー』どうぶつ社，1986

6) 西圧利貞「道具の起源」言語，3—12，1974

7) G. イサーク「人間化をすすめた食物分配行動」サイエンス，8—6，1987

Issac, G. The Archaeology of human origins, 1989

8) Issac, G. The diet of early man : aspects of archaeological evidence from Lower and Middle Pleistocene sites in Africa "World Archaeology", 2, 1971

9) Coppens, Y. et al. (ed) Earliest Man and Environments in the Lake Rudolf Basin, 1976

10) Issac, G. et al. FxJj 50 : an Early Pleistocene site in northern Kenya "World Archaeology", 12, 1980

11) Bunn, H. T. Archaeological evidence for meat-eating by Plio-pleistocene hominids from Koobi Fora and Olduvai Gorge "Nature", 291—5816, 1981

12) Keeley, L. H. et al. Microwear polishes on early stone tools from Koobi Fora, Kenya "Nature", 293—5832, 1981

13) 註7）に同じ

新潟大学助教授

旧石器時代の石器——————————■ 小 野 昭

（おの・あきら）

旧石器時代は前期，中期，後期に三分するのが一般的である。そして後期とそれ以前を区分する基準は石刃技法の成立におかれる

1 人類の形質・石器形態・時間幅

主としてヨーロッパの旧石器時代の石器の移り変わりを極度に要約的にしめし，あわせて後期旧石器時代の石刃石器群の意義を総論的に明らかにすることが小文の目的である。しかし，そのためには，あらかじめいくつかの前提をはっきりさせておかなくてはならない。

現状では，人類の形質の違いにかかわらず，道具として認められる石器が発見されるならば，いかに悠久の過去であろうと旧石器時代にふくめている。それは "a tool-making animal" をもってヒトを規定することから導かれるのである。だから "man the tool-maker" とか "tools makyth man" という著作や論文もあるくらいである。道具は石の素材だけに限定されないので，石器に先行して木器や骨歯角器の時代が独立して存在したと問題提起されたこともあったが，現在は認められていない。

旧石器時代はしたがって，形質の異なるヒトの少なくとも四段階，猿人（アウストラロピテクス）・原人（ホモエレクトス）・旧人（ホモサピエンスネアンデルターレンシス）・新人（ホモサピエンスサピエンス）のすべての段階にまたがっている。それではこうした進化の段階と，道具あるいは道具を作る製作技法の展開が，並行関係を保っているのか，それとも無関係であるのかが問題となる。ヒトの進化と道具の変化は，それぞれ異なるディメンションの固有の速度量を背負っているので，個個には対応しない事例もある。しかし結論からいえば，大づかみに対応しているといえるであろう。

だが，進化の速度も，道具の変化の速度，つまり変化の時間幅については，形質人類学も考古学も旧石器時代に関しては固有の物差しを持っていない。考古学は，時系列上の相い異なる二点の暦年代が既知のとき，その間のある遺物の型式変化数を数えて，一型式の時間幅のおよそを算定しう

21

る。これに適当な変数を入れて限りなく外挿していけば旧石器時代の石器の変化の時間幅もわかるのではないかと思われるかも知れない。しかし，時代の新旧に関わりなく道具の型式変化の速度を一定と前提する事も，変数に何を持ってくるかもア・プリオリには決まらない。暦年代から万年単位まで外挿法で引っ張ってくるのは実現し得ない単なる理論上のファンタジーに過ぎない。

1960年代の前半にオルドヴァイの Bed I の年代がポタシウムアルゴン法で175万年前と測定され推定年代の約2倍を越える値が示された。もちろんこれは暦年代でも絶対年代でもなく，理化学年代の一つである。現在われわれが石器の型式・形態学的な変遷の幅（Litho-span）で旧石器時代の全時期を考えるとき，時間上の枠組みはこうした理化学年代によって設定された約300万年間を想定しているのである。

旧石器時代の石器の移り変わりを見るには本来地域区分をふまえて変遷が問題にされなければならない。しかしここでは地域差を一応度外視して標準化しても成り立つ程度の共通点についてのみ限定し，課題を追ってみよう。

2 旧石器時代の区分

旧世界の考古学では旧石器時代を前期（下部）・中期（中部）・後期（上部）に三分するのが一般的である。しかし前期・後期の二分法による区分を採用することも行なわれている[1]。どちらの区分をとる場合でも，後期旧石器時代をそれ以前と区分する基準を石刃技法の成立に置く点では共通している。日本列島も例外ではなく，およそ3万年前の石刃技法の成立をもって後期旧石器時代とするのである。

それでは旧世界とくにヨーロッパで旧石器時代を三分する場合，前期と中期の境界は何によって区切るのか。この点については地層あるいは地質学的年代，氷期区分，理化学年代などによって区分するのではなく，あくまでも考古学独自の区分の基準，すなわち石器に反映された製作技法上の特徴にしたがって区分するのが原則的に正しい。調整石核を用意して，定められた打面に打撃を加え剥片を剥離する技法の成立，つまりルヴァロア技法の出現をもって区分の基準とするのが妥当である[2]。前期旧石器時代とそれ以前とを区分する基準はなにか。人工品か自然石か，つまり道具か

否かだけが基準である。

前期旧石器時代 第四紀と第三紀の境界は，古地磁気編年でいう松山逆磁極帯期中のオルドヴァイ事件に対比されているが，この境界を越えて，第三紀鮮新世に遡る石器が複数遺跡で発見されている。エチオピア，ハダールのカダゴナ遺跡は250〜270万年前の間に位置づけられている[3]。またケニア北部にある156万年前の FxJj 50 遺跡ではチョッパーだけでなく多面体形石器，円盤形石器，石核掻器，掻器，石核などが認められ，剥片・石屑を含めると計1,313点を数える[4]。

したがって最古の段階の石器を単純に石核，チョッパーだけの石器群と要約するわけにはいかない。石核石器を製作する際に飛び散る石屑は同時に剥片石器になる可能性を持っていたと考えるべきであろう。しかし，こうした状況をふまえたとしても，前期旧石器時代の特徴づけをするならば，チョッパーを中心とした礫核石器群が最初の段階に位置づけられることは変わらないであろう。その後にハンドアックスの石器群があらわれる。それはアブヴィーユ文化，アシュール文化などに代表される。だが，ヨーロッパでももちろんそれほど単純ではない。イギリスのクラクトン遺跡や，ハンガリーのヴェルテスツェレス遺跡 [>350000 YBP][5]，旧東ドイツのビルツィンクスレーベン遺跡 [228000 YBP][6] などは典型的なハンドアックスをともなわない，チョッパーやチョッピングトゥール，スクレイパーを中心とした石器群である。後者の二遺跡からはホモエレクトス段階の人骨も発見されている。ハンドアックスをともなわない石器群は，アニャートI，II文化，周口店Loc.13，Loc.1文化，ソアン文化，タンパン文化などひろくアジアに分布している。ハンドアックス系石器群と非ハンドアックス系石器群の関係については，二つの文化系統の違いに由来する文化慣性の最初の現われとして解釈することも行なわれている[7]が，相互に入り組んだ地域の理解など，未解明の部分が多い。

中期旧石器時代 ルヴァロア技法は，後期アシュール文化から認められ，ムスティエ文化のうちのいくつかの石器群を特徴づける。独立した一つのルヴァロア文化というものは存在しない。ルヴァロア技法によって特徴づけられるこの時期はおよそ18万年前から3万5000年前ころまでの時間幅をカヴァーする。リス（ザール）氷期から，リス／

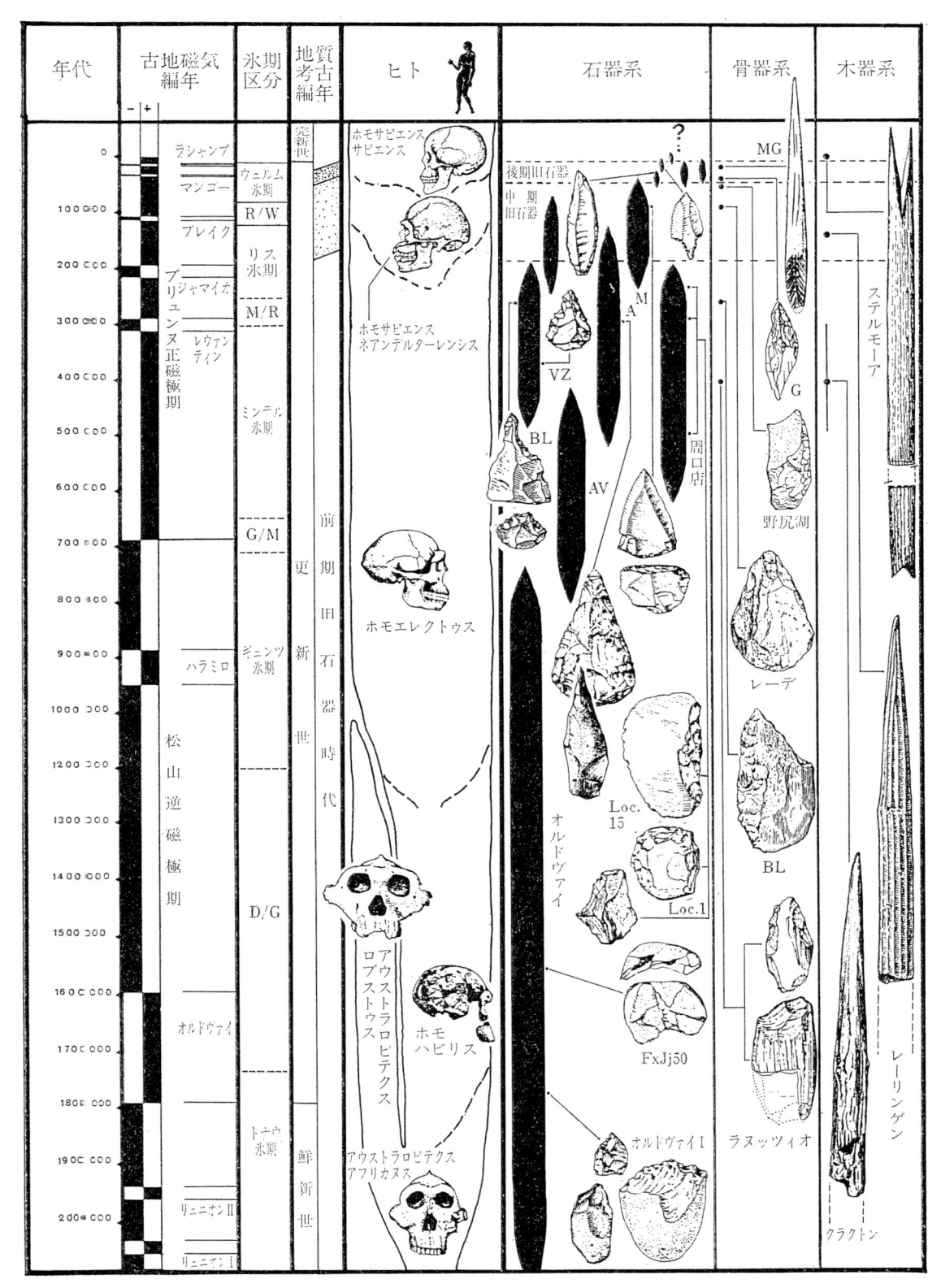

表　旧石器時代の編年　〈小野昭編〉　縮尺不同

（A：アシュール文化，AV：アブヴィーユ文化，BL：ビルツィンクスレーベン遺跡，G：ガイセンクレステレ岩陰，M：ムスティエ文化，MG：マドレーヌ岩陰，VZ：ヴェルテスツェレス遺跡）

ヴュルム間氷期を経て，ヴュルム氷期Ⅰ／Ⅱまでである。ルヴァロア技法は，石刃技法と異なって，ルヴァロア石核から多数個の剝片を量産する事はできないが，目的に合致した剝片を剝離する技法としては画期的意義をもっていた。これによって尖頭器，スクレイパー，錐器，彫器などが製作された。

ルヴァロア技法の分布は，アジアでは，モンゴル人民共和国ウランバートルの西南西約300kmにある，モイルティンアム遺跡までは確実にみとめられる[8]。それよりも東南には典型的なルヴァロア技法は分布せず，日本列島にはみとめられない。このため，石刃技法成立以前の日本列島の石器群については，二分法に基づいて「前期旧石器」として，多様な器種の石器の類型化によってアジア大陸の石器との対比の努力が行なわれている[9]。

中期旧石器時代＝ホモサピエンスネアンデルターレンシス，後期旧石器時代＝ホモサピエンスサピエンスという考え方は，最近の調査の進展状況からして欧米の学界では修正される傾向にあるとされている[10]。しかし石器の製作技法から見ると，ルヴァロア技法から石刃技法への移行は連続的であり，この関係が完全に逆転しない限り，旧人と新人との関係はステイジ理論に基づく連続説を支持するものと考えられる[11]。

後期旧石器時代　石刃技法の成立をもって中期と後期を区分する。石刃技法とは，調整された石核の一端または相対する両端に打撃面を限定して，連続的に打撃を加え同形多数の剝片＝石刃を剝離する技法をさす。剝離される剝片が，縦長であるか横長であるかは問わない。石刃はそれ自体二次的に加工せずに使われることもあるが，本来は素材であり，これに二次的に折断を含む調整剝離を加えて，ナイフ形石器，彫器，搔器，削器，一部の尖頭器など多様な器種の剝片石器を製作するところに技法上の特徴がある。

石刃技法の成立とホモサピエンスサピエンスの出現は，理化学年代のうえで一致するとはかぎらない。西アジアでは石刃技法の成立はホモサピエンスサピエンスの出現よりもやや先行するといわれ，中期から後期への移行も長期にわたる過程であって決して単純な一系列の理解では解決できないと言われている[12]。したがって成立期の詳細は単純な定式化を許さないとしても，石刃技法の展開とホモサピエンスサピエンスの地球上の広い地域にわたる分布は重ね合わせて理解して誤りはない。

3　石刃技法の発達

石刃技法は地理的には地球上に広く分布している。地域によって成立に時間差はあるが，石器の完成形態だけではなく製作過程も類似したものがどのような原因で全地球的規模で広がったのか。うまく説明できるモデルはまだないが，人類の形質上の進化段階としての同一性を主張するだけでは説明したことにはならないであろう。環境条件や，技術的な収斂現象で中期から後期への移行を説明しようとする試みもあるが，地球規模の横への広がりについては，考古学的現象としては遠隔地の特定石材の獲得活動などを通じて結びつけられた数百kmの単位の無限連鎖の結果として，ある程度説明し得るであろう[13]。ある程度としたのは，一元か多元か，多元であるとすれば多元たりえた条件はなにか，その条件に形質や環境条件を持ってくれば，一種の循環論におちいるという難点を克服できていないからである。

後期旧石器時代を特徴づける石刃技法は石器の製作技法が複雑多様になったことを意味するが，一方ではそれは同時に特殊化であり，またその枠内における律儀な標準化である。それは例えば縄文時代の石器製作技法と比較すれば鮮やかに照らし出すことができよう。

石刃技法の成立によって中期旧石器時代とは異なる後期旧石器時代の新しい質の形成が可能となった。それは何か。

第一は，剝片石器製作により適した特定石材への注目である。中期旧石器時代の後半にはすでにこの傾向は認められるようであるが，本格的に遠隔地の石材が一石器群の石材組成の主要部分を占める場合が出現するようになるのは，やはり後期旧石器時代になってからである。石器製作の特殊化・標準化，地域間の緊密な連携ならびに特徴ある石器型式の小単位の複数分立などは，この現象と不可分であるように考えられる。

第二は，骨器である。前期旧石器・中期旧石器時代にもむろん骨器はみとめられる。骨髄を摘出した結果生じた管状骨の骨片で，骨器として使用されたか否か明らかでないものは除外しても，確実に骨器は存在する。それは打製の骨器である。

素材は骨であるにもかかわらず，石の素材と変わらない製作法で作られている（表を参照）。後期旧石器時代の骨器の特徴はどの概説書や教科書にもあるとおり，磨製の骨角器の出現である。磨製骨角器の出現は，彫器による溝切り技法で，縦長偏平な骨・角素材の獲得が可能となったことと強い因果関係がある。彫器はムスティエ文化の後半からあるが，多種多様に発達するのは後期旧石器時代からである。

第三に，特定の一，二種類の動物に狩猟対象が集中・限定されてくる傾向が強くなることである[14]。旧人段階の狩猟は，特定種の動物に偏重せず比較的バランスが良く保たれていたが，後期旧石器時代に入るとこれが崩れる。石刃技法の発達にみちびかれ，狩猟具の体系的整備が前提となった狩猟民の出現である。この傾向はフランス，ドイツ，チェコスロヴァキア，ソ連の後期旧石器時代の諸遺跡で広く確認されるだけでなく，日本の野尻湖立が鼻遺跡でも，ナウマンゾウとオオツノシカの二種類で99.8%を占めるなど，世界的に共通する現象である。その原因は未解明であるけれども，特定の動物トーテムを禁忌するということの正反対，つまり逆トーテムのような現象を呈している。更新世末には大形獣の減少に，この極端な選択的な狩猟圧の傾向が重なって，マンモス，ナウマンゾウなど大形獣が絶滅する。人類最初の環境破壊はホモサピエンスサピエンス（智恵あるヒト）による大形獣の絶滅として現われたことになる。いささかイローニッシュなこととはいえ，無論このことに何ら倫理的な意味付与はない。

註

1) Childe, V. G. Social Evolution. p. 1-191, London. 1951
   Boriskovskii, P. I. (ed.) Paleolit SSSR. p. 1-382, Moskva. 1984
2) Movius, Jr., H. L. Old World Prehistory : Palaeolithic. in Anthropology Today, Selections (S. Tax, ed.). p. 122-151, Chicago. 1962
   Bosinski, G. Paläolithikum und Mesolithikum. in Norddeutschland und angrenzende Gebiete in Eiszeitalter (Woldstedt u. Duphorn, Hersg.), s. 432-462, Stuttgart. 1974
3) Isaac, G. The Archaeology of Human Origins : Studies of the Lower Pleistocene in East Africa 1971-1981. Advances of World Archaeology. Vol. 3, p. 1-87, 1984
4) Isaac, G. FxJj 50 : an Early Pleistocene site in northern Kenya. in The Archaeolgy of Human Origins (Barbara Isaac, ed.) p. 228-257, Cambridge University Press, Cambridge. 1989
5) Kretzoi and Dovosi (eds.) Vértesszölös-site, man and culture. p. 1-555, Akadémiai Kiadó, Budapest. 1990
6) Jäger, K.-D. Aussagen und Probleme radiometrischer Untersuchungen zur Datierung des Travertins von Bilzingsleben. Ethnographisch-archäologische Zeitschrift, 30-4, 664-672. Berlin, DDR. 1989
7) ボルド, F.（芹沢長介・林 謙作訳）『旧石器時代』1-303, 平凡社, 東京, 1971
8) Okladnikov, A. P. Paleolit chentralnoi Asii-Moiltin am (Mongoliya). 1-459, Novosibirsk. 1981
9) 岡村道雄「宮城県の『前期旧石器』とその編年」『馬場壇A遺跡1』p. 156-175, 多賀城市, 1986
   岡村道雄「日本前期旧石器研究の到達点」『国立歴史民俗博物館研究報告』13, p. 233-246, 佐倉市, 1987
10) 高山 博「日本原人は実在したか」『争点日本の歴史』1, p. 28-46, 紀行社, 東京, 1990
11) Wolpoff, M. H. The place of Neandertals in human evolution. in The Emergence of Modern Humans (E. Trinkaus, ed.). p. 97-141, Cambridge University Press, Cambridge. 1989
12) Rigaud, J.-P. From the Middle to the Upper Paleolithic : transition or convergence？ in The Emergence of Modern Humans(E. Trinkaus, ed.), p. 142-153, Cambridge University Press, Cambridge. 1989
13) 小野 昭「文化の広がりと地域」『日本人類文化の起源』p. 147-182, 六興出版, 東京, 1988
14) Mellars, P. The Character of the Middle-Upper Palaeolithic Transition in south-west France. in The Explanation of Culture Change : models in prehistory (C. Renfrew, ed.). p. 255-276, Duckworth, England. 1973

日本旧石器時代の石器

御代田町教育委員会
■ 堤　　隆
（つつみ・たかし）

列島の前期旧石器は多様でゆるやかなかたちのまとまりをみせ，後期旧石器は個性のある地域的な狩猟用石器のかたちと展開をみせた

1　前期旧石器時代の石器

最古といわれる石器群の検出が相次ぎ，列島の旧石器文化はどこまで遡り，そしてどのような内容をみせるのか。研究者の関心は，かつての「珪岩製旧石器」に始まる「前期旧石器存否論争」の域をすでに越え，こうした点に移行している。

前期旧石器とその変遷　「前期旧石器存否論争」に終止符を打った主要な遺跡を抱える宮城県内では，800 点を越える前期旧石器の出土例がある。それらは小形石器と大形石器に大別され，小形石器では石錐，尖頭器，スクレイパー，ノッチ，楔形・彫刻刀形・ナイフ状・截頂・折断・鋸歯縁・交互剥離石器，大形石器では石斧，チョッピングトゥール，ピックという多彩な器種として仮称されている[1]。ただ，その分類については細分のしすぎや名称の不適切という批判もある[2,3]。

列島最古，13万年を越える古さの石器群は，馬場壇Ａ20 層上面・中峰ＣⅦ層中を代表例とし，両者では玉髄・碧玉の小形剥片石器の存在が顕著である。中でも特徴的な存在は馬場壇でまとまりをみせた小形尖頭器（図 1—1，報文の小形尖頭スクレイパー類を含む）である。この他楔形石器や削器が存在し，彫刻刀形石器（図 1—2）やナイフ状石器とされる石器もあるがその実態は明らかでない。また，小形剥片石器に対し大形石器としての礫器類のあり方は不明瞭である。これらは55万年前や25万年前頃に成立したとされる陸橋を渡った原人？の残した石器の可能性が残されている。

10万年前頃では馬場壇 Ａ19 層上面などの石器群が代表とされる。小形剥片石器のあり方が明瞭でないが，前段階に対し大形石器が顕在化する。鋸歯縁加工や交互剥離による石器が目立ち，所謂ハンドアックス類（図 1—3）や削器が組成する。

7 〜 5 万年前頃の石器群では珪質頁岩が多用され始め削器類が安定して組成する。この段階を代表する馬場壇 Ａ10 層上面とそれ以降の石器群について，斜軸尖頭形剥片とそれを素材とした石器

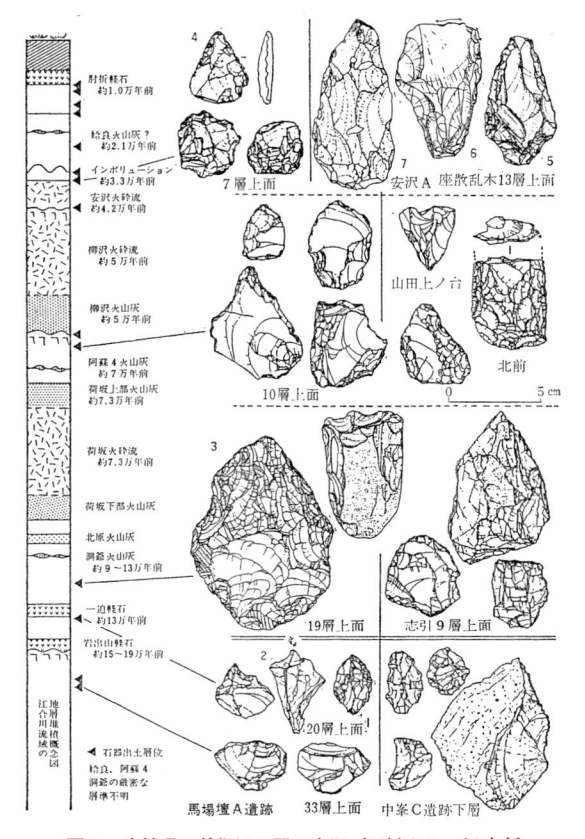

図1　宮城県の前期旧石器の変遷（岡村[1]を一部改変）

の特徴的存在をもって「斜軸尖頭器石器群」とし，後期旧石器時代のナイフ形石器群に対置すべき時代を象徴する存在であるとする見解がある[3]。

5 〜 3 万年前の石器群では，馬場壇 Ａ7 層上面などで削器類が安定して組成し，尖頭器が特徴的に存在する（図 1—4）。座散乱木13層上面では有舌石器（同5）・クリーバー（同6）・鋸歯縁石器・箆状石器と呼ばれる石器も個性的な形態をみせる。一方，後期旧石器の系譜に連なると考えられる石斧が座散乱木や安沢 Ａ（同7）で認められる。

昨今，5 万年前以降の石器群が，宮城県のみならず東日本を中心に幾つか検出されるに至った。多摩ニュータウン No. 471-B，群馬県入の沢，栃木県七曲，福島県大平・上野出島の石器群で，さきの馬場壇Ａ7層上面の例を加え，いずれも小形

尖頭器を特徴的に伴っている。

　加藤晋平はこれらを「周口店〜バイカル石器群」として東アジア全体の中で位置づけている。

　なお、前期旧石器時代の区分については、岡村の13万年前後を境とした古段階と新段階（新段階初頭13〜7万年前、中葉5〜4.5万年前、末葉4.5〜3.3万年前）の区分[1]、岡村の新段階を中期旧石器時代とする安斎らの見解[2]があるが、今後の資料増加とその位置づけが、その画期の妥当性を保証しよう。一方、この時代を、鎌田が旧石器時代前・中期と呼称するように[3]、「前期」「中期」「後期」を、時代の差とみるかあるいは段階（時期）差とみるかの認識を明らかにした時代呼称は当然要求されている。また、従来の先土器時代、そして岩宿時代の再提唱にもみるように、依然として列島固有の歴史的時代呼称の問題は残されていよう。

　前期旧石器と後期旧石器の相違　前期旧石器は後期旧石器に比べ各石器形態が多様（個別的）で、形態的斉一性への収斂がゆるやかである。ここに体系的な器種認識が困難な所以がある。

　また、前期旧石器時代の遺跡では後期旧石器時代の遺跡のあり方とは異なり、石器製作によって生じる砕片剥片類や同一母岩資料や接合資料をほとんど見いだすことができない。それは後期旧石器のように遺跡内で石器の製作行動を展開するのが一般的でなく、予め機能的な石器のセット全体が保有され遺跡に持ち込まれたからだという[4]。

　一方、石材・石核管理の面では「管理的」か「臨機（便宜）的」かの弁別[4,5]において、多分に管理的であったのが後期旧石器社会と推定される。また、石材確保の面でも直接的・臨機的な前期旧石器社会に対し、後期では徐々に石材入手システムが整えられた。黒耀石やサヌカイトの普遍的利用は石材交換体系の確立を予測させる。ちなみに黒耀石の「前期旧石器」は認められていない。

　こうした前期と後期旧石器時代の石器群の相違は、石器群をめぐる兵站（補給）・技術・機能・維持消費・廃棄の構造連鎖の全体である「技術的組織」[5]の相違とも認識されよう。

2　後期旧石器時代とナイフ形石器文化

　ナイフ形石器の登場　旧人から新人への移行がなされる一方で、特色ある狩猟用石器を発達させた後期旧石器時代が幕を開ける。その中で日本の後期旧石器時代を最も特徴づけるといっていいナイフ形石器はおよそ3万年前頃に登場した。

　初期ナイフ形石器ではペン先形・台形様と基部調整形の形態が特徴的にみられるが、これらは真正なブランティング技術にはよっていない。このうち、前者2形態を「台形様石器」としてナイフ形石器から分離し、その技術的系譜を前期旧石器時代の斜軸尖頭器石器群に求め、時代の移行の背景を展望する試みもみられる[4]。

　この時期の石器群は、熊本県曲野から秋田県地蔵田Bまで列島各地で検出されつつあり、北海道では祝梅三角山（しゅくばいさんかくやま）がこの古さを持つ可能性がある。

　なお、この段階では局部磨製石斧の伴うことが特徴的である。石斧は普遍的・通時的工具でもあろうが、とくにこの段階に顕在化するのには理由があろう。何らかの木材利用へと傾向した適応とも解される。また、この段階に特徴的な石器分布「環状ユニット」の形成は当時の集団構造のあり方を反映したものとも解釈され興味深い。

　ナイフ形石器文化の確立　石刃技法の登場とブランティング技術の確立は茂呂型ナイフ形石器を登場させた。南関東のⅨ〜Ⅶ層にかけて、およそ2.7万年前頃であろうか。「台形様石器」は衰退し、群馬県後田や千葉県東林跡遺跡にみるような柳葉形のナイフ形石器が製作される。一方近畿では兵庫県板井寺ヶ谷下層の翼状剥片類の存在から、瀬戸内技法の萌芽を認めることができよう。

　ナイフ形石器と黒耀石　AT降灰直前の2万数千年前頃、南関東では鈴木や寺尾Ⅵ文化層にみるように茂呂型ナイフ形石器が確立する一方、石器石材としての黒耀石の普遍的利用が始まった。石器石材の直接採取や交換に関する問題については一般にレンフルーの指摘が想起されるが、この黒耀石利用の具体的背景に、石材交換体系の確立と通婚による集団関係の成立からなる「社会進化」を読み取る積極的な解釈も提示されている[3]。

　最寒冷期のナイフ形石器文化　AT降灰後の2万年前後ビュルム氷期最寒冷期のナイフ形石器文化として、南関東ではⅣ下層で切出形ナイフ形石器や角錐状石器など横長剥片剥離技術を基盤とする石器群が展開する。瀬戸内では瀬戸内技法による国府（こう）石器群が隆盛をみせる。一方、北海道ではすでに細石刃が登場している可能性があり、九州には剥片尖頭器が朝鮮半島より伝えられた。

　ナイフ形石器の小形幾何形化　1.7万年前頃、南関東Ⅳ上層ではさきの切出形ナイフ形石器の発

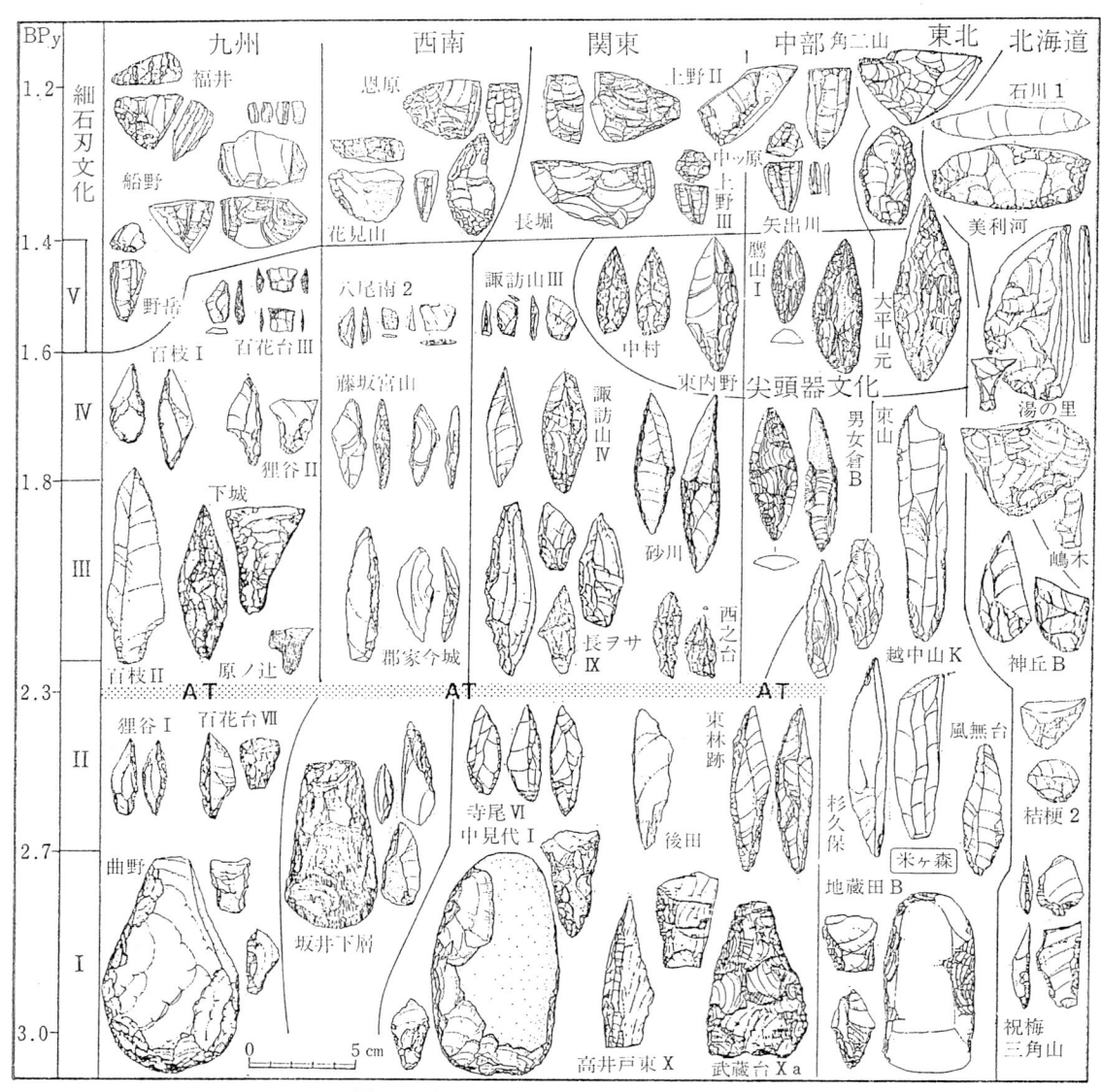

図2　列島における「後期旧石器」とその変遷

達から一転し再び茂呂型ナイフ形石器が製作される。砂川にみるような端整なナイフ形石器である。

　しかしそれ以降ナイフ形石器はしだいに小形幾何形化をたどり終焉を迎える。一方それに並行するかのように木葉形尖頭器が発達をみせてくる。

　西南日本を覆うナイフ形石器の小形幾何形化現象の背景には，その組合せ道具としての役割の強化が想定されよう。これに関連して組合せ道具の起源も問題となる。オズワルトのいう技術史上の「反復と結合」が，列島ではナイフ形石器文化段階に位置づけられても何ら不都合はあるまい。

3　後期旧石器文化の地方色

　AT 降灰後の2万年前以降，地方色を増してき

た特色ある石器についてみてみることにしよう。

　台形石器と剝片尖頭器　台形石器と剝片尖頭器は，九州を舞台に発達する特徴的な石器である。

　かつて直剪鏃ともされた台形石器は，地域的特色のある組合せ道具のひとつのあり方を示している。その型式変遷では日ノ岳型がより古い段階に登場し，続いて原ノ辻型や枝去木型がこれに並行（主に AT 以降），百花台型の盛行はより新しい段階と考えられる。その起源は熊本県曲野や長崎県百花台Ⅶ層の事例から AT 降灰以前とされる。

　一方剝片尖頭器は，ソ連ウスチノフカや韓国スヤンゲでも発見されており「AT 降灰後の混乱期に朝鮮半島側から」何らかの海上交通手段によりもたらされたことが予測される[6]。

28

国府型ナイフ形石器 瀬戸内技法による国府型ナイフ形石器は2万年以降の瀬戸内地域を中心に特殊化したナイフ形石器である。その独自な製作技術は，まさに列島固有の技法として技術史上特筆されよう。なお，国府石器群がサヌカイトと強く結びついているように，石器型式の特定石材への収斂が後期旧石器時代後半の特色でもある。

東北と北海道のナイフ形石器 東北に認められる杉久保・東山型ナイフ形石器は編年的位置がいまだ明確でないが，恐らくは2万年以前には登場し，それ以降にも展開したものと考えられる。

かつてナイフ形石器が存在しないといわれた北海道でに湯の里4・広郷8・桔梗2・神丘2遺跡などで台形石器・ナイフ形石器が検出され始めており，祝梅三角山も含め時間的な変遷もありそうである。その出土は，単にナイフ形石器の分布の拡大にとどまらず，ソ連ウスチノフカなどでのナイフ形石器の出土例にも鑑み，環日本海的な動態のなかでの理解も生じてきたことを示している。

尖頭器文化 有樋尖頭器や木葉形尖頭器は2万年以降の東日本，わけても南関東・群馬・信州中央部を中心に発達をみせてくる。尖頭器はナイフ形石器群とは異なる製作構造を有するもので，固有な狩猟用刺突具のひとつの完成した姿といえる。さきの地域ではナイフ形石器の終焉にかわって細石刃文化が登場するまで尖頭器を主体的狩猟具として用いる段階があったと考えられ，この段階を地域的な石器文化の階梯として「尖頭器文化」と位置づけることもできる。これに対し，西日本では角錐状石器をもつ文化が尖頭器に対峙したという仮説が比田井民子により提出された。なるほど細石刃文化以前の西日本での尖頭器の希薄さ（皆無？）を考慮した場合成り立ちうる見解である。また，近年では尖頭器石器群と細石刃石器群の時間的な断絶あるいは共存が問題視されてきており，石器文化の階梯的意義づけや系譜上の問題と絡んできている。なお，北海道の尖頭器石器群は細石刃文化かそれ以降に位置づけられるようだ。

ところで，尖頭器は信州の和田峠や八ヶ岳周辺の黒耀石原産地帯において発生したというテーゼが提出されている。これとは反対に，細石刃は大陸よりおよぶ南北の系譜の中からもたらされたものとの理解が支配的である。しかし今日，石器文化の成立を読み取るにあたっては，一方的な自生論的発想，あるいは伝播・系統論的理解では片付かなくなってきている。例えば安斎らが「適応」の概念を用い説明を試みたように[2]，その成立を説明する有効なパラダイムが求められている。

4 細石刃文化

形態的斉一性をみせる細石刃と，それを剥離する多様な細石刃石核で特徴づけられる細石刃文化は，北海道では嶋木遺跡などの予測で2万年前頃にいち早く登場したといい，本州では1.4万年前頃に登場，一方終末では，九州では土器を伴って細石刃が残ることが知られている。細石刃は，細石刃技法の差より生じる細形・広形の二形態に大別される。例えば湧別技法や西海技法からは細形が，船野技法や矢出川技法からは広形が生み出される。これらは不要部分が折断除去され複数が植刃器に装着されたと考えられる。ただこれとは別に完形のまま用いられる「荒屋型細石刃」がある。これはその加工痕のあり方から植刃器への逆刺を持たせた装着法を想定させ，漁撈具であるモリの可能性を残している。湧別技法や荒屋型彫刻刀形石器の分布とともに，北方型の遡河性魚漁撈がこの系譜を持つ細石刃文化に伴った可能性が予察される。鈴木忠司によって列島の細石刃文化における漁撈の可能性について否定的な見解が提出されたが，荒屋遺跡での魚類の脂肪酸検出という芹沢長介の中間報告（第二回東北日本の旧石器文化を語る会）は漁撈の可能性を支持している。

漁撈は別としても，狩猟採集経済とされる旧石器時代を解明するうえで，狩猟具としての石器研究が重要であることはいうまでもない。一方で，石器装備総体の構造の把握も必要となろう。加えて，近年の使用痕研究の成果が石器の機能論的な認識を大いに前進させることが期待される。

註
1) 岡村道雄『日本旧石器時代史』1990
2) 安斎正人「斜軸尖頭器石器群からナイフ形石器群への移行」先史考古学研究，1，1988
3) 鎌田俊明「宮城県における旧石器時代前・中期の諸問題」旧石器考古学，34，1987
4) 佐藤宏之「後期旧石器時代前半期石器群構造の発生と成立」法政考古学，15，1990
5) 阿子島香『石器の使用痕』1990
6) 松藤和人「海を渡った旧石器"剥片尖頭器"」花園史学，8，1987

縄文時代の石器

巻町教育委員会
■ 前山精明
（まえやま・きよあき）

縄文時代の石器にみられる多様な地域差や土器との結びつきは定
住性の高い狩猟・採集社会ゆえにおこりえた必然的な姿であった

石を素材とした道具は，縄文時代に入って多彩な展開をみせる。一つは実生活を支えた石器の多様化であり，もう一方は非実用的な儀器や呪具・宝器（威信財）や装身具の発達である。本稿では，前者すなわち生産用具のありかたを問題とする。若干の具体例を示しながら，石器の中に反映された縄文的な要素をみいだしてゆきたい。

1 先土器から縄文へ

縄文文化は土器づくりを行なう狩猟・採集社会としてスタートする。しかし土器の製作・保有が定着的な居住形態と密接に関連するとしても，出現まもない草創期前半の出土量はまことに微々たる存在にすぎない。この時期現われる"渡来石器"や東日本を席捲した"神子柴・長者久保石器群"にしても，次期へ継承されることのない一過性の文化であった。真に縄文的と呼ぶにふさわしい石器群の登場は，竪穴住居が普及する早期の訪れをまたねばならない。

縄文時代に用いられた生産用具は実に多様である。網羅的にとりあげるのは到底不可能なので，最もポピュラーな石器をひとまず対象としてお

く。図1は，列島各地の主要遺跡を平均的にピックアップし[1]，それらの中で存在する確率の高い器種を選びだしたもので，黒が早・前期，白が後・晩期の数値である。

リストアップされた11種の中から縄文時代に入って本格的に登場する石器をひろいだしてみよう。該当する用具は，ナッツ類の製粉作業に関わる磨石と石皿，根菜植物の掘りとり具と考えられる打製石斧，万能ナイフや植物質食料の採集具とみられる石匙，弓矢猟に用いられた石鏃，網物製作や漁網のオモリとして使用された礫石錘，各種製品の研磨具として用いられた砥石，の7種である。ちなみに，これらを生業部門別にまとめてみると，過半の4種が植物食利用に関係する用具となる。植物質食料に対する依存の高まりは，アク抜き技術の開発によるところが大きい。早期以降普遍化する磨石・石皿や煮沸機能をもった土器の多用化は，いずれもこれに関連した技術要素である。狩猟・漁撈携具は2種を数える。とりわけ網漁の開始を意味する礫石錘の出現は，生業活動の多角化をもたらし，動物性タンパク源の安定的な供給も可能にさせた。

先土器時代からうけつがれる石器の中にもいくつかの動きがみられる。安定的な形で存続するスクレイパー，縄文時代に入って普遍性を高める磨製石斧・敲石類・石錐の3種，逆に減少化へむかう石槍，の別である。なかでも磨製石斧に対する需要の高まりは，図1の出現頻度が如実に物語っている。

定住化の進行は，集落の石器装備からもある程度うかがいしれる。活動シーズンを異にした複数用具の保有や携行に不向きな重量器種の製作などは，その表われといえよう。定住性の高まりは，居住地に捨てられる石器の累積的な増加をもたらす要因にもなる。例えば，一つの縄文集落に残された敲石類の数が先土器時代の出土総量をも上まわる現象は，使用頻度の違いを考慮にいれても居住形態の反映と考えるのが適切といえるのであ

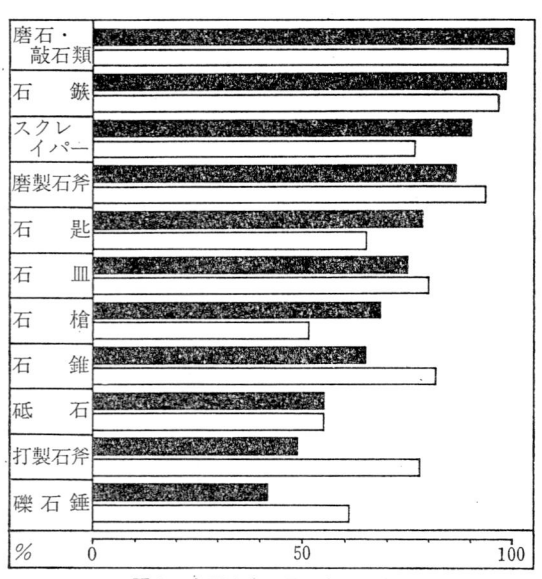

図1 主要生産用具の出現頻度

	石槍	石鏃	礫石錘	打製石斧	磨石・敲石類	石皿	磨製石斧	石匙	スクレイパー	石錐	砥石
北白川下層IIc											
〃 IIb											
〃 IIa											
〃 Ib											
〃 Ia～湖島下層II											
曽 利											
与助尾根											
茅野和田											
荒 神 山											
十二ノ后											
海 戸											
%	10 0	50 0	50 0	50 0	30 0		10 0		10 0		10 0

図2　生産用具ダイアグラム（ドット：2％未満）

る。

2　生産用具における二者

生産用具がもつ基本的な性格を図2に示す石器組成から明らかにしておこう。

上段は，縄文時代の低湿地遺跡として知られる福井県鳥浜貝塚で確認された連続的な組成変化である。前期の前葉から後葉へいたる石器群の構成は，石鏃の増加と礫石錘の減少を軸に大きな変動をみせる。双方の過渡期にゆるやかな上昇カーブをえがく磨石・敲石類は，出土実数の上では増加しておらず，2種の増減のはざまで生じたみかけ上の動きと考えるべきである。石皿や各種工具類は，低率ながらも各時期安定した状態を保ち，磨石・敲石類と同様の変遷をたどっている。

中段・下段は，中期農耕論の中心舞台，長野県の八ヶ岳南麓（中段）と諏訪湖盆地（下段）における中期後半遺跡群の比較例である。二つの地区をくらべると，八ヶ岳南麓で打製石斧，諏訪湖盆地で石鏃が明らかに高い数値をしめすことがわかる。それに対し磨石・敲石類の割合に上記2種ほどの違いはみとめられず，各種工具類の器種構成や出現率も遺跡差の乏しい状況がうかがえる。

ここに示した二つの事例は，生産用具の中に存在する二者の別を教えてくれる。第1のグループは，時間と空間の両面で変異幅の大きい食料調達用具，第2のグループは，時間と空間を限定した場合変化に乏しいナッツ類の打割・製粉具や各種工具類である。両者における変異幅の大小は，耐久性や使用時の必要量とも多分に関係しているが，各々が機能した活動の本質に由来するところもまた少なくないのである。

集落で保有された生産用具が，それぞれのおかれた環境条件に応じ柔軟性をもって選択されていたことはいうまでもない。例えば，鳥浜貝塚で礫石錘がしだいに減少する背景については沖積化の進行にともなう水域環境の変化が指摘されているし[2]，高燥な八ヶ岳南麓台地と諏訪湖畔の環境差が石器群の構成に影響を及ぼしたことも十分考えなくてはならない。

一方，鳥浜貝塚にみられる礫石錘と石鏃の補完的な推移や八ヶ岳南麓と諏訪湖盆地の間に存在する打製石斧・石鏃の多寡は，生業活動自体の成り立ちかたをも示唆している。それは，単一用具にかかわる特定の活動だけが絶対的な重要性を担っていたのではなく，生業全体のバランスのなかで諸活動が適切に配分されていた姿である。ときに大量出土をみたり高い出現率をしめす用具も廃棄行為が積み重なった結果としての現象にすぎない場合が多く，見かけにとらわれた過大な評価はさけなくてはならないのである。

第2のグループにみとめる安定的な出現傾向も活動の特性にちなんだ要素である。磨石・敲石類や石皿の安定した状況は，生業活動のベースとして機能したナッツ類利用の重要な役割を物語る。アク抜き処理や調理に必要な深鉢形土器が集落で盛んに製作・廃棄されている事実もきわめて整合性の高い現象である。ナッツ類の加工具や各種工具類は，集落間変異の少ない用具でもある。これらの保有において等質な様相を表わす各集落は，石材産地が限定される特定用具の製作・流通や遠隔地石材の入手などを別とすれば，生産の一単位として相対的に高い自立性をもっていたことをうかがわせる。

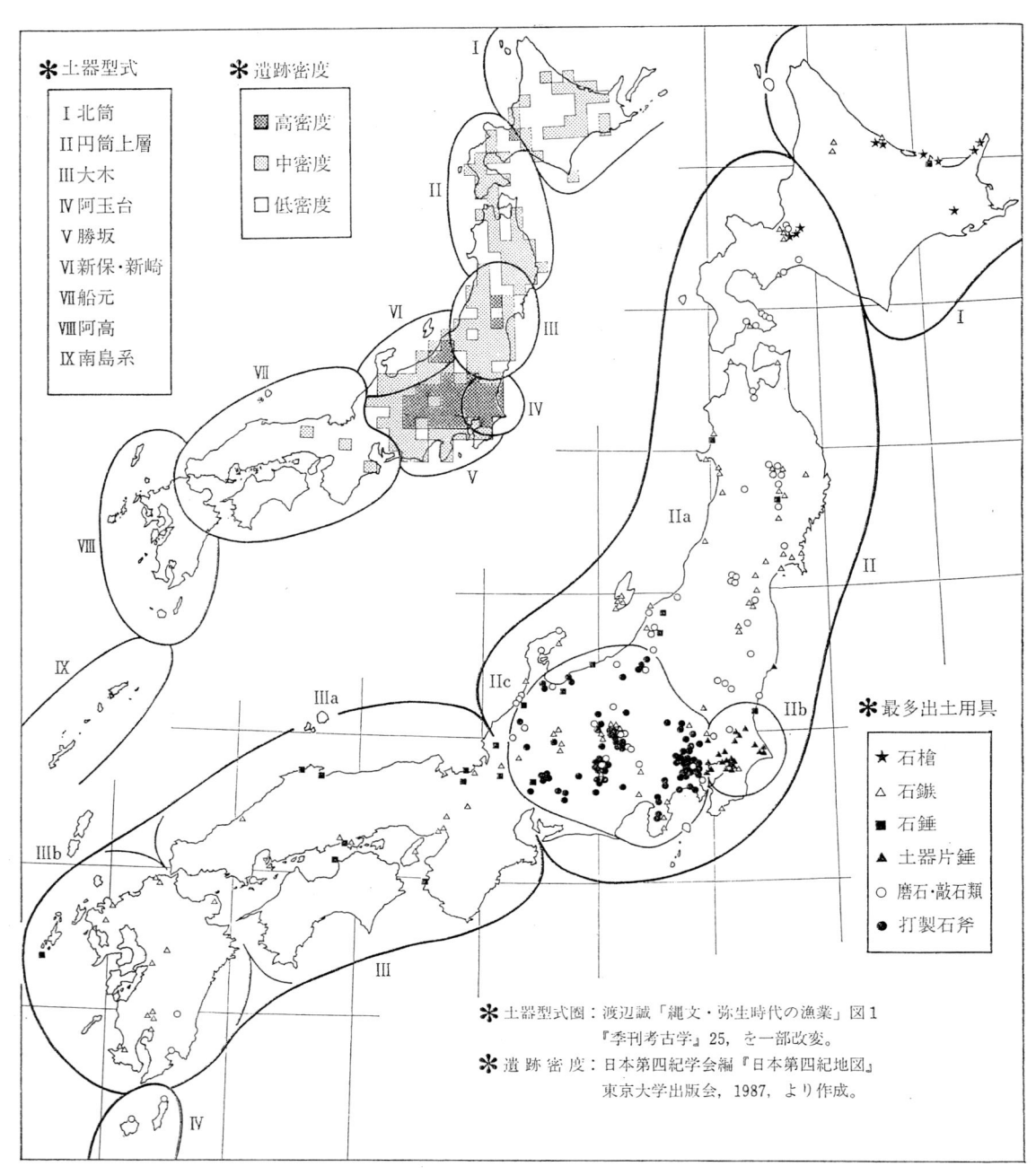

図3　食料調達・加工具の地域性

凡例:

✳土器型式

Ⅰ 北筒
Ⅱ 円筒上層
Ⅲ 大木
Ⅳ 阿玉台
Ⅴ 勝坂
Ⅵ 新保・新崎
Ⅶ 船元
Ⅷ 阿高
Ⅸ 南島系

✳遺跡密度

■ 高密度
▨ 中密度
□ 低密度

✳最多出土用具

★ 石槍
△ 石鏃
■ 石錘
▲ 土器片錘
○ 磨石・敲石類
● 打製石斧

✳土器型式圏：渡辺誠「縄文・弥生時代の漁業」図1
　『季刊考古学』25，を一部改変。
✳遺跡密度：日本第四紀学会編『日本第四紀地図』
　東京大学出版会，1987，より作成。

3　食料調達・加工具にみる地域性

　ミクロな環境条件に左右され集落や小地域ごとに個性的な姿をみせる石器組成も，空間を拡大しマクロな類似や相違を問題とした場合，一定空間内における小変異にすぎない存在となる。

　列島視野でみた空間的な異同の一例を次に紹介しておく。とりあげる用具は，食料の調達と加工に用いられた5種の石器と土器片錘（漁網錘）であ

る。対象時期は原則として中期とする[3]。遺跡ごとに器種組成や出現率が多様なため，ここでは提示方法を最大限単純化し，最多出土器種を表示するにとどめる。

　図3にプロットした器種別分布のありかたは，遺跡間変異の投影にも起因していささか複雑な様相を呈する。だが，特定空間に偏在する器種や空間的にまとまりをもった複数器種の組み合わせに着目すれば，いくつかの地域設定が可能になるの

である。それぞれの特徴を要約的に列記すれば次のようになろう。

　Ⅰ地域　石槍の卓越と磨石・敲石類の乏しさによって特徴づけられる。

　Ⅱ地域　磨石・敲石類の安定的な分布をもって設定される。共存する多出用具の別にもとづけば，石鏃の混在分布を認めるⅡa・土器片錘が卓越するⅡb・打製石斧の多出圏にあたるⅡc の 3 地域に細分できる。

　Ⅲ地域　石鏃の多出傾向や磨石・敲石類の乏しさを特徴とする。石錘の分布差に着目すれば，目だって多いⅢa 地域と稀薄なⅢb 地域に二分できる。

　Ⅳ地域　磨石・敲石類を主体とし，石鏃が極端に少ない点においてⅢb 地域との違いは明瞭である。

　それでは，ここに設定した地域とはどのような意味をもった空間なのであろうか。問題とした用具が食料の調達・加工具という性格上，マクロな自然環境の相違を背景として大枠が成立している可能性に高い。例えば，Ⅰ～Ⅲ地域の大区分が現存植生による亜寒帯針葉樹林・落葉広葉樹林・常緑広葉樹林の分布域と巨視的な一致をみとめることは，間接的な形ではあるがこうした見方を支持するようである。

　もう一つの側面は，生産用具の製作・選択に関与した社会的な要因である。左上に掲げた縄文中期の土器型式圏や遺跡分布密度を生産用具の地域空間に重ね合わせてみるといくつかの共通点が読みとれる。まず，土器型式圏との類似性は一見して明らかである[4]。遺跡の分布状況とは，中密度地帯の南限がⅡ・Ⅲ地域の境界とほぼ一致し，Ⅱb・Ⅱc 地域の広がりも高密度地帯と大むね良好な対応をみせる。また，遺跡密度の高い東日本で地域空間が細分化される傾向は，土器型式圏の動きと共通した特徴でもある。土器や遺跡分布との間に存在する以上のような相関性は，生産用具における地域性が自然環境ばかりでなく，縄文社会の動きとも密接な関わりをもって形成された歴史的な産物にほかならないことを物語っている。

4　縄文的な時代性

　生産用具に焦点をしぼり，縄文時代の石器にみられる特徴の一端をのべてきた。しかし，縄文的な石器とは何かという問いに対し，これだけでは満足な答えにならないのも確かである。図1に掲げた石器の多くが弥生文化の中へもうけつがれてゆくことはその端的な表われでもある。

　対照的に，東日本の後・晩期を中心に特異な発達をとげながら，縄文文化の終焉とともにほとんど姿を消してしまう石器もしられている。マジカルな性格をもった石棒・石剣・石冠などである。だが，この種の石器における東西日本の著しい分布格差からして，マジカルな石器イコール真正な縄文的石器と考えるのにも問題があろう。

　限られた時間や空間内で多用された石器はほかにも数多く存在する。関東地方の早期撚糸文土器に伴うスタンプ形石器や，東北～北海道の前・中期円筒土器に伴出する半円状扁平打製石器などは好例といえよう。しかし，これをもって時代を代表する石器といえないこともまた明らかである。

　特定の石器では表現できない縄文的な時代性とは，むしろそうした多様な地域性に求めなければならないだろう。列島各地で顕現化する地域差の一例を前項で紹介した。そのなかで生産用具と土器の間にみいだせる類似性も指摘した。分布原理を異にする二つの文化要素が類似空間を形成する現象に奇異な印象をうけるかもしれない。両者における相関性の高さは，各々のもつ情報伝達網が重複したことによって生じた結果的なできごとではある。だがそれを単なる偶発的な現象とみなすのも適切ではない。情報伝達網の重複化の背景に通婚圏などの固定化が考えられるからである。列島各地に生まれた多様な地域差や土器との結びつきは，定住性の高い狩猟・採集社会ゆえにおこりえた必然的な姿でもあったといえるのである。

註
1) 便宜上設定した 6 ブロック（北海道・東北・関東・中部・近畿～中国～四国・九州以南）の中で，石器出土量が多い上位5遺跡を6期区分ごとに抽出した。
2) 森川昌和「鳥浜貝塚―低湿性貝塚の調査―」考古学ジャーナル，231, 1984
3) 資料数の乏しい北海道と西日本は前・中期とした。南西諸島は前・後期のデータである。
4) 磨製石斧の多出傾向にもとづき北陸圏が設定できる。またⅡa地域北部に分布する半円状扁平打製石器をもって二細分も可能となる。

弥生時代の石器

明治大学講師
■ 石川日出志
（いしかわ・ひでし）

弥生の石器は大陸に出自のある石器と縄文時代以来の石器とが組合
さっており，両者の関係は地域・時期・遺跡の性格によって異なる

かつて弥生時代を，石器時代後期・金石併用時代・青銅器時代・鉄器時代のいずれに相当すると考えるか論議を呼んだように，弥生時代においてもなお石器は生活の道具として重要な位置を占めている。石器が基本的に姿を消すのは弥生時代後期からであり，畠作地帯や東北地方北半では後期においてもなお石器は盛んに用いられた。

本稿では，弥生時代の石器の中で生産用具のみを取り上げ，弥生時代社会を考える上で重要ではあるが直接生産には関わらない磨製石剣などの各種石製品は取り上げない。とくに石器の系統性と，生業活動を反映していると期待される石器組成（石器組成と装備の関係は小杉・鶴田1989参照）とから弥生時代石器の特色を把握しようと思う。

弥生時代の石器は，大陸に出自のある石器と，縄文時代以来の伝統的な石器とが組合さっている。この点を再確認することから入ろう。なお，石器組成を表示・比較するのに，A：本来狩猟用だが武器としての機能も合せ持つ石器（石鏃・石槍など），B：漁撈具（石錘・石銛など），C：土掘り具（所謂打製石斧・石鍬など），D：収穫具（穂摘み具など），E：食料粉砕具（磨石・すりうすなど），F：木工用斧類，G：剝片製加工具（石錐・楔状石

器・スクレイパーなど），H₁：研磨具（砥石），H₂：その他石器製作用具（敲石など），と想定される作業部門別に石器の器種を大別する方式を採用して話を進めたい。

1　朝鮮半島系石器群の受容と縄文伝統

まず，弥生時代文化の成立に深く関与した朝鮮半島南部の無文土器時代前期後半の石器群を取り上げ，北部九州の弥生時代の石器組成と比較してみよう。図1には忠清南道松菊里遺跡を示したが，長川里遺跡などでも同様で，A石鏃とF石斧類が10〜20％，D穂摘具とEすりうす類が10％内外，H₁砥石が40％内外である。小形の実用的な石鏃の占める割合が思いのほか高い点，木製農耕具や板材などを製作するために機能分化した斧類（太形蛤刃石斧・抉入柱状片刃石斧・扁平片刃石斧・小形柱状片刃―ノミ形―石斧）や収穫具である穂摘み具・食料加工具のすりうすと磨棒が安定して存在する点，また打製石器が消失してこれらの石器がみな磨製石器であることを反映してであろうか，研磨用の砥石が高い比率を占める，といった特色をもっている。

一方，北部九州の弥生時代の例として，前期〜

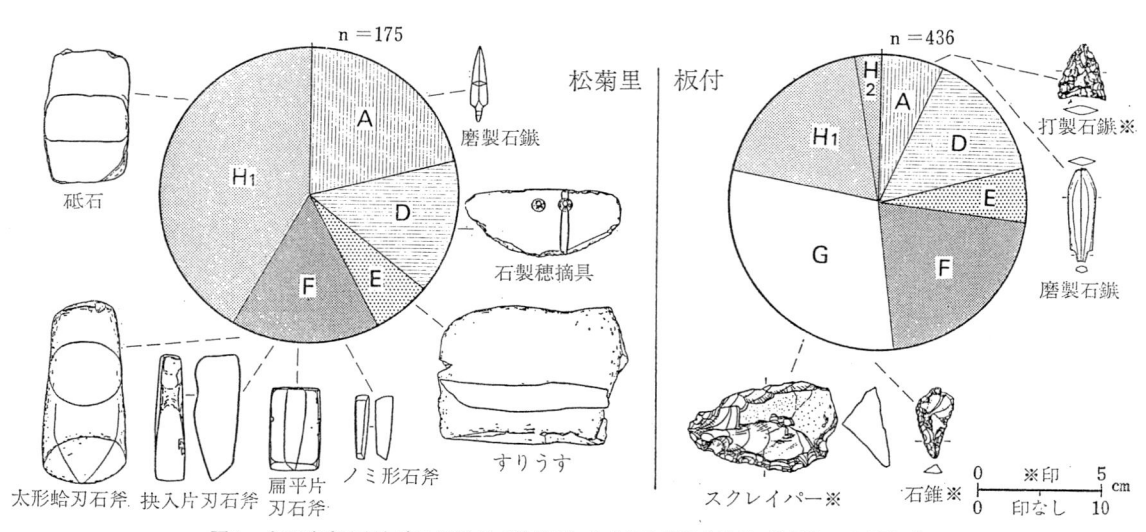

図1　朝鮮半島南部無文土器時代（松菊里）と北部九州弥生時代（板付）の石器組成

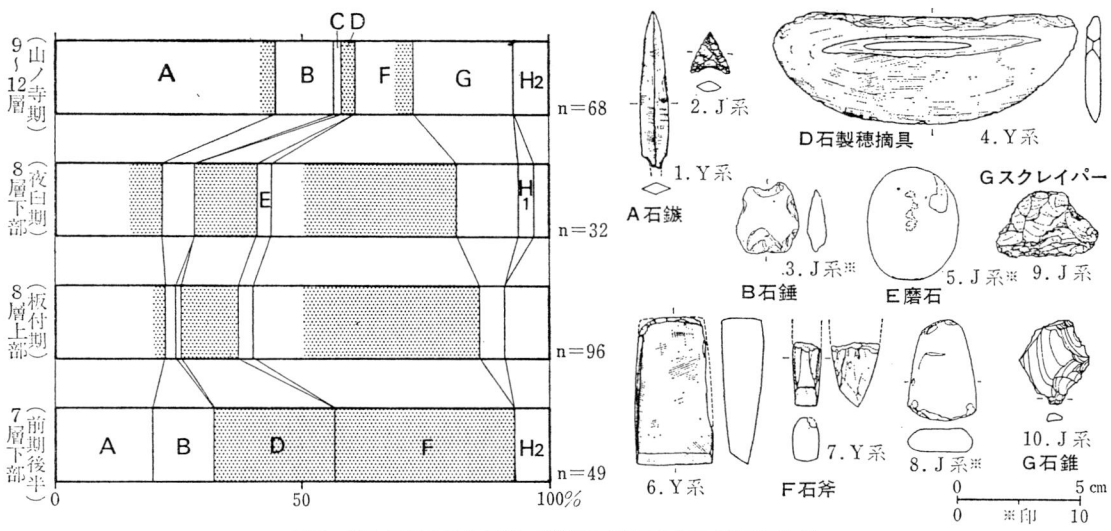

図2　菜畑遺跡の弥生早期〜前期の石器組成と山ノ寺期の石器

中期の福岡市板付遺跡をみると，まず松菊里遺跡で特徴的であった部門に対応する石器の存在がグラフから読み取れる。しかし板付遺跡では，Gとした楔形石器（ピエス・エスキーユ）・石錐・スクレイパー類などの剝片石器類の比率が高く，これが松菊里遺跡との最も際立った違いであろう。これら剝片素材の打製石器は，すでにこの段階の朝鮮半島には存在せず，縄文時代以来の技術伝統にもとづいて製作され，使用された石器群とみなすことができる。そして実は，先程松菊里遺跡と対応する部門とした石器群の中にも，図1のA石鏃のところで磨製石鏃と打製石鏃とを図示したように，こうした縄文時代以来の技術伝統による石器が少なからず含まれていることに注意したい。Eとした食料粉砕具が，松菊里遺跡ではすりうすと磨棒であるのに対して，板付遺跡では縄文時代以来の磨石が主であるように，この点は打製石器に限ったことではない。次にこの点を弥生時代初めを材料に，もっと詳しくみることとしよう。

　図2は，佐賀県唐津市菜畑遺跡出土石器群の推移をグラフ化したものである。各層位から出土した石器は，組成を問題とするには数量的にやや不安があるが，一遺跡すなわち同じ土地条件で弥生時代早期（研究者によっては縄文時代晩期後半）から前期後半に至る石器群の変遷が把握できる例は他にないし，この段階の傾向をよく示しているので掲示した。グラフ中で網目で示したのが朝鮮半島に出自をもつ石器である。稲作導入当初の山ノ寺期には少なかったD穂摘み具が，次期に大幅に比

率を上げたことが一目瞭然である。また，F斧類でも山ノ寺期には少数派であった半島系の石斧が，夜臼式単純期には主体に転じ，しかも斧自体の比率が上昇している。この量的拡大はD穂摘み具と連動したもの—稲作の拡大—であろうが，もう一つ注意しなければならないのは，山ノ寺期の半島系石斧が図示（6・7）したような朝鮮半島製と同一の特徴をもつ加工斧（片刃石斧）なのに対して，夜臼式単純期に急増したそれは縄文系伐採斧が朝鮮半島の伐採斧の影響下に大形化した折衷的な一群であることである。こうした改変は実は穂摘み具にも観察され，山ノ寺期の穂摘み具は図の4にあるように擦切技法による穿孔で刃部は顕著な片刃という半島型式そのものであるのに，夜臼式単純期には擦切穿孔は消え，片刃もあまくなって両刃に近くなる（下條信行氏の偏刃両刃）。このように弥生早期のうちに，半島系の農具と木工具の直接的導入から，その急速な定着と改変という現象を見出すことができる（下條1986）。これら稲作に関係する石器以外では，A石鏃は，当初から半島系の磨製石鏃がもたらされながらも定着することはなく，縄文伝統の打製石鏃が常に圧倒的多数を占めている。しかし，朝鮮無文土器時代と比較して日本列島弥生時代石器群の際立った特徴の一つであるG剝片石器類が，次第に比率を低下させている点は注目される。

　このように松菊里遺跡・板付遺跡・菜畑遺跡を比較してみると次のような点に気付く。まず弥生時代の石器組成については，朝鮮半島の同時代の

石器と共通する一群があって組成的には相似形をなす一方で，縄文時代以来の石器とその製作技術が連綿と存続し，とくにG剥片石器類の存在は特徴的である。前者でも，F食料粉砕具という点では共通しながらも石器自体＝粉砕技術は異なり，A石鏃も磨製と打製と全く内容を異にしていることを考えると，日頃のイメージとは異なり，驚くほどに縄文伝統を継承した石器が多いといえよう。朝鮮半島に出自を求められる石器は水稲耕作の導入に伴うものに限られ，穂摘み具や片刃石斧類のように，縄文時代における石器の特殊専門化と大陸で達成された水稲耕作用の石器の特殊専門化との間に明確な隔たりがある場合には後者の石器が直接的に導入され，定着後の改変も少ない。ところが朝鮮半島と縄文伝統の伐採斧のように両者の特殊専門化の隔たりが比較的小さい場合は，部分的な改良で対応し，新器種の直接的な導入はなされない。まして石鏃のように，磨製か打製かという石器製作技術上の違いはあれ，機能的な面では差異がない場合には全く在来の縄文伝統の石器で対処しているのである（下條1986）。とすれば，少ないながらも磨製石鏃が確実に存在することの意味はむしろ生産以外にあると考えるべきなのではないだろうか。

弥生時代において，大陸から導入された道具—石器—は稲作に関わるものに限られ，他の生業活動にかかるA狩猟具・E食料粉砕具・G剥片製加工具などは在来の石器製作技術と道具立てが存続したのである。

それでは，縄文時代の石器はすべて弥生時代に継承されたのであろうか。図3—1は福岡県広田遺跡の縄文時代晩期前半の石器組成を示したグラフで，図1の板付遺跡の縄文系石器の組成と比べると，C土掘り具（打製石斧）の卓越が特徴的である。この土掘り具の卓越現象はこの段階の九州はもちろん西日本各地に顕著で，山ノ寺期の前段階にあたる北九州市長行遺跡でも確認できる。菜畑遺跡では山ノ寺期と板付期に各1点出土しただけであり，山ノ寺期すなわち稲作開始期に急激に出現比率を減ずるようで，G剥片石器類の卓越とともに，ほぼ同時期の岡山県百間川沢田遺跡（図3—2）や兵庫県口酒井遺跡，やや時期が下るが大阪市長原遺跡でも観察できる。板付遺跡でみるような組成は稲作開始期の急激な組成変化を経て形成されたものであり，石器自体は縄文伝統であるとしても組合せとしては変化があるのである。

2　地域差・遺跡差・生業差

次に，弥生時代の石器組成に地域的な違いはあるのであろうか。菜畑遺跡では前期後半にはGの剥片石器類がみられなくなり，同様のことは前期後半〜中期の松ヶ迫・立岩・下伊田・鹿部山・葛川・八王子・下稗田・竹並といった福岡県東部の諸遺跡でも認められるから，この地域の特色なのかもしれない。この地域はGが卓越する瀬戸内地方との文化的関連が指摘されているが，剥片石器類についてはむしろ好対照をなしている。Gの消失は朝鮮半島の場合との接近を示しているかにもみえるが，一方では土掘り具の残存もあって単純ではない。

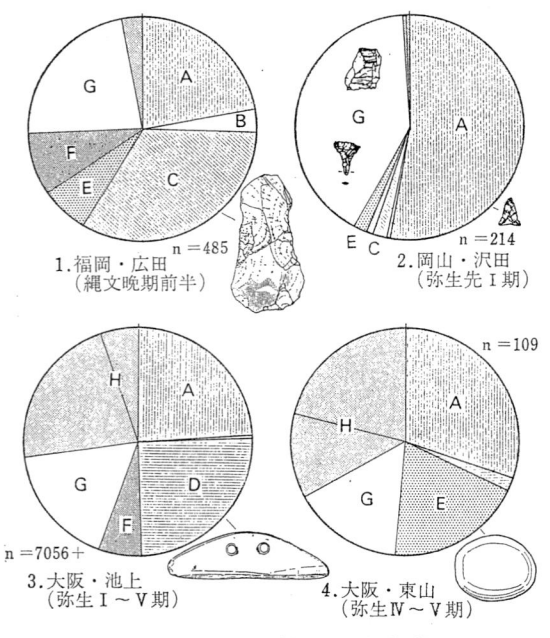

図3　縄文時代晩期〜弥生時代の石器組成（縮尺不同）

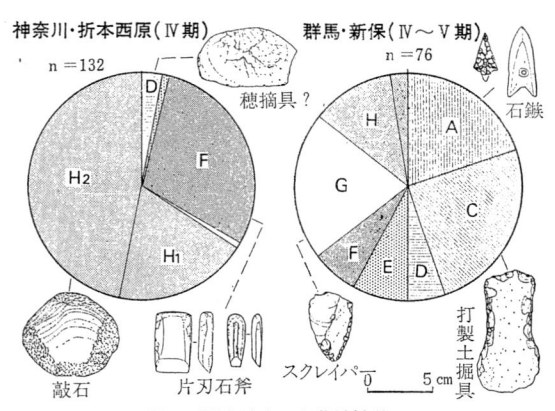

図4　関東地方の南北地域差

地域色といえば，瀬戸内の打製穂摘み具の存在もあげる必要があろう。打製であるから技術的には縄文伝統であろうが，広島県大宮遺跡や亀山遺跡のように当地域の弥生時代前期遺跡では通常の磨製品がほとんどで，打製品が急増するのは中期に至ってからであるし，手に持つための紐を通す孔の代りに石器の両端に紐掛け用の抉りを作り出しており，磨製品からの転化によって打製品が生み出されたとみなし得る。粘板岩よりも豊富に得られるサヌカイトに素材変換したことが最も大きな原因であったのであろう。

近畿地方の石器組成は，道具のリストとしては九州方面と大きな違いはなく，稲作に関連するＤ穂摘み具とＦ石斧類の石器全体に占める割合も遺跡ごとの変異を越えるような差異としての地域差はない。しかしＤとＦとの比率を比較すると，北部九州の板付遺跡（図１）では Ｄ：Ｆ＝３：４であるのに，畿内の池上遺跡（図３—３）では Ｄ：Ｆ＝４：１と，両地域間（瀬戸内も近畿と共通）で際立った違いが認められる（酒井 1986）。こうした違いが生じる理由は不詳だが，石器・農耕具の生産と流通や農労働システムの問題が関係しているのであろう。

北部九州と近畿・瀬戸内にみられた以上に顕著な違いのある石器組成をもつ地域が隣接して併存する例として伊勢湾北岸の濃尾地方をあげることができる（石川 1988）。低地部に立地する朝日・阿弥陀寺遺跡などでは，Ｄ穂摘み具が著しく低率であるものの，Ｆ石斧類が各種石斧が組合せをなして10〜25％の比率を占めるのに対して，台地部の上野・牧野小山遺跡などではこうした石斧類は稀少で，Ａ石鏃とＣ土掘り具が卓越する，当地域の縄文晩期後半期に特徴的な石器組成を存続させている。この地域差は，九州と近畿間の場合とは異質であって，水稲主体地域と畠作主体地域といった生業自体の違いによるものであろう。類似現象は関東地方にもみられ（図４），南部の宮ノ台式土器分布域ではＦ石斧類が卓越して他の石器は著しく少ないのに対して，北西部の竜見町式・樽式土器分布域では当地域の縄文晩期末〜弥生前期の伝統を受け継いで，Ａ石鏃・Ｃ土掘り具・Ｇ剥片石器類の比率が高い。例示した新保遺跡はじめ群馬県域ではこの時期の水田跡や水田耕作用の木製農具が検出され，水稲耕作を実施していたことは疑いないが，石器組成は水稲以外の生業活動もまた

重要な位置を占めていたことを如実に反映している。

次に，一定地域内で特定の性格をもつ遺跡の石器組成が異なる例をあげよう。菅原正明氏は，弥生中期末〜後期の大阪府東山遺跡（図3—4）では，稲作に必要な穂摘み具と石斧類が欠落し，一方石鏃・磨石・石皿・敲石・スクレイパー類の多いことから，畿内弥生時代の高地性集落では縄文時代的な生活が行なわれたと指摘した（菅原 1980）。香川県紫雲出山遺跡や岡山市貝殻山遺跡では組成にもっと顕著な偏りがあり，各々石鏃が石器総数の約79％・68％を占めている。この異常なまでの組成の偏りは，石鏃を単なる狩猟具としてでなく武器と見なすことによって（小林・佐原 1964），眺望のきく山頂という遺跡の立地とともに，この種の遺跡が戦乱時に形成された烽火台などの性格を持つとの考えを支持する根拠となるであろう。

３ まとめ

弥生時代の石器のうち，「打製石器は多く縄紋式からの伝統である」「磨製石器には縄紋式から遺存は少なく，大陸系のものが多い」（山内 1932）。大陸系の石器は生産用具や武器・祭祀具であって，縄文時代と比べて弥生時代をよく特徴づける遺物である。しかし生産用具は水稲耕作に必要な石器に限られており，他は縄文伝統が根強い。そして両者の関係は，一部ここに示したように，地域・時期・遺跡の性格によって違いがみられる。したがって弥生時代石器の研究も大陸系石器に偏ることなく，総合的・多角的に進める必要があろう。

参考文献

石川日出志「伊勢湾沿岸地方における縄文時代晩期・弥生時代の石器組成」『＜条痕文系土器＞文化をめぐる諸問題：資料編Ⅱ・研究編』1988

小杉 康・鶴田典昭「日影山遺跡における撚糸文期前葉の石器群の研究」『真光寺・広袴遺跡群Ⅳ』1989

酒井龍一「石器組成からみた弥生人の生業行動パターン」『文化財学報』4，1986

下條信行「九州における大陸系磨製石器の生成と展開」史淵，114，1977

下條信行「日本稲作受容期の大陸系磨製石器の展開」九州文化史研究所紀要，31，1986

菅原正明『東山遺跡』大阪文化財センター，1980

山内清男「Ⅳ縄紋式以後」ドルメン，1—9，1932

石器の終わる時

飯田市教育委員会
■ 小林正春
（こばやし・まさはる）

信州の伊那谷には地理的条件により弥生時代において独特な石器群の定形化した姿が認められ，それは古墳時代まで残存した

信州伊那谷は，縄文時代以来打製の石器を多用した地域である。とくに飯田市を中心とする伊那谷南半部の地域では，弥生時代において独特な石器群の定形化した姿がある。それは，発達した段丘上での生業と，安定した石器素材の供給地である天竜川を控えていることにゆえんする。そのような地理的条件が時代毎の地域的特徴を具現しているわけであるが，ここではその最も大きな特徴である伊那谷の弥生時代の石器が，古墳時代にまで残存した姿を明らかにしたい。

1　伊那谷の地形

伊那谷は，東側を南アルプスおよび伊那山脈に，西側を中央アルプスとにはさまれ，その中央を天竜川がほぼ南北に貫通している。また，天竜川の氾濫原から東西の山麓に至る間は，数段の段丘地形を成し，全体では南北に長い盆地状となっている。

伊那谷の段丘は，一般の河成段丘ではなく中央構造線の活動，南・中央アルプスの造山活動と強く関連した断層運動による構造段丘である。その段丘地形は，とくに伊那谷南部の下伊那地方に顕著であり，その規模や形態はわが国随一ともいえる。また，最後の段丘形成の時代は約2万年前であり，その後の浸食・堆積の活動により，田切地形・扇状地地形などの複雑な地形変化をも示している。

そうした段丘面上は，場所によって自然環境が微妙に変化し，総体としては原始から古代にかけての生活適地となっている。

2　石器素材の供給地——天竜川

伊那谷の中央部を南北に貫く天竜川は，諏訪地方を源に三河湾に注ぐ延長約 250 km の河川で，伊那谷はその上流域にあたる。また，伊那谷は先にも触れたように盆地地形を成すため，一般に急流のイメージがある天竜川も比較的おだやかな流れを保ち，各所に沖積地を形成する。

その伊那盆地に向けて，東西の山脈からは大小の河川が天竜川に流れ込み，両側の山脈を構成する岩石類を天竜川の河原に搬出している。その岩石類を天竜川の河原で見ると，白い石と青い石に大別される。

白い石は，その大半が花崗岩系に属し，西の中央アルプスおよび東の伊那山脈から供給されるものである。

青い石は，岩石の種類も豊富であり，砂岩をはじめ緑色岩系の石を主に様々で，それらは赤石山系からもたらされたもので，中央構造線に沿って分布する岩脈を供給源としている。これらの岩石のうち主たる石器素材となるのは，赤石山系から天竜川氾濫原まで運ばれた礫である。

赤石山系から伊那盆地に流出する河川は，伊那市で合流する三峯川，上伊那郡と下伊那郡の境で合流する小渋川の2つである。両者はいずれも中間にある伊那山脈を開析して天竜川に注ぐもので，自然条件下において岩石を天竜川まで運び出す量は相当のものがある。

天竜川原にみられる赤石山系からもたらされた岩石類は一定の大きさで統一されている。花崗岩系の岩石が径1mを越えるものがあるのに対し，径50cmを越える石を探し出すのはきわめて困難といえる。換言すれば，そのほとんどが径 50 cm 以下の礫といえる。径50 cm 以下に大きさをそろえられた礫というのは，三峯川・小渋川の激流を流下する際に，キレツ部分は割れ，角がとれてなめらかな自然面を有する安定した単位の塊としての礫となっているわけである。この礫が，縄文時代以来活用された打製石器の素材である。

これらの礫の形状は，球形もあれば長楕円形もあり，また，偏平のものもあるという状況である。これらの中から求めたい石器の形態に合わせ礫の選択を行ない，天竜川の川原において石器の多くが作られる。

3 弥生時代の石器群

伊那谷の弥生時代の石器の特徴としては，一貫して活用された打製農具を抜きにしては考えることはできない。国内の弥生時代石器は，主体が磨製石器類であり，その用途も大半が工具に属し，かつ時代的には中期段階でその使用は終息する。一方，伊那谷における石器は，磨製工具と打製農具の両者が後期前半段階まで共存し，地域的な特徴となっている。伊那谷南部の弥生時代石器群は，縄文時代晩期終末に出現する大型の打製石斧と横刃形石器の系列下におかれ，中期中葉の北原期に石器構成の全容が把握可能となる。また，明瞭な機能分化も読み取ることができる。

北原期の石器構成は，1972年の神村透による北原遺跡での分類により，一定の整理がなされ，先述の打製農具の存在が具体的に示された。北原期に続く，中期終末期の恒川期においても同様の石器組成であるが，後期に至り大きな変化が認められる。後期前半の座光寺原期においては，中期に比しての一般的傾向として，住居あるいは集落単位での石器保有の総量が減ずるとともに器種も限られたものに集約される。さらに，後期後半の中島期に至っては定形化されたいくつかの農具に限定しての石器使用の姿がある。

4 定形化された農具

弥生時代後期の定形化された農具として，有肩扇状形石器・打製石庖丁・磨製石庖丁とがある。有肩扇状形石器は，その形から与えられた名称である。平面形は，広げた扇の先を下に置き，上部の要にあたる部分の両側から抉りを入れ基部としたもので，三味線の撥を圧縮した状態を基本的な形と捉えられるが，素材となる剝片の状態によりバラエティに富む。石器素材は，ほとんどが硬砂岩で，それは天竜川の河原にあり，容易に求めることができる。製作技法はいたって単純な剝片割取を基本とし，若干の二次調整により完成する。河原において，求めようとする石器に見合った任意の礫を選択し，それをより大きく硬い礫にぶつけることにより剝片を得る。万一，意にそぐわない剝片であれば，それを操り返すことにより，適当な剝片を得ることができる。二次調整も基部に限られ，その作業も河原において短時間で済み，完成した石器を集落に持ち帰ればよいわけである。

この石器の使用に関連しては，その形が現在農作業で用いられている草掻きに近似していることにより，畑作にかかわる浅耕用あるいは除草用の農具と考えられて来た。しかし近年石器個々について細部にわたる研究が行なわれる中で，鋭利な刃部の先端にロー状の光沢が認められ，土ズレによる使用痕のあるものは皆無であり，また，刃部が使用により欠損した例もほとんど無いことなどから別の用途が考えられている。ロー状光沢付着物から，当地方に繁茂する竹の加工具など検討された時期もあったが，さらに検討を加える中で，対象作物は未確定ではあるが，収穫具としての位置づけがなされるに至っている。

次に，もう1つの特徴的な石器である打製石庖丁については，早くから収穫具として認識され，横刃形石器の延長上に定形化された抉入打製石庖丁が位置づけられる。この製作技法についても，前述の有肩扇状形石器同様のもので，自然礫から剝離した一次的剝片を用いており，二次加工も容易であり，短時間での石器完成が可能といえ，有肩扇状形石器同様に全作業を天竜川の河原で行なっていた可能性が強い。

さらにもう1つの伊那谷を代表する石器として，単孔・小型の磨製石庖丁がある。細部には若干の形態差はあるが，全面を研磨し，刃部反対側に1孔を有するのを基本的な形としている。

前二者の打製石器とは異なり，硬砂岩製のものはほとんど無く，比較的軟質の粘板岩あるいは緑色岩系の石材を用いている。素材の大半は，硬砂岩同様に天竜川で求められるが全面を研磨し穿孔する作業は，一定の作業時間が必要であり，最終的には集落において完成された石器といえる。打製・磨製の石庖丁は，いずれも 30〜60 g と軽く，片手での連続作業が可能な収穫具である。

以上，3種の石器が伊那谷南部の弥生時代後期の収穫具として特徴的なものであることを概述したが，石器素材の安定した供給地を控えての結果生まれたことが大きな要素の1つであることが理解できる。しかし，それだけが弥生時代後期の伊那谷において石器使用の主要因とは考え難く，さらに深い意味があるはずである。

5 伊那谷の弥生農業

伊那谷の弥生時代後期に主要な収穫具として，石器が多用されていたことの要因が何かという問

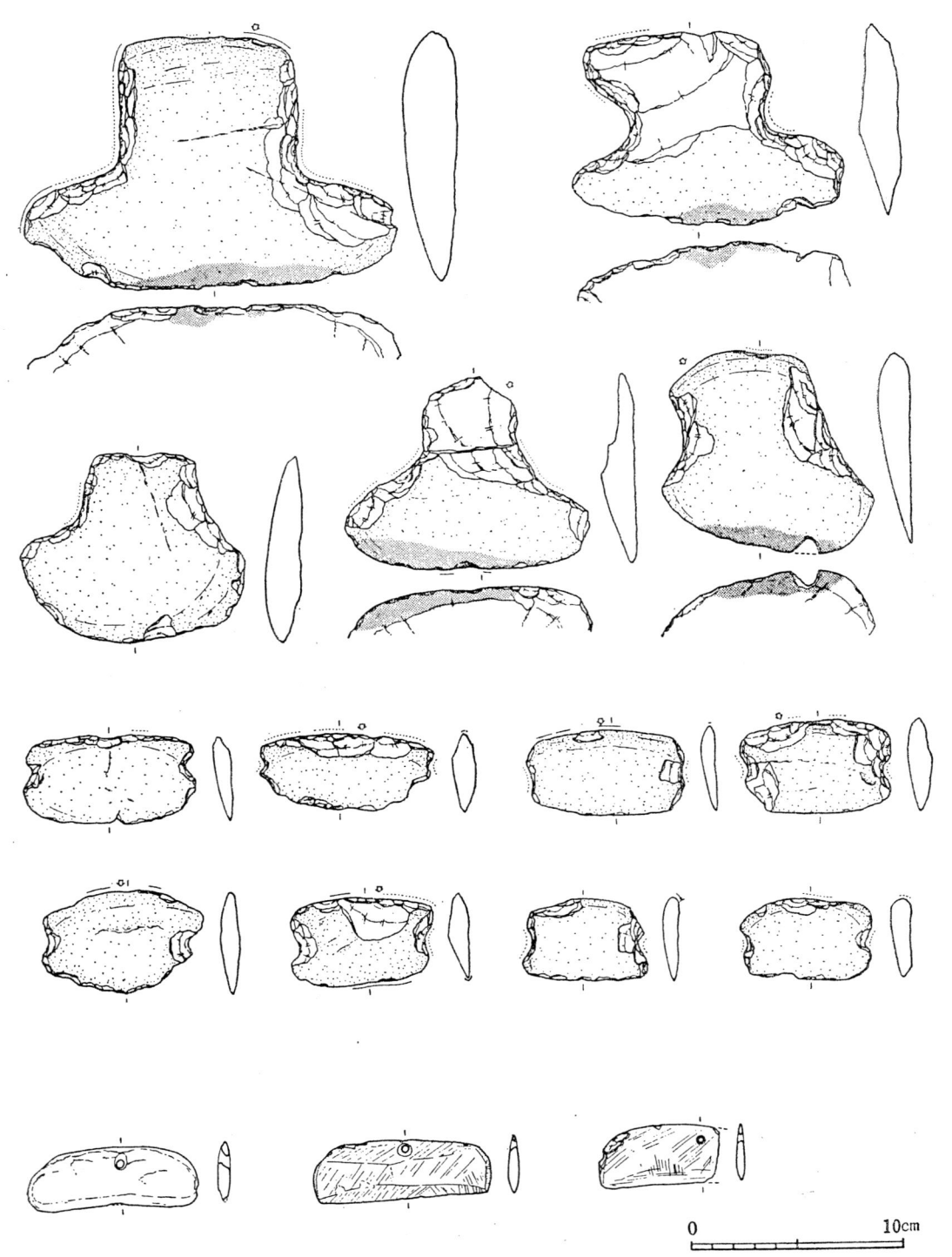

伊那谷の弥生時代後期・古墳時代前期の収穫具（飯田市座光寺恒川遺跡出土）
上段：有肩扇状形石器，中段：打製石庖丁，下段：磨製石庖丁

いは長い間地域の研究課題であったが今だに結論が得られていない。その解決には，主要作物および農業形態の把握により導かれるといえる。

前記のとおり，伊那谷は全国屈指の段丘地形を成しており，この地形条件により独特な農業生産があり，石器使用の姿があったといえる。段丘地形は，一見平坦な段丘面がヒナ段状に連続するが，低位と高位の段丘において様々な差異がみら

40

れ，同一段丘面上でも微地形の変化が各所にある。

　基本的な姿として，低位段丘面は段丘崖下の湧水が豊富で湿地帯も発達し，総体的な水利条件も良い。一方高位段丘面上は，山麓ぎわに湧水があり，小規模な湿地を形成するがそれらを集水した結果天竜川の小支流を成し，段丘面を深く浸食するため段丘面上の水利は悪く，その大半が乾燥地帯となる。そのため弥生時代の主体的な農業である水田経営は低位段丘上においてより有利な条件下にある。伊那谷の弥生文化定着期は天竜川氾濫原に面した遺跡立地に限られ，水田経営を主たる生業とした姿がうかがえる。中期後半以降に中位・高位の段丘上に集落の成立する姿があり，水田一辺倒であった農業に変化が考えられる。

　こうした遺跡立地の拡散は，中期後半の石器器種の多様化，後期の定型化した農具の存在と一連のものと考えられる。また，弥生時代を通じての主要な農業は水田経営であり，水田面積を拡大する努力は常になされ，小規模であっても可耕地を求めて上位の段丘上へ進出した。しかし，当時の技術による水田化できる土地は限られたものであり，耕地拡大の意欲は畑作をもう一方の柱として成立させる結果となった。段丘地形において，水田不可耕地の面積は水田可耕地の数倍にもあたり，畑作の成立そのものが伊那谷の弥生時代を定義する最大の要因といえる。

　畑作に，水田と異なり対象作物も一種に限られず，陸稲・ムギ・ヒエ・アワ・ソバなどの穀類，大豆・小豆などの豆類と多種多様である。具体的な検証例は少ないが，下伊那郡上郷町の高松原遺跡の後期住居址から麦とアワかヒエの炭化種子が発見され，その一端をうかがうことができる。このような，水田と畑作が密接に関連する中で，定型化された収穫具としての石器群があり，当地方の弥生時代後期の座光寺原式・中島式という独特な櫛描文による土器の分布範囲における一定の文化圏も把握可能である。

6　古墳時代まで残る石器群

　伊那谷の弥生時代農業は，水田と畑作による複合的なものであるが，本来水田経営により地域全体の生業が成し得れば，畑作の発展は無く，畑作そのものはあくまでも従的なものである。畑作による収量は，多いとしても一定の集落を存続させる程度のもので，水田経営による収量とは比較に

ならない。

　次代の古墳時代には，水田経営の結果もたらされる余剰生産物の蓄積が大規模な集落を形成し，強大な権力の集中を生み，初期の古墳築造につながると考えられる。しかし，伊那谷の畑作を主体とする集落はその規模を発達させる姿はなく，むしろ衰退化の様相を示し，集落分布の状況は弥生時代中期のあり方に逆戻りする。

　そして，一般的には古墳築造に代表される土木技術と鉄製農工具の急速な改良・普及があるにもかかわらず，弥生時代以来の農業を営み，時代の流れに取り残された姿が伊那谷にあったといえる。その具体例として，弥生時代に完成された石製の収穫具である有肩扇状形石器・打製石庖丁が4世紀はもちろん，5世紀の前半まで使用されていた事実がある。具体的に遺跡名を列挙すると，豊丘村城遺跡・飯田市恒川遺跡・同松尾城遺跡・同清水遺跡などである。

　しかし，伊那谷の弥生時代後期以降の石製農具を使用していた人々が，金属製利器の存在を，また，古墳時代の到来を知らずにいたかといえばそうでは無い。その時代，当地方より先進性の高い東海地方との活発な交流のあったことは，土器あるいは金属器類の出土資料により明らかである。

　結局，伊那谷における弥生時代から古墳時代前期の石器使用の姿は，伝統的な生業を継続し，そのための金属利器の伝播はなく，新しい道具の開発もされなかったことによると考えざるを得ない。なお，伊那谷の弥生時代後期の石器群は，地域色の強い農業のあり方を示し，稲作と稲作技術の発展のみを強調した画一的な時代観を見直す必要を提起するともいえる。さらに，古墳時代の新文化導入にあたり，一定の生活形態が確立されていた地にあっては，急激な生活形態の変化は望まれず，伝統的な生業に固執する姿として，伊那谷の石器使用が古墳時代まで残存する現象がある。

参 考 文 献

神村　透ほか『北原遺跡』高森町教育委員会，1972
佐藤甦信ほか『清水遺跡』飯田市教育委員会，1976
酒井幸則「飯田地方弥生時代石庖丁に関する一考察」
　　高松台，3，飯田高校考古学研究会，1976
宮沢恒之ほか『高松原』長野県飯田高等学校，1977
酒井幸則ほか『城遺跡』豊丘考古学研究室　長野県考
　　古学会学習会資料，1979
桜井弘人ほか『恒川遺跡群』飯田市教育委員会，1986

石器の技術

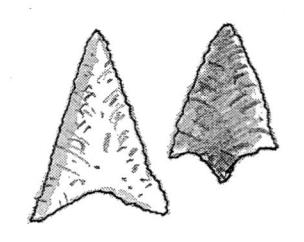

旧石器的石器と新石器的石器の製作技術は
どういう特徴をもつだろうか。石器を完全
な道具とするための技術についてもふれる

**旧石器的石器の技術／新石器的石器の製作技術
／道具の復元**

旧石器的石器の技術
——石器製作技術の型式——

札幌学院大学助教授
■ **鶴丸 俊明**
（つるまる・としあき）

北海道の細石刃技術は湧別技法の資料が増加し，再検討が迫られて
いるが，今のところ白滝型・札滑型・美利河型を総称しておきたい

1　技術の型式

先土器時代の石器については，その製作技術（工程）の上で一定のシステムがあり，それぞれの特徴のちがいが認識できる。それはたとえば剝片の技術形態学的分析から，石刃技法や瀬戸内技法が抽出されている。それぞれ縦長剝片剝離技術と横長剝片剝離技術の特徴的な一面であり，それは技術型式と言ってよいものである。

さて，ひとくちに石刃技法と言っても，その工程ではそれぞれに峻別されるべき特性を持つことが想定される。石核素材の選択，石核形成の方法や作り出された形状，加撃面の位置と数や整形・再生の方法，主剝片剝離途中の各種調整剝離，主剝片剝離作業の位置や方向など，注意すべき観察点は多い。その結果，「砂川型刃器技法」や「鈴桶型刃器技法」[1]という特定の技法が抽出されている。つまり，石刃技法という大型式の下に，「砂川型刃器技法」・「鈴桶型刃器技法」なる小型式が設定されているのである。瀬戸内技法の中のバリエーションとされているいくつかの資料も，同様な分類が可能なのかもしれない。ただ，このような技術型式は，個々の資料つまり残核や各種

剝片からのみの想定は相当な危険性が伴うことは幾多の例が示しているので注意が必要である。

ナイフ形石器は，剝片の剝離工程を含めた素材の準備段階からナイフ形石器へと加工する整形・調整技術の段階，そして最終形態にいたる一連の工程がその分析・分類の対象とされる。その結果，石刃技法や瀬戸内技法という剝片剝離技術を基本とするある特定のナイフ形石器の製作技術が把握されることがある。「砂川技法」や「金谷原技法」[2]がそれである。一方，「茂呂型」・「杉久保型」というのは，その技法によって作りだされた器種段階の型式名の一つである。研究史の上から見ると，器種段階の型式が設定され，技術の分析が後追いする形が多い。これは私たちが個々の資料の分類を出発点とすることや，必ずしもその技術の再現を可能ならしめる資料を保持しないことなどから止むをえないことであるが，個々の技術系の把握とその体系化こそが編年論的研究，遺跡の構造論的研究の，また文化の異同や関連の強弱などを論ずる際に必要不可欠なものであることから，個々の資料の分類に終始していてはいられない。したがって，このような技術の階層構造とも言うべき成り立ちは，技術を読む手法として定着

した母岩別分類や個体別分類に基づく接合作業によって，今後さらに詳細に明らかにされていくことになるだろう。

2 湧別技法の技術型式差——白滝型と札滑型

北海道で知られている細石刃技術の中でも，湧別技法に関する接合資料が増加し，その見直しが迫られている。ここではその問題に触れることによって，「旧石器的石器の技術」における技術型式のちがいの一端をみたい。

この技法には白滝型と札滑型とが知られている。前者について，かつて筆者がまとめた特徴の一部を紹介すると以下のようになる[3]。①加撃面幅が石核の最大幅かそれに近い値をとる。②加撃面から側面への調整はほとんど行なわれない。③加撃面に剥離による調整はない。④擦痕の付着は例外なく細石刃剥離に先行している。⑤細石刃剥離は加撃面形成の加撃点側で行なわれる。

この指摘以後，まとまった白滝型石核の検出はないためにその検証は進まないが，一方，札滑型石核に関する資料は増加している。その一つは，故遠間栄治氏の採集された白滝村遠間地点の資料であり[4]，同じく札幌大学によって発掘されている遠間地点の資料である[5]。それらを総合して白滝型と比較すると，同一技法で説明されてきた両者の差異が明瞭である。ここでは遠間資料の分析データを用いて比較してみよう。まず素材に関する点である。横断面が凸レンズ状の両面調整の2次素材[6]を形成するのにたいし，札滑型も同様な

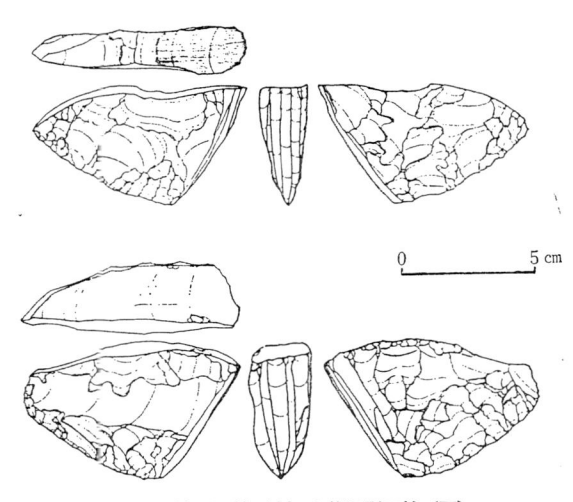

図1　白滝型石核（上）と札滑型石核（下）

素材を基本としつつ，平坦な礫面や古い打割面を打面側の側縁に持つ横断面斧状の素材例もある。その出現率は，白滝型の変異例の中の石刃や半両面調整の素材のそれよりはるかに高率であるばかりか，むしろかなり一般化している状態を看取出来そうである。

側面調整については，2次素材の段階以降細石刃剥離終了に至るまで，削片剥離以外ではその母体の形状を変えることのない白滝型に対し，札滑型は削片剥離後にかなりの頻度の側面調整が行なわれている。遠間資料では35％のものに見られる。

細石刃剥離に先行して擦痕を付与することを白滝型の型式認定の条件としてよいと考えるが，その擦痕付与の有無も，もちろん大きな差異である。札滑型はさらに，細石刃剥離が必ずしも加撃面形成点側で行なわれない点で，また2次素材の縦割りを行なうばかりでなく，短軸方向に折断する技術がある点も，白滝型と異なるところである。

以上のように整理すると，両者の間には，2次素材の長軸方向の打割面を加撃面にする点以外に，厳密な意味での共通点は見出せないのである。また同時に，両者の技術幅については画一的とも言えるほど変異の少ない白滝型と，それに比べると柔軟なとも言うべき技術幅のある札滑型と表現できそうである。もちろん，変異の少ない白滝型とはいっても，前記した例もあるが，その実例数は極めて少ない。この両者の技術幅の違いの本質を論ずる機会は他に譲るが，現象的には，剥片素材を基本とする白滝型に対する礫素材を基本とする札滑型として捉えられそうである。つまり，安定的に定形な剥片を利用する白滝型は，1次素材の形成段階つまり剥片を得た段階での大きさや厚さに対する充足度はすでに高く，2次素材の形成で大きさや形態が十分に満たされるのに対し，形状や大きさに不安定さを持つ礫素材の札滑型は，細石刃剥離まで，場合によってはそれ以降も調整を継続しつつ目的の形態や大きさに近づける手順を有していたのかもしれない。

3 「美利河技法」と湧別技法

白滝型と札滑型の両者に共通する2次素材の長軸方向の打割面を加撃面とする特徴は，最近注目されている「美利河技法」[7]にも通じる。この技法は，①1次素材に礫を用い，②2次素材は両面調整もしくは片面調整で，③加撃面部が峠下型のよ

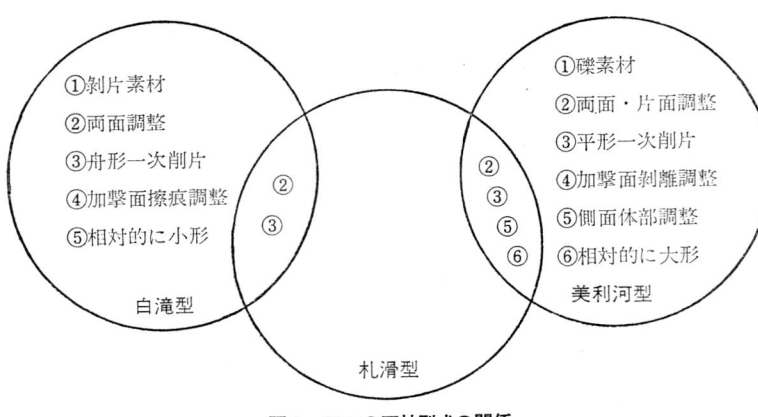

白滝型
①剝片素材
②両面調整
③舟形一次削片
④加撃面擦痕調整
⑤相対的に小形

美利河型
①礫素材
②両面・片面調整
③平形一次削片
④加撃面剝離調整
⑤側面体部調整
⑥相対的に大形

札滑型
②
③
⑤
⑥

図2　三つの石核型式の関係

うに側方剝離で調整されているため，④横断面がD字形をなし，その結果，⑤加撃面形成時には平形の1次削片が剝離され，⑥側面調整が頻繁で，⑦横方向からの加撃面調整が行なわれる場合もあるという。長沼孝氏は湧別技法との差異に注目してこの技法を設定したが[7]，その後，類似の石器群を調査した千葉英一氏はその技術を追認し，かつ美利河型と札滑型の残核の類似性に主点をおいて，湧別技法を白滝型石核にのみ限定することを提案されている[8]。千葉氏の意見は，つまり札滑型を美利河技法に含めることをも主張されているのである。

上記の「美利河技法」の特徴は，湧別技法の白滝型とは明瞭に区別されるもので，その一方で札滑型との関係を窺わせる部分がある。この三者の関係を示したのが図2である。礫素材であるほか，擦痕を持たず，側面調整を行ない，相対的に大型である点など，札滑型と「美利河技法」の共通性は技術的な近縁関係を示しているといっても過言ではない。長沼氏の見解に対して，かつて筆者は湧別技法の一「型」あるいは「工程」と称すべき内容と思われると評し，既存の技術型式の点検がまず行なわれる必要があると提案したことがある[9]が，このような札滑型との類似点の検討の必要性を考えていたのである。

さて，この三者の関係をどのように評価し，整理すべきであろうか。

「美利河型」と札滑型の類似性と，両者と白滝型の相異性で最も注目すべきところは，基本的に一方が礫もしくは大型破片で，一方が剝片素材であるという一次素材の把握が正鵠を得ているとすると，正にその点にあると考えられる。その残核は前者が大きく，後者は小さいが，それから剝離

された細石刃の大きさもそれに対応した大きさを持つ。つまり，礫や大型破片を用いる意味を生産物の大きさと関連づけて考えるのである。大きさばかりでなく，その形状も考慮する必要があるかもしれない。もし，そのような推測が可能ならば，同一石器群に複数の型式の細石刃核が存在する意味の一部も解決できそうである。

筆者自身，細石刃そのものが少なかったために，残核の分類を中心にその技術的解釈とその分類を進めてきたが，細石刃をも含めた本来の細石刃技術の分析が可能な状況が整いつつあることから，前三者に関わる諸点の整理は，その分析を待って，出来ればその細石刃の大きさを含めた形質の意味の検討が終了してから意見を述べたいと考えている。それまでは，それらをすべて湧別技法の枠内で捉え，それぞれ白滝型・札滑型・美利河型と称しておこうと思う。

旧石器的石器の技術の特性は，素材から石器生産にいたる全工程を通じて，一貫したシステムがあり，それが「型式」差ともいうべき特徴をそれぞれにもっていることを，本稿において示したつもりである。

註

1) 戸沢充則「埼玉県砂川遺跡の石器文化」考古学集刊，4−1，1968
2) 安蒜政雄「縦長ナイフ形石器の製作」季刊考古学，4，1983
3) 鶴丸俊明「北海道地方の細石刃技術」駿台史学，47，1977
4) 筑波大学遠間資料研究グループ編『湧別川』北海道遠軽町教育委員会，1991
5) 札幌大学木村英明ゼミナール「北海道湧別郡白滝村幌加沢遺跡遠間地点における考古学的調査」『1988年度考古学調査研究報告』1988
6) 2次素材とは，通常言われるブランクを意味する。それに対し，その前段の剝片や礫の段階を1次素材として区別する。
7) 長沼　孝「出土遺物と石器ブロック」『美利河1遺跡』北海道埋蔵文化財センター，1985
8) 千葉英一「木古内町新道遺跡の石器群について」北海道考古学，26，1990
9) 鶴丸俊明「1986年の歴史学界—回顧と展望—日本考古1」史学雑誌，96−5，1987

井戸尻考古館
■ 小 林 公 明
（こばやし・きみあき）

新石器的石器の製作技術
―扁平円礫の割り方をめぐって―

横刃型石器は縄文早期から弥生文化期に至るまで作り続けられ
たが，石槌による直接打撃ではそれを剝ぎ取ることができない

1 「新石器」という石器

　ごく卒直に学史を振り返ってみると，「旧石器」の発見を契機としていつしか「石器時代」や「石器文化」は「縄文時代」や「縄文文化」へと看板を書きかえ，その主座を旧石器に譲っていったと言えるだろう。けれども，主要な労働手段である石器を基軸にすえるかぎり，列島においても旧石器時代のつぎは新石器時代である。

　新石器時代は一般に，家畜の飼育をともなう農耕に経済の基盤をおくようになった人類史の階梯と理解されるから，自ずと，それをになう農工具の類が第一義的な「新石器」だということになるだろう。縄文時代に農耕が行なわれていたと考える者は，この時代の中にそうした石器が体系的に存在することを説明している。

　他方また，南北に長くつらなる日本列島の縄文文化のありさまは一様でなく，時の流れに重層してそれぞれの地方に特色ある文化が堆積している。石器もその例外ではありえない。加えて，各の地方に産出する石材もまた異なっているから，それも石器の顔つきを大なり小なり決定する要因となっている。

　そうした地域文化の相違を考慮したうえで，とりあえず，「旧石器」に比べて著しく斬新であるというほどの意味で「新石器」というべき縄文時代の打製石器となれば，やはり，いわゆる打製石斧が筆頭にあげられよう。とりわけ中部・関東地方の中期文化を特徴づけている石器であり，農耕論者はこれを石鍬とみなし，採集論者は土掘具と認識している。

　ところによって差はあれ，主たる石材は硬砂岩・粘板岩・ホルンフェルスなどで，その片面に礫の表皮を留めるものが目につく。このことは古くより注意を引き，それ故に，素材は円礫から割り取られたものと察知されてきた。しかし，一体どうすれば素材を得ることが出来るのか，具体的

に言及されることはなかった。

2 扁平円礫を割る

　ところで，礫皮を留める点において，打製石斧の上手をいく石器がある。横刃型石器と称されるものである。割り取られた素材の両面がつくる，横長な縁を刃とする石器だ。石材はやはり硬砂岩・粘板岩・ホルンフェルスなど。中部高地の中期の遺跡で多量に見出される石器であるが，関東では少ない。ことに下伊那地方では，弥生時代後期の石器組成をも特徴づけている。

　この石器が器種としてはっきり認定されるようになったのはそう古くはなく，昭和40年代に入ってからである。それもまず，下伊那地方の弥生後期の石器の一員として注目され，間をおかず縄文時代のものにまで及んだのである。こんにち下伊那の研究者は，弥生後期のそれのあるものを打製の石庖丁とみなし，その系譜が少なくとも縄文中期にまで遡りうることを認めている。

　この種の石器には雑多な形態があるが，いずれも扁平な円礫から割り取った素材をあまり加工することなく，ほとんどそのまま用いている。最も素朴な類は，二枚貝の殻みたいな礫皮を片面におく。格好の良いのは，恰も横剝ぎされたかのように背の部分に礫皮を残す。この類には，そのままできれいな半月形を呈すものがしばしば見受けられる。弥生文化の石庖丁の前身と考えられる所以である。

　この石器の素材となる薄い礫皮は次のような方法でえられる。すなわち，これと思う扁平な円礫を利き手に持ち，周縁の適当な箇所を選んで，どっしりした台石にストンと振りおろす。すると，パカリと石理（いしのめ）にそって礫は割れる。だが，真っ二つに裂いたのではどちらも肉厚すぎて使いものにならない。そこで少しひねるようにして振りおろして，礫の表を削ぎ（そ）落す。このとき，二枚貝のような礫皮をもつ石片が取れる。その次は，目的と

45

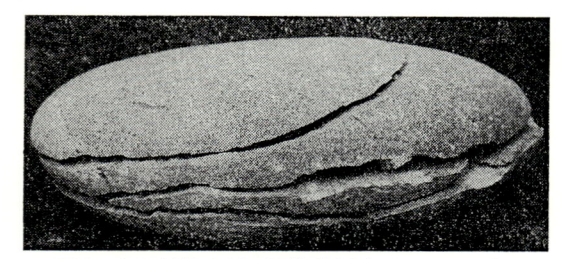

図1 うまく割れた扁平円礫（硬砂岩，長径 22 cm）

する石器の素材に応じてどこを打ちつけるかが決まる。衝撃点をずらす。あるいは反対側を振りおろす。左右どちらの面を削ぐかで持ちかえることにもなる。

　なお，片手で支持しきれない大きな礫は両手を使うとか，砲丸投げのようにして目前の台石の上に落下させるやり方もある。ただし，利き手を使ったときほど意図的にできないので，結果はあまり当てにならない。

　いずれにしてもこの場合，台石に打ちつけられた衝撃点には小さな破砕が入る。そこは恰も鑿で削ったごとく扇形に消し飛んで，裂片を合わせてみると紡錘形の隙間ができる。おそらく，この割り方に特有な破砕痕であろう。ただ，力の加減や振りおろす角度によっては明瞭に判別できないこともある。

　こうした礫の割り方は，広義には，旧石器について言われる台石技法の範疇に入るかもしれない。けれど，台石技法については詳しく解説されていないのが現状である。それに，旧石器とは石質と礫の様態，めざす石器の性格がすこぶる異なっている。

　これは，板状に割れる性質をもった硬砂岩や粘板岩，ホルンフェルス，結晶片岩などの扁平円礫から薄身で大型な石片をとり出すのに自ずと合致したやり方である。しかも得られた素材を収穫用の石庖丁となし，打ち欠きを加えて石鍬を作っているのだから，文字通り「新石器」の製作を担っていると言えよう。これら石器の出来不出来は，素材の好し悪しで決まってしまうのである。そうした意義から，われわれは『曽利』の報告書において，この方法を扁平円礫打割技法とよぶことにしたわけである。

　ちなみに話しがやや前後するけれど，少なくとも昭和40年代の中ごろ，下伊那の若い研究者たちはすでにこうした方法で天竜川の扁平円礫を割ることを経験していた。あまりに簡単で別にどうと

図2 衝撃点の破砕痕（背中央）を残す中期の半月形打製石庖丁（長野県富士見町居平，長さ 10.5 cm）

いうわけではないし，おもしろ半分であったから，とくに文章化して発表することはなかったという。ほんにその通りであるが，改めて近年，『恒川遺跡群』の報告書で考察がなされている。

　しかるに，打製石斧の製作を論じる関東の研究者たちが今だになお，この割り方を知らないでいる，もしくは知ろうとしないのはひどく奇妙なことである。

3　その出現

　さて，このような扁平円礫の割り裂き方はいつ，どのような文化から始まったのだろうか。そのことを確かめるには，さしあたって硬砂岩や粘板岩，ホルンフェルス製などで，この方法の特徴を顕著に認めうる横刃型石器の出現の様子をさぐるに限る。

　今日しられるところ，最初の横刃型石器は，下伊那地方の松川町水上，高森町川子石といった表裏縄文土器の時代の遺跡に見出される。それは，片面礫皮の硬砂岩製である。つづいて飯田市石子原・飯島町赤坂など，古式押型文土器の時代の遺跡に存在する。やはり硬砂岩の同様な作で，量も増えている。

　これらはいずれも，手に収まるくらいの小ぶりな扁平円礫の表皮を削いだものである。完形品は二枚貝の殻のような形をして，円弧状の鋭い縁が刃となる。そして，割り方を物語る衝撃点の破砕痕の認められる例がちゃんとある。

　以降，この地方では早期の後半から弥生文化期に至るまで，連綿とつくり続けられたのである。この辺りほど横刃型石器の伝統を根強く保持したところは，他にあるまい。

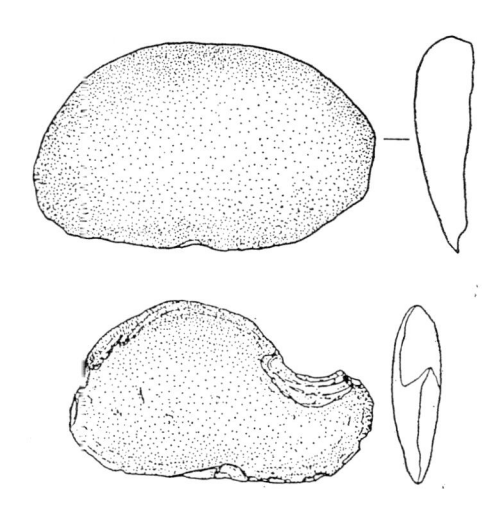

図3　表裏縄文土器文化期の横刃型石器（¹/₂）
（上：長野県松川町水上，下：同高森町川子石，
報告書より）

図4　押型文土器文化期の横刃型石器（礫皮側）
（飯田市石子原，左下の長径　6.5cm）

してみると，扁平円礫を割り裂く技法の本場は天竜川流域，なかんずく下伊那地方にあると言っても大過ないように思われる。そうした意味では，まさに下伊那技法と称すべきであろう。

ところでやや横道にそれるが，最古の横刃型石器がもっぱら貝殻形であるのは，どうしたことだろうか。

おそらくそれは，二枚貝の貝刃に由来するのではないかと類推される。つまり「はじめに形ありき」で，貝刃と同じかたち以外のものは意図されなかったということだ。もちろん先に述べた通り，こうした形の石片は扁平円礫を割る最初の手順によって得られるものであるが，言わばそうした技術の幼さだけでは説明しきれないようにみえる。

ひるがえって中部高地で，横刃型石器の登場に歩調を合わせて打製石斧も顕現してくるかというと，そうでもない。押型文土器の時代の石器で打製石斧とされているものは，極めて数が少ない。それも形態が整わなくてあやふやなものだ。まずは，横刃型石器であった。

その点で現在もっとも注目されるのは，富士宮市の若宮遺跡であろう。早期前半の押型文土器文化に属するこの遺跡の石器群は，従来の石器観を一変させるくらい，実に驚嘆すべき内容をもっている。同時に，この時代の遺跡ないし文化の地域的不均等性といったことを，つくづく思いしらされる。

ここでは，多数の打製石斧と横刃型石器が出土

している。どちらも小型品は頁岩を素材とするが，中型もしくは大きめなものになると硬砂岩や砂岩が用いられている。いわゆる打製石斧は小型ながら総じて形態が整い，片面に礫皮を留めるものがかなりある。これに対して横刃型石器は粗製刃器というべき分厚い作が目立つけれど，やはり片面礫皮のものが多く，礫皮を背にとる例もみられる。紛れなくここにも，問題の技法とその産物が申し分なくうち揃っているようだ。

同じころ，関東地方で撚糸文土器文化を担った種族は，堆積岩の細長めな扁平礫を手にしたものの，それを縦に半割するようなことはあまりやらなかった。横刃型石器とも無縁であった。とはいえ，扁平礫を割ることを知らなかったわけでもない。礫斧の中には，素材の礫を縦に半割した作がみられるからである。もちろん，それがどのような方法で割られたのか，確かめられねばならないのだが。

このように眺めてくると，最古の段階だけあってこと打製石器に関する限り，いかにも新石器文化らしい雰囲気が感じられる。すなわち，堆積岩の扁平円礫に目をつけ，これを割って多分に礫皮をのこす薄身な素材をとり出し，その様態を最大限に利用して目的の石器に当てていることである。

そして，横刃型石器も打製石斧も以降，中部高地や関東において一貫した系統をたどることが出来るわけである。これらの用途をどうみるかは，時代観の相違によって意見が対立する。が，積極的にこれを農具とみなすならば，列島においても表裏縄文土器の時代に「新石器革命」が生起したと考えざるをえないだろう。

筑波大学歴史・人類学系助手
■ 山田昌久
（やまだ・まさひさ）

道具の復元

縄紋時代中期後半以降に斧固定法が変化する。磨製石斧の形態は固定法と関連し，両者は一対一の組合せから複数の対応関係が生じる

考古学的遺物には用途不明品が少なくない。それは，①原始・古代の「もの」について現代人が知識を持っていない事で，その「もの」の使用法がわからない場合。②遺物としての「もの」が，道具や構造物の一部をなす部品で，本来機能した形態まで復元することができない場合。③その「もの」が特定の用途に対応せずに，使用する場所・使用する作業が決定できない場合。など理由はさまざまである。

例えば小さな三角の形態を鏃にたいして持っている現代人のイメージは，縄紋時代の石鏃まで到達できるのに対し，旧石器時代のナイフ形石器の形態は特定の道具イメージに結びつかない。原始・古代の「もの」を道具として理解するためには，それが本来使われていた状態にまで復元する事の他に，本来使われていた場面を知る事も必要となってくる。

今回の分担された話題は，道具の復元（とくに斧について）というテーマである。縄紋時代の斧については佐原眞の総括的な研究があるが，近年判明してきた石斧柄から，道具としての斧を具体的に復元してみることにする。

1 磨製石斧と石斧柄

磨製石斧の形状は一定ではない。その形状差は，もちろん最終的な道具の形にまで反映される部分が多い。例えば，東日本の縄紋時代前期に存在する乳棒状石斧は，直柄にはめこまれた痕跡が残るものもある。こうした磨製石斧の存在からすると，滋賀里遺跡発見縄紋時代晩期の 直 柄 縦 斧 が，より古く遡る事は確実である。

一方，斧用膝柄には磨製石斧のみの観察では決定できない道具の違いがある。鳥浜遺跡の概要報告では，当初に報告したソケットが斧台上部に開けた石斧柄以外に，横方向・斜め下方向から刳り貫いたソケットを持つ例が紹介されている。弥生時代例と同様に縄紋時代の斧にも，同じ形状の磨製石斧と膝柄を使いながら，加工対象によって同

図1 柔軟に縦斧・横斧を変える装着法の膝柄

図2 石斧を上面に固定する横斧用膝柄
図1・2は福井県立若狭歴史民俗資料館提供

じ固定法で刃の方向を変える事があったのである。丸木舟内側の加工などには，臨機応変に固定角度を変えた柄を用意する事が必要とされたろう。図1は，その柔軟性のある装着例である。

縄紋時代の斧には，変則的用法以外の横斧用膝柄があった。鳥浜遺跡では，弥生時代の扁平片刃石斧用と類似形態の，薄手小型石斧を固定する柄が出土している（図2）。この斧は先の例より丁寧

な加工に用いられたものであろう。縄紋時代の遺跡から出土する薄手小型の磨製石斧に対応する柄は，今のところ確認例がないが同様な装着法が予測できる。

図1例の斧では柄の発見がない場合，磨製石斧の形態からのみでは縦斧・横斧の区別は難しい。鳥浜遺跡で出土した横断面長円形の磨製石斧は，この方式の柄に対応することであろう。しかし図2例の斧は，扁平な磨製石斧を横に置く装着が予測できる。「定角式」と呼称されていた磨製石斧の一部も，平坦面作成に意味があるとすれば，この方式の柄に対応することであろう。

2　道具認定時の反省と仕上がりの違い

鳥浜遺跡・忍路土場遺跡出土例には，かつて横斧柄とした台部先端が薄手の資料がある。縄紋時代に前述の横斧用柄が存在するならば，この資料の役割はなんであろうか。木製部分の発見により，道具の姿がより理解しやすくなる事は多いが，柄の部分がわかっても作用部の部品を特定できない事もある。全体形を十分に復元しきれないのに，斧という道具名を特定したことを反省している。

縄紋時代の木製品を見ると，表面の仕上がりに違いがあることがわかる。ひとつの道具に仕上げられている資料は直接手にすることに起因するのか，丁寧な削りや磨りを加えて器面が滑らかに仕上げられている。それにひきかえ，構造物など直接身体を触れる機会が頻繁でないものは，表面の仕上げ加工が入念でないという特徴がある。縄紋時代の木製遺物に見受けられるこの加工差からすると，先に横斧柄とした例は中には薄い黒塗りがなされる例もあることから，単独もしくは作用部を付加して機能する道具であると判断される。

木の枝別れ部を使用して作った木製品は，工具柄の他にもいろいろな用具となっていたはずである。本資料の固定部に対応する部分が，先端にいくに従って厚みと幅を減少させている点，その上面は平坦でなく中軸部がやや窪んでいる点に注目するならば，それが固定部だとしても棒状のものを装着した可能性が高い。そして，縄紋時代において長い時期と離れた地域で発見される，日常的な用具であったと判断する事ができる。

対応する遺物は不明であるが，小型ノミ状石斧や棒状骨針などは，形状からして十分固定可能で

ある。もちろんこの道具の用途は特定できないが，通常の石斧柄よりも一回り小さい事も考慮すべき点である。

3　斧柄の用材

縄紋時代と弥生時代の斧柄には，用材の変化も認められる。縄紋時代の斧柄には，ユズリハ・ヤブツバキ・サカキなど柔軟で弾力のある木を用いていた。しかし，弥生時代の斧柄には，カシ・クヌギなどの堅牢な木が選択されており，加えて縄紋時代に使用されていたサカキも，かなりの頻度で発見される。弥生時代の木材活用は，堅く丈夫な農耕具の生産に対応する方法に切り替わった。その技術に関する指標としては，従来から大陸系磨製石斧群の導入が挙げられているが，伐採用太型蛤刃石斧と加工用扁平片刃石斧では用材差があるらしい。前者のカシ・クヌギ使用は農耕具生産に連動した用材法と判断されるが，縄紋時代の弾力的な加撃法から弥生時代の打ちつけ・割り裂く加撃法への転換とも，関わりを持った用材転換である。後者のサカキ使用斧柄は，加工時の柔軟性をもった動作に適応している。作業内容ごとに斧の用材が異なるのは，地域的な偏りがある可能性がある。縄紋時代からの樹種認識が一部受け継がれている事は，日本列島の文化形成複合展開を反映したものと見ることができる。

こうした用材状況から，一方では考古学的道具認定の際に樹種同一性を類推の傍証とする事ができるとも考えられる。縄紋時代・弥生時代の木製遺物から明らかな樹種選択性の高さは，用途不明遺物の道具認定に今後用材同定を援用する試みが可能となるであろう。

4　道具の改良

縄紋時代・弥生時代の膝柄縦斧は発見例が増加し，その時期別変異も見え始めてきた。縄紋時代中期後葉以降，富山県桜町遺跡・福島県荒屋敷遺跡・同番匠地遺跡・北海道忍路土場遺跡などで出土している石斧柄は，前期段階の鳥浜遺跡例とは異なる明らかな改変のあとが認められる。ソケットを刳り貫いて磨製石斧を装着する，鳥浜遺跡で確認された方式は，石斧固定法の変化がおこる。

桜町遺跡の斧柄は，磨製石斧固定部が途中まで断面凸状の作りをもち，同時に出土している段を持つ板片から，固定用の側板2枚で磨製石斧を両

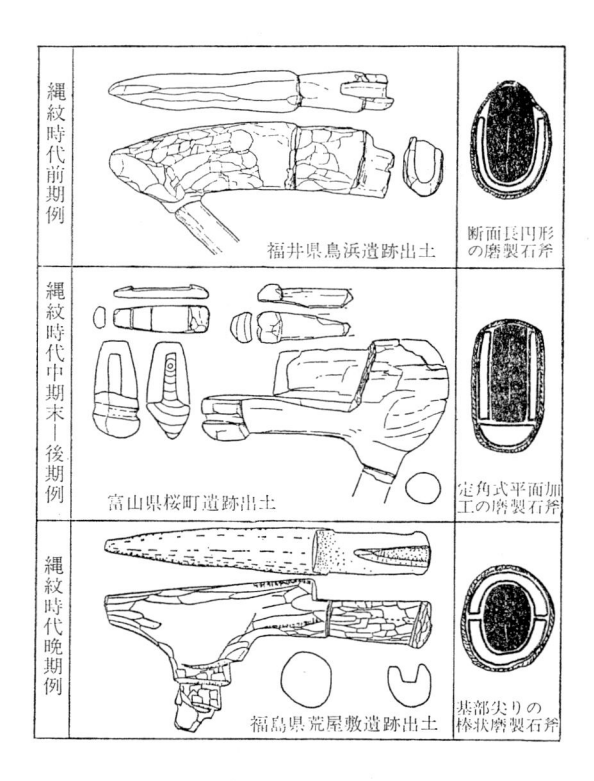

図3　石斧柄の固定法変化と対応する磨製石斧

側から挟み，段の部分を利用して緊縛するものと考えられる。荒屋敷遺跡・番匠地遺跡例の斧柄は，固定部断面が上部平坦な半円形に作られ，上面にソケットが開けられている。固定部上面を平坦に仕上げた形状は，そこに磨製石斧を装着して緊縛するとなると不自然な作りであることから，上部に固定補助具を被せた後に緊縛する方法が考えられる（図3）。

この変化は，第一に，固定部の欠損で柄全体が使用不能になる鳥浜遺跡例に代表される石斧柄から（ソケット部から割り裂けた例が報告されている），宛て具部分がとれる事によって力が吸収され，柄が補修可能な形に仕上げられたものと考えることができる。第二には，磨製石斧の消耗や別固体の付け替えという作業に，フレキシブルに対応する事が可能になると判断される。第三に，石斧固定法と磨製石斧形態が関連し，磨製石斧の違いから斧の種類を想定することがある程度考えられるならば，縄紋時代の一集落における斧揃え変化を，出土磨製石斧形態の増加から予測することができる。

縄紋時代を通して磨製石斧の形態にいかほどの変化があるのかは，今回取り上げる余裕はない。

しかし，桜町遺跡例からは磨製石斧の厚みが，荒屋敷遺跡・番匠地遺跡例からは石斧頭部の幅が，道具復元の際に比較されるべき部位といえる。このふたつの部位と，両側留め・上部留めの固定法との相関は，十分検討に値するものであろう。

5　おわりに

縄紋時代中期後葉から後期にかけての時期，東アジアでは中緯度域で「広領域に多角的な生業活動を展開」する動向に大きな変化があったと考えられる。一般には，続新石器時代・青銅器時代とされ農耕や牧畜の生活，土製品を含めたアジアにおける祭祀遺物増加を指標にできる動向は，縄紋時代研究者にとっても必須の比較研究課題といえよう。その情報の一部が日本列島に入り込んだ時期に，石斧柄の改良は認められるのである。

これを，道具としてみた場合，磨製石斧と柄がひとつずつで対応していた時期から，複数での対応関係が生じた時期と位置づけることもできる。

縄紋時代の技術革新について，すべてを内部展開で理解することは片手落ちであるし，列島外からの影響に注目し過ぎる事もできない。この斧の構造変化の背景がどちらにより大きく求められるかは，今のところ決定できない。しかし変化としては十分に生じる可能性のある時期に起こっているとすることができる。道具の復元からは逸脱したまとめになるが，道具のもつ社会的側面を視野に含めた復元と許されたい。

引用文献

山田昌久「木製遺物から見た縄文時代の集落と暮らし」『縄文時代の木の文化—日本考古学協会　富山　大会シンポジウム資料集—』1989

山田昌久「『縄紋文化の構図』上・下—東アジア始原文化の動向と縄紋文化の位相—」古代文化，42—9・12, 1990

山田昌久・鈴木三男・能城修一「考古学における木製遺物の樹種選択研究の現状」『木と民具—日本民具学会論集4—』雄山閣，1990

福井県教育委員会『鳥浜貝塚—縄文前期を主とする低湿地遺跡の調査1〜6—』1979〜1987

いわき市教育文化事業団『久世原館・番匠地遺跡の概要Ⅱ』1988

北海道埋蔵文化財センター『小樽市忍路土場遺跡・忍路5遺跡』1989

小柴吉男「荒屋敷遺跡の木製品」考古学ジャーナル，279, 1987

石器の製作と流通

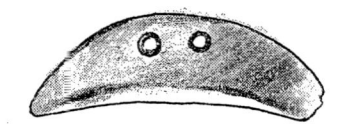

先土器，縄文，弥生各時代の石器製作の実態はどのようだったろうか。同時に他地域への流通のあり方や社会的背景などを探る

黒耀石原産地の石器製作／蛇紋岩製磨製石斧の製作と流通／弥生時代の石器生産

黒耀石原産地の石器製作────■ 矢島國雄

明治大学助教授
（やじま・くにお）

先土器時代の原産地遺跡は交易を前提とした縄文や弥生時代の石器製作址とは性格が異なって，生活址としての性格も認められる

黒耀石は火山の産出する天然のガラスであり，その物理的，岩石的特質のゆえに，石器の石材としてきわめて優れたものの一つである。このため，先土器時代，縄文時代を通じて，石器の用材として多用されてきたことは，多くの遺跡の例を挙げるまでもなく，周知のことといえる。

また，黒耀石の産地は非常に限定されていることから，遺跡出土の黒耀石が，どの産地のものであり，どのようにしてもたらされたのかという関心は古くからもたれ，坪井正五郎，鳥居龍蔵，八幡一郎などによって，黒耀石の「交易・流通」の問題として論じられてきた。近年では，理化学的な分析による原産地の特定が進み，50カ所を越える黒耀石原産地が確認され，それぞれの原産地の黒耀石の，石器の石材としての利用の様子が時間的・空間的に把握されるようになってきている。こうした研究に基づいて，とくに先土器時代の研究においては，遠隔地にその産地が求められる石材の時間的，地域的な偏在性，遺跡ごとの利用のあり方などから，当時のヒトとモノの移動の様子を追求し，集団関係を浮き彫りにしようとする研究が顕著に見られる[1]。

1　黒耀石原産地の遺跡

先土器時代における原産地遺跡と呼ばれるものには，黒耀石ばかりでなく，サヌカイトのものなどもあるが，その一般的な特徴は，大量の石核，剥片類や，加工途上の未製品などの存在が著しいことである。こうした遺跡としては，黒耀石原産地では北海道の白滝，置戸の遺跡群，長野県の八ヶ岳，霧が峰の遺跡群や，サヌカイトの原産地では，奈良県二上山，佐賀県多久の遺跡群などが挙げられる。

たとえば，長野県鷹山遺跡群は，霧が峰の北，黒耀石原産地の一つである星糞峠直下に位置する先土器時代の遺跡群である。鷹山遺跡群の各遺跡では，一般的に黒耀石の原石，石核，あるいは調整された素材，そしておびただしい剥片類の存在が顕著に認められる。これらの原石，石核，調整素材，剥片類と石器の量的な比率は，相模野や武蔵野の通常の先土器時代遺跡に比べて著しく高いことが指摘できる。

これらのことから，原産地遺跡の性格として，原石採集，石器の素材の整形生産，あるいは石器の集中製作といった側面が強調されてきたのである。有用な石材の原産地にあっては，多かれ少な

かれ，上述のような遺跡は，時代を問わず存在していたといってよいであろう。

2　黒耀石原産地遺跡の石器製作

鷹山遺跡群最大の遺跡である鷹山第I遺跡では，星糞峠産の黒耀石を原材とする2種類の集中的な石器製作，素材生産の様子を知ることができる。

この鷹山第I遺跡は，細石器，槍先形尖頭器，ナイフ形石器などを出土する遺跡であり，かなり長期にわたって鷹山遺跡群の中核的な遺跡であったと見られる。これらのすべてが一時期の所産とは考えられないが，そのナイフ形石器は二側縁加工の茂呂型ナイフ形石器や小形のナイフ形石器で，槍先形尖頭器と共伴するものとして理解される可能性の高いものでもある。この中に，鷹山第I遺跡スキー場地点第1ブロック[2]や，1989年に発掘された鷹山第I遺跡S地点北端部（現在報告書作成中）などの，石器やその素材の集中的な製作地点が含まれている。

1984年に発掘された，鷹山第I遺跡スキー場地点第1ブロックでは，総数6,272点の遺物が出土したが，ナイフ形石器2点，削器，揉錐器各1点の他は，石核，剥片類と磨石，敲石であった。この資料から復原された剥片剥離技術は，大型の黒耀石の礫塊を原材とする石核から剥離した大型剥片，あるいは中〜小型の黒耀石の礫塊を素材とする石核があり，その特徴は打面調整が顕著であること，背面や側面の調整もていねいに加えられるもので，目的的剥片として，長さ6cm，幅2cm強，厚さ0.6cmほどの整った石刃を連続的に剥離するものであった。ところが，この目的的な剥片と思われる整った石刃は，336点しか遺存していなかった。この出土量は，石核や調整剥片類の数量から見るとあまりにも少なく，しかも完形のものに乏しい。本来の目的的な剥片としての石刃の生産量は，少なくとも数倍以上であったであろう。これらの石刃は，遺跡内の他地点や遺跡外に持ち出されたものと考えるべきであろう。あるいは，調整された石核や石刃製作に好適な形状の礫も搬出されているのではなかろうか。

関東・中部地方における初期の槍先形尖頭器を含む石器群や，その直前の時期の石器群において，ナイフ形石器の素材は石刃であることが一般的である。槍先形尖頭器とは異なり，規格的な素材に対して，規格的な調整を施すことによって成立していたのがナイフ形石器とこれを主体とする石器群の技術的あり方であった。そして，こうした石器群の石材として，黒耀石は原産地一帯のみならず各地で使われている。それらはすべて，原産地から何らかのヒトの行為によって持ち込まれたものであったことは明らかである。鷹山第I遺跡スキー場地点第1ブロックの石刃は，このようなナイフ形石器を中心とする石器の共通の素材として，搬出されたことは明らかである。

1989年には，鷹山第I遺跡S地点の北端部において，槍先形尖頭器の集中的な製作に関する資料が発掘された。槍先形尖頭器は完形品，欠損品，未製品を含んで239点，この製作に関係する石核や素材としての剥片，板状の原石など1,300点以上がある。

この資料から復原される槍先形尖頭器製作の工程には2種類のものがある。

一つは，中型の槍先形尖頭器を板状の原石から直接作出するものであり，まず器体中央部が大まかに作出されて後，先端と基部が作出され，ついで全体に調整が加えられて槍先形尖頭器として仕上げるものである。このような，礫を直接に素材とする槍先形尖頭器製作を，その類型Aとしよう。

いま一つは，中〜小型の槍先形尖頭器の製作にあたって，中程度の黒耀石礫塊を石核の素材とし，これから部厚い剥片を作出し，これを槍先形尖頭器の素材とするものである。この石核は，石刃を剥離する石核の場合とはまったく異なり，一般に，石核調整や打面調整に乏しく，剥離される剥片数も1〜2枚程度と少ないのが普通である。作出された部厚い剥片の芯の部分から，断面菱形ないし平行四辺形の平行四面体の素材が整形され，ついで槍先形尖頭器の胴部が大まかに作出される。しかる後に，先端と基部を作出し，器体の全面の調整が行なわれて槍先形尖頭器が作られている。このように，槍先形尖頭器の製作にあたって，剥片を作り出し，これに調整を加えて槍先形尖頭器の素材とするものを類型Bとする。

一般に，槍先形尖頭器の製作工程は，素材の作出とその整形の工程（第1工程）と，槍先形尖頭器の器体整形（第2工程）の大きく2つの部分からなる。礫素材の槍先形尖頭器の製作工程では，素材作出の工程が一部省略されていると見てよいであろう。いわば，類型Aでは，第1工程の前半部分

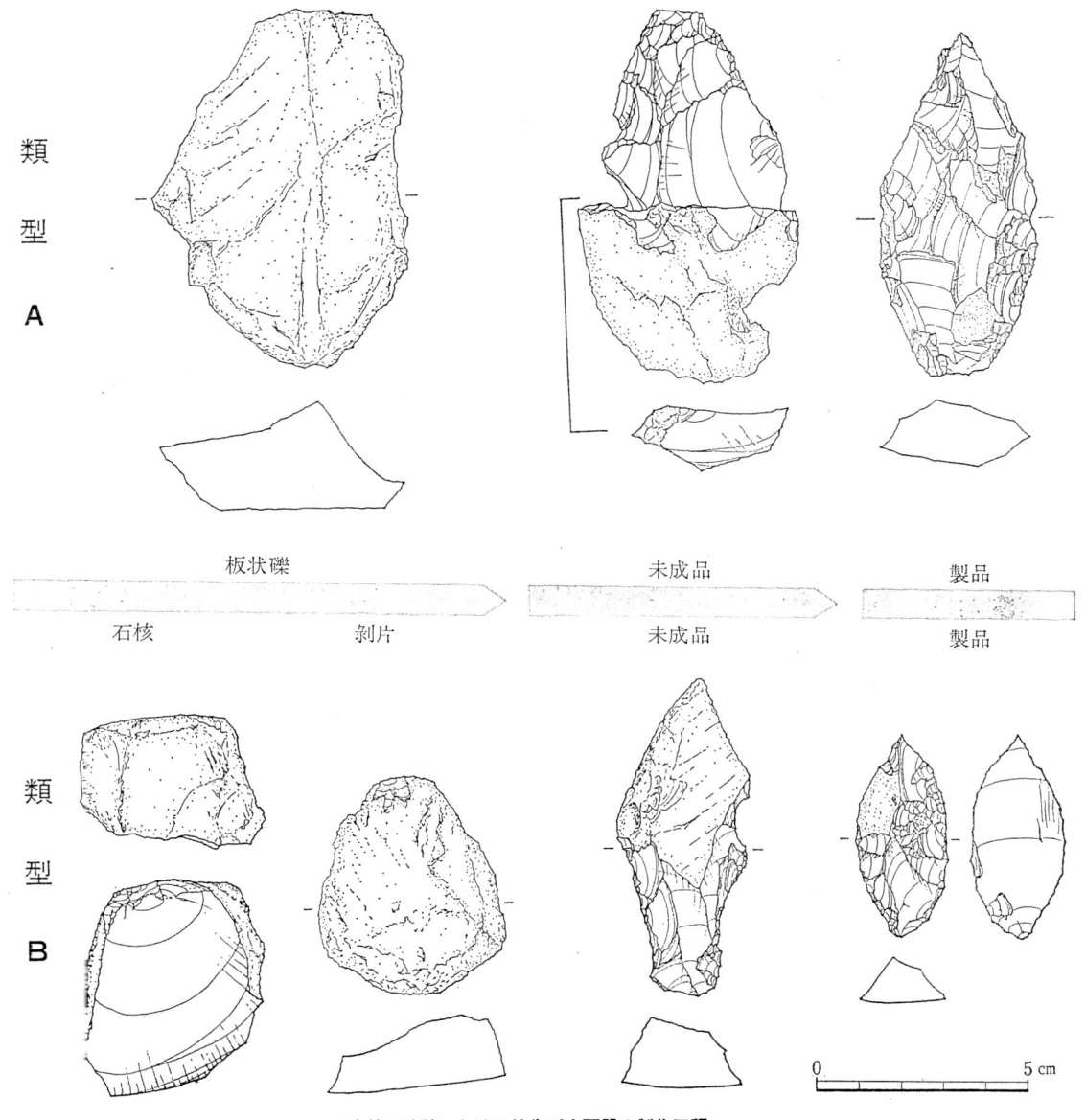

類型
A

板状礫

石核　　　　　剝片

未成品

未成品

製品

製品

鷹山第Ⅰ遺跡における槍先形尖頭器の製作工程

類型
B

0　　　　　　　　　　5 cm

が自然の素材においてすでに完了しているものと受け止められるものである。

　類型Aの典型は，製作された槍先形尖頭器は部厚く粗大なものを含んでいるが，長野県八島遺跡が挙げられよう。また，たとえば，下諏訪の浪人塚下遺跡においては，類型Aの板状の礫を素材とする槍先形尖頭器製作と，類型Bの剝片を素材とする槍先形尖頭器製作の両者がある。類型Bでは，中部高地以外でも，たとえば神奈川県月見野第ⅢA遺跡では，凝灰岩の円礫を分割し，板状の剝片素材を作出し，槍先形尖頭器の素材としているし，多摩丘陵の和田・百草遺跡でも同様の製作

工程が復原されている[3]。

　ところで，鷹山遺跡群では，かなり多量の槍先形尖頭器が出土しているとはいえ，この鷹山第Ⅰ遺跡S地点の集中的な槍先形尖頭器製作の様子から見れば，遺跡に遺存している槍先形尖頭器の量はそれほど多いとは思われない。鷹山遺跡群には，この第Ⅰ遺跡以外にも槍先形尖頭器の製作を行なっていたと考えられる遺跡が多いことから見ても，なおさらその感が強い。S地点の槍先形尖頭器の多くも，製作途上の破損品や未製品と考えられるものが多く，完成品に乏しいという傾向も認められる。

このことから見れば，前述の石刃において見られたのと同じく，槍先形尖頭器それ自体，あるいは素材としての剥片や礫が，鷹山遺跡群から搬出されていると考えてよいのではなかろうか。正確にどの製作工程の段階にあるものが，どの程度搬出されているのかについての分析は，未だその途上にあり，ここでは明示できないが，製品，素材，礫ともに，搬出されている確率は高いものといえる。

先土器時代においては，原産地遺跡といえども，そこに見られる石器の組成は，量的にはともかく，器種の組み合わせにおいては，一般の遺跡と著しく異なるところがないことが多い。ほとんどすべての先土器時代遺跡は，何らかの意味において石器製作址であるともいえ，この点では原産地遺跡と変わるところがないともいえる。また，原産地遺跡といえども，そこには生活址としての性格も認められる。この点では他の遺跡とは変わるところがない。両者の差異を明確にしていくためには，各機種の石器，石核，剥片類について，形態的，技術的検討をより厳密に行なって，何が完成品としての石器であり，石核であり，素材であるのか，どれがその未製品や加工途上の破損品であるのかといったことを，量的な問題を含めて，まず具体的に明らかにしていかなければならないであろうし，原産地遺跡における製品と，遠隔地の遺跡における搬入されたと考えられる製品との型式学的な検討が急がれなければならない。

3 尖頭器文化期の黒耀石の「流通」

神奈川県月見野第Ⅰ遺跡のように，尖頭器文化期の初頭期において，関東地方の各地の遺跡では，しばしばその遺跡内において製作の痕跡をとどめない槍先形尖頭器が認められる。そして，それらには黒耀石製のものが比較的多いという傾向もある。このことと，鷹山遺跡群で認められたような，槍先形尖頭器やその素材，礫の搬出とを考えあわせると，関東地方における尖頭器文化初頭期の槍先形尖頭器には，少なからず中部高地で製作されたものが含まれていると見てよいのではないであろうか。このことを証するためには，そうした槍先形尖頭器の原材である黒耀石の原産地が特定される必要がある。一部のものについては信州産であることが証されているものもあるが，なお必ずしも明確ではない。ただ，肉眼による観察

の結果では，相当量のものが信州産であることは疑いない。

こうした事実をどのように解釈するかということでは，当時の集団関係をどのようなものとして考えるかによって相当の変異が生じてこよう。たとえば，稲田孝司は鈴木遺跡を中心に武蔵野台地の遺跡群を分析し，部族組織を仮定すれば，「各河川流域集団から出された人間を黒曜石採集隊に組織し，持ち帰った原石を各流域集団に分配した」[4]のではないかという。これに対し安斎正人は，そのような「首長制再分配システムの成立」は疑わしく，「互恵的な贈与交換の形で黒曜石が動いていく，血族集団・姻族集団の親族関係網」（婚姻同盟）[5]があったのではないかと主張している。

鷹山遺跡群などの中部高地の槍先形尖頭器製作遺跡と関東の尖頭器文化期の遺跡の間に仮定したような，製品そのものの持ち出し，受け入れということを考えると，各地の集団がそれぞれ原産地に出向いて，そこで製作したものを持ち帰ったとばかりは考えにくい状況が出てきたのではなかろうか。交換あるいは交易といった行為の存在を仮定するとなれば，それがどのような社会的・経済的意味をもち，その対価は何であったのか，どのような集団どうしの関係において生じ得たものであるのかが検討されなければなるまい。

註
1) 小野　昭「先土器時代石材運搬論ノート」考古学研究，21—4，1975
　　稲田孝司「旧石器時代武蔵野台地における石器石材の選択と入手過程」考古学研究，30—4，1984
　　金山喜昭「考古学における黒曜石研究」東京の遺跡，14，1987
2) 戸沢充則ほか『長野県小県郡長門町鷹山遺跡群Ⅰ』1989
3) 中島英子「第Ⅱ部　先土器時代」『和田・百草遺跡群』多摩市埋蔵文化財調査報告10，1986
4) 稲田孝司「旧石器集団の行動軌跡」『古代史復原1—旧石器人の生活と集団』1988
5) 安斎正人『無文字社会の考古学』六興出版，1990

蛇紋岩製磨製石斧の製作と流通──■山本正敏

富山県埋蔵文化財センター
山 本 正 敏
（やまもと・まさとし）

富山県境A遺跡における磨製石斧製作の実態を述べるとともに，北陸地域を軸にした蛇紋岩製磨製石斧の製作と流通についてまとめる

縄文時代の代表的な木工具である磨製石斧は，地域と時代により様々な石材を用いて製作されており，このことと密接に関連して形態的な変化も認められる。北陸地域で全面研磨の磨製石斧が石器組成の中に一定量組み込まれ，消費が多くなりはじめるのは，縄文時代早期末葉ないし前期初頭の時期と考えられる。以来北陸地域では，晩期にいたるまで伝統的に「定角式」の磨製石斧が多用されている。使用石材は蛇紋岩が主体を占めるが，砂岩系石材も比較的多く用いられている。

蛇紋岩製磨製石斧については，富山県東部から新潟県西部にかけての地域の遺跡から，未成品が多く出土していることがよく知られており，漠然とこの地域で製作され各地の遺跡へもたらされたものと推測されていたが，製作遺跡での詳細な実態把握とその歴史的評価については，ほとんど未着手といってよい状況であった。そのような時，富山県朝日町に所在する境A遺跡の発掘調査と，想像を絶する量の蛇紋岩製磨製石斧未成品の出土は，衝撃的な出来事であった。また同時に縄文時代磨製石斧の製作と流通を考えるうえで貴重な資料を提供してくれることにもなった。

1 境A遺跡の発掘調査

新潟県境に近い富山県朝日町境A遺跡は，1984・85年の2カ年にわたって，北陸自動車道建設に先立ち発掘調査が行なわれた。遺跡の主体的な時期は，縄文時代中期から晩期におよび，ほぼ継続的に集落が営まれたと考えられる。発掘面積は約12,100m²であるが，竪穴式住居跡35棟や1,500カ所以上の穴群・木柱列・埋甕などが検出されている。多量に出土した縄文土器・石器類は整理箱に8,000箱以上あり，そのうちの半数以上が石器で占められている。

遺跡のある朝日町境地区は，山地が海岸線に迫り，幅の狭い海岸平野を形成するあたりにある。山麓には丘陵状になった海岸段丘が連なり，これを侵食してできた小谷の開口部には小規模な扇状地形もみられる。遺跡は，丘陵上からその裾部の緩斜面や低地にまで広がり，標高は約8mから30

表1　境A遺跡出土石器一覧表

器　　　　種	出土点数	重量(g)	器　　　　種	出土点数	重量(g)	器　　　　種	出土点数	重量(g)
石　　　　鏃	737	648	砥 石 A（平砥）	3,050	5,932,758	石 鋸 形 石 器	6	2,380
石　　　　槍	5	32	砥 石 B（筋砥）	1,175	2,346,440	三 脚 形 石 器	34	359
石　　　　匙	5	102	擦 切 石 器	124	15,419	四 脚 形 石 器	5	135
打 製 石 斧	428	92,163	敲　　　　石	4,550	1,844,430	円 盤 形 石 器	18	698
礫　　　　器	231	113,674	台　　　　石	729	5,496,880	玉　　　　類	912	2,428
石　　　　皿	22	83,238	石　　　　錐	114	207	硬玉原石・加工品	10,196	653,736
擦　　　　石	39	35,334	削　　　　器	636	166,872	蛇 紋 岩 原 石	4,091	894,259
凹　　　　石	953	2,674,929	楔 形 石 器	19	105	二 次 加 工 剝 片	21	93
石 錘 A（打欠）	204	21,858	赤色顔料付着石器	13	13,097	石　　　　核	345	13,485
石 錘 B（有溝）	131	66,512	石　　　　棒	166	205,678	剝　　　　片	12,362	698,947
石 錘 C（切目）	4	160	異 形 石 棒	12	10,437	そ の 他	28	17,434
磨 製 石 斧	1,031	110,491	石　　　　刀	107	8,206			
磨 製 石 斧 未成品	35,157	10,855,794	御 物 石 器	4	9,625	合　　　計	77,713	32,406,777
磨 製 石 斧 未成品B	25	5,780	石 冠 形 石 器	24	11,954			

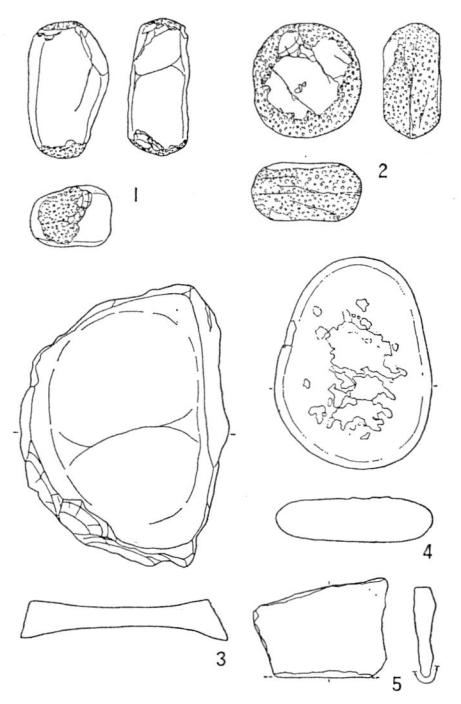

図1　磨製石斧製作に用いられた石製工具
1・2敲石，3砥石，4台石，5擦切石器
（いずれも境A遺跡出土）

ｍまで測る。現在の海岸線までの距離は300〜500
ｍである。出土した縄文時代の石器の種類と点数
は，表1に示すとおりである。石器群は大きく39
種類に分類したが，中部地方の縄文時代中期〜晩
期の集落跡から発見されるほとんどすべての種類
を網羅している。もっとも，石器群は竪穴住居跡
（中期〜後期初頭）や各時期の穴群から出土した一
部のものを除き，大部分が包含層（中期〜晩期まで
の土器が混在）からの出土であるため，個々の石器
を時期比定できないといううらみがある。出土点
数は7万7千点以上になるが，剥片類は一部を除
いて計数することができなかった。これらを含め
ると，実際は20万点をはるかに超える数になるも
のと思われる。また，石器の総重量も32トン以上
あり，縄文時代集落跡出土の石器としては，出土
点数・重量ともに日本最大級といえるであろう。

　石器の種類と出土点数をみて，最も特徴的なの
は，磨製石斧未成品が多量に出土していることで
ある。完成品に近いものだけでも1万3千点以
上，欠損したものも含めると3万5千点以上にも
のぼり，原石や剥片類を除く全石器の約7割を占
めている。総重量は10トンを超えている。次いで
磨製石斧や玉類の製作に用いられた敲石・砥石・
台石・擦切石器などの石製工具類が多く出土して

56

おり，石器製作遺跡での石器組成の特徴をよく表
わしている（図1）。

2　蛇紋岩製磨製石斧の製作

(1)　蛇紋岩原石

　境A遺跡で製作される磨製石斧は，大部分が付
近の海岸で採集できる蛇紋岩を原材料としてい
る。蛇紋岩は緑色を中心に黒色・褐色・灰色など
様々な色彩が縞状に入り混じり，磨くといっそう
美しさがひきたつ石材である。性質は粘りがあっ
て割れにくく，研磨によって鋭い刃先を作り出す
ことができるので，磨製石斧の用材として適して
いたと思われる。原材料は無尽蔵なうえ，容易に
入手することができるので，この境A遺跡で磨製
石斧の製作が盛んに行なわれることになったもの
であろう。

(2)　磨製石斧の製作工程

　境A遺跡から出土した多量の蛇紋岩製磨製石斧
未成品には，製作工程の様々な段階のものが含ま
れている。これらの磨製石斧未成品は，製作過程
での剥離・敲打の失敗や欠損などの理由により廃
棄されたものが大部分であろうが，石器表面に残

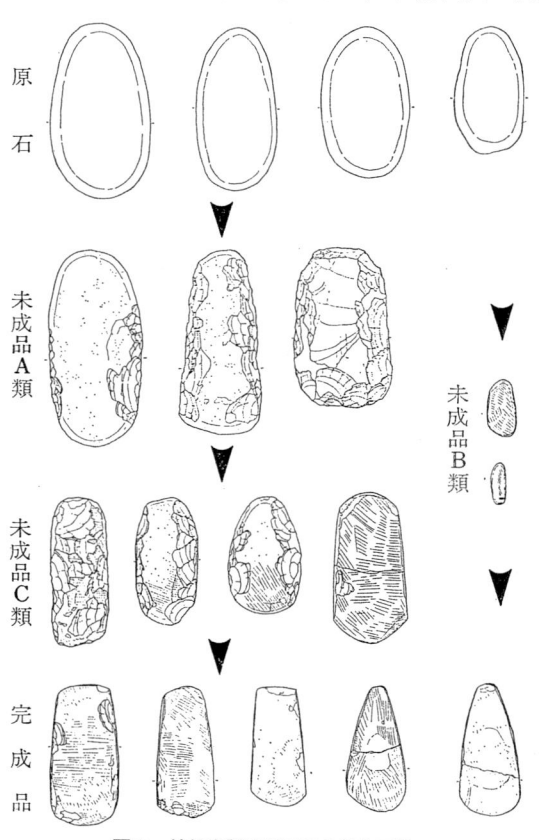

図2　蛇紋岩製磨製石斧の製作工程

る剝離・敲打・研磨などの製作痕の観察と検討から，磨製石斧製作技術——とくに製作工程——を復元することが可能である。

境A遺跡では磨製石斧関連の石器資料をⅠ群（原石），Ⅱ群（未成品），Ⅲ群（完成品）に大別し，さらにⅡ群は石器表面に残る加工痕から，①Ⅱ群A類——剝離および敲打痕の残るもの，②Ⅱ群B類——研磨痕のみ残るもの，③Ⅱ群C類——剝離・敲打痕と研磨痕の両方残るもの，に細分類できる。Ⅱ群（未成品）ではA類・C類が圧倒的に多く，B類はごくわずかである。これらをふまえ，製作工程を大まかに復元すると次のようになる（図2）。

第1段階　素材の準備　海岸から長さ数 cm から25 cm 程度までの扁平な楕円形の蛇紋岩円礫を採集してくる。一部のものは円礫から分厚い剝片を剝取し，これを素材とする。その際，剝片剝離は集落外（おそらく海岸）で行ない，剝片素材のみを集落に持ち込んだ可能性が高い。

第2段階　剝離と敲打による整形　未成品に分類されるものではこの段階のものが最も多い。基本的には原石の丸みのある側縁に小剝離と敲打を加えて直線的に整形し，全体的に細長くする。基部は円礫面をそのままに残すものが多く，刃部は剝離を加えて薄くするものと加工せずに研磨するものの両者がある。素材が分厚い場合などは，平坦面（主面）にまで剝離や敲打による整形が及ぶものもある。

第3段階　研磨による整形　粒子の粗い砂岩製の大型置き砥石によって研磨する。磨製石斧未成品を右手に斜めに持ち，刃部を向こう側にして前後に研磨するため，石斧に残る研磨痕は，刃部を下にした場合右下がりとなるものが多い。剝離・敲打整形から研磨整形に移行するタイミングは様々である。粗い剝離加工からすぐに研磨を施すものから，全体を敲打で丁寧に整形した上で，研磨を施すものまで変化に富む。研磨痕を残しながら欠損するものがあるのは，研磨作業と一部平行して敲打整形を行なうこともあったためであろう。ごく一部であるが，原石を剝離・敲打整形せずに直接研磨するものもある。

第4段階　完成　以上のような製作工程を経て磨製石斧が完成するわけであるが，これを模式的に表わすと図3のようになる。

(3) 擦切技法について

磨製石斧の製作技法で忘れてならないものに擦切技法がある。境A遺跡では多量に磨製石斧未成品が出土しているにもかかわらず，擦切痕が残る未成品は小破片も含めて25点と非常に少ない。境A遺跡では遺跡の主体的な時期が中期中葉以降であるため，擦切技法の盛行期と時期差があると考えられる。富山県内では黒部川流域の諸遺跡——朝日町下山新遺跡・宇奈月町愛本新遺跡・同浦山寺蔵遺跡などで，蛇紋岩製磨製石斧未成品の中に擦切痕の残るものがかなりあり，この技法の一定の広がりが認められるが，時期的には中期前葉から中期中葉でも古い段階に限られるようである。また擦切技法自体手間のかかる製作法であるため，手頃な原材が得やすい境A遺跡ではあまり用いられなかったものと考えられる。

3　蛇紋岩製磨製石斧製作遺跡の分布と時期

(1) 遺跡の分布

蛇紋岩製磨製石斧を多量に製作した遺跡は，図4に示すとおり，富山県東部地域では朝日町の海岸地域から黒部川扇状地にかけての地域でごく一般的にみられる。その中でも境A遺跡は群を抜いて出土量が多く，新潟県境付近から黒部川右岸域にかけてが分布の中心になると推定される。この地域を離れ西方にいくにしたがい，未成品の出土量は減ずる傾向にあるが，魚津市内の遺跡でもかなりの量の未成品が出土しており，ほぼこのあたりが蛇紋岩製磨製石斧の多量製作遺跡の西限と考えられる。このような製作遺跡は，親不知を越えて北東側の日本海沿いに広がっている。新潟県西端部の姫川周辺には，糸魚川市長者ケ原遺跡・青海町寺地遺跡といった著名な遺跡があり，さらに東側の能生町付近にまで分布するようである。

(2) 製作時期

次に蛇紋岩製磨製石斧が多量に製作される時期について検討してみよう。縄文時代早期末葉〜前期初頭期では，富山県内で南太閤山Ⅰ遺跡や極楽寺遺跡などで蛇紋岩製磨製石斧の未成品が出土し

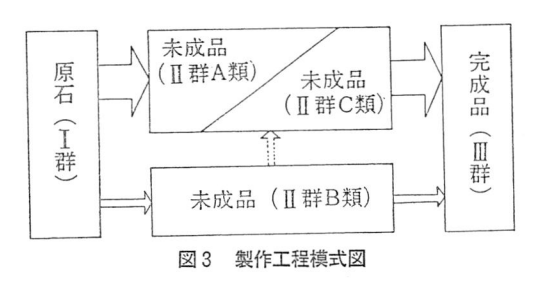

図3　製作工程模式図

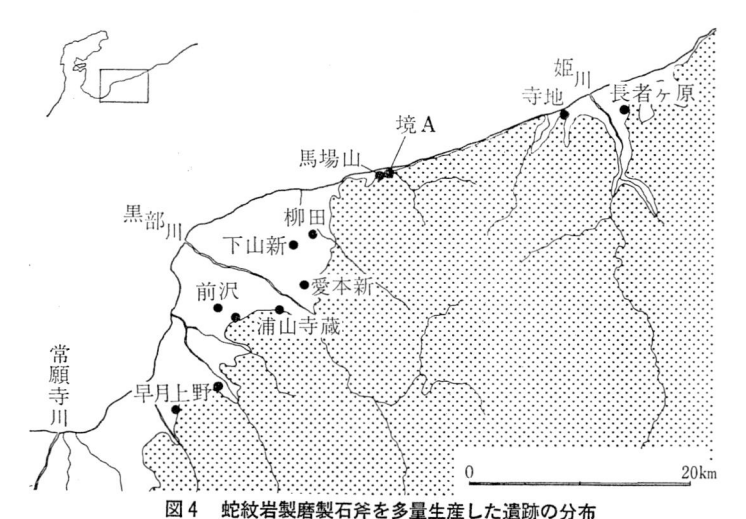

図4　蛇紋岩製磨製石斧を多量生産した遺跡の分布

ているが，いずれも原石産地から数十km離れているうえに出土量もそれほど多くなく，この時期は各集落ごとに原石を入手して自給自足的な生産を行なっていたようである。

確実に多量生産遺跡が出現するのは縄文時代中期前葉期（新崎式）である。境A遺跡に隣接する同期の馬場山遺跡群では，この時期蛇紋岩製磨製石斧の製作を盛んに行なっている。なかでも馬場山D遺跡では，中期以降のものも若干含む可能性があるが，521点もの未成品が出土し，砥石や敲石などの工具類も多くて多量生産の様子をよく伝えてくれる。中期中葉以降になると多量生産も本格化し，晩期まで続くものと考えられるが，今のところ後期・晩期段階で時期限定できる資料がなく，製作技術や流通状況の時期的変化の追求など今後に残された課題も多い。

4　蛇紋岩製磨製石斧の流通

縄文時代中期前葉以降，上述の地域で盛んに製作された蛇紋岩製磨製石斧は，未成品や工具類の出土量からみて「製品」が各地に流通していたことは間違いないが，その実態解明はやっと緒についた段階といえる。今後各地における出土例を確認していく作業が必要であるが，次に流通状況に関する筆者の乏しい知見と見通しを簡単にまとめておきたい。

富山県中央部の射水丘陵では中期前葉期の集落跡がかなり発見されているが，大規模なものは少なく，1〜数棟の住居跡からなる場合が多い。これらの集落跡では住居跡1棟あたり1〜数本の蛇紋岩製磨製石斧が出土することがある。未成品を

はじめ工具類が出土せず，付近に蛇紋岩原産地もないことから，この地域では磨製石斧製作は行なわず，「製品」を入手して使用したものと考えられる。東方への広がりは詳しくはわからないが，西方へ目を転ずると中期前葉〜中葉期の石川県小松市念仏林遺跡では出土した14点の磨製石斧のうち11点が蛇紋岩製と報告されており，この時期すでに北陸各地に流通していることがうかがえる。

中期中葉以降，北陸各地では「製品」として蛇紋岩製磨製石斧を入手し消費することがごく一般的に行なわれている。例をあげると，富山県の西端部で石川県よりに位置する福野町安居五百歩遺跡（後期初頭）では37点の磨製石斧のうち23点が蛇紋岩製で占められている。また石川県野々市町御経塚遺跡（後期後葉〜晩期）では263点のうち91点が蛇紋岩製と報告されており，磨製石斧の使用石材では最も頻度が高い。さらに遠方への流通については，関東・東北でも蛇紋岩製とされる磨製石斧が散見され，また報告書などで様々な石質名で記載されていても写真図版で見るかぎり，蛇紋岩製と考えていいものが相当あり，これらは北陸の多量生産地域からもたらされたものである可能性が強い。

5　ま と め

境A遺跡から出土した膨大な量の石器は，縄文時代における石器製作に関するそれまでの既成の概念——すなわち，それぞれの集落で使用する石器は原則的には自給自足的生産であるとする——に疑問を投げ掛けるものであった。境A遺跡やその周辺地域の遺跡では，自家消費量をはるかに上回る量の磨製石斧や玉類が作られて，これらの「製品」が，北陸を中心に日本各地に流通して用いられていたことはほぼ確かなようである。

今後，蛇紋岩製の磨製石斧や硬玉製飾玉類ばかりでなく，他の様々な石器についても，このような観点から見直してみる必要がある。石器の生産と流通の実態を明らかにしていくことによって，縄文時代社会の意外と複雑な一面を垣間見ることができるかもしれない。そのような意味で，境A遺跡出土の石器群は，非常に貴重な歴史的価値を持っているといえる。

弥生時代の石器生産

奈良大学助教授
■ 酒 井 龍 一
（さかい・りゆういち）

畿内の打製石器や北部九州の今山太形蛤刃石斧，立岩石包丁な
ど，弥生時代の石器生産とその流通の実態はかなり多様である

弥生時代には，それ以前の時代とちがって，ど
この集落でも日常的に石器生産が行なわれていた
という形跡は少ない。特定の場所である一定の人
人がまとめて石器製作に従事し，専業集団が成立
していたと一般にはみられている。それにしても
この時代の石器生産とその流通の実態はかなり多
様である。ここでは新旧含めて多くの研究の実績
のある畿内の打製石器類と北部九州の磨製石器類
について，最近の研究を中心として弥生時代の石
器生産の諸形態を概観する。

1 畿内・サヌカイト打製石器類

畿内一帯では，鏃・錐・小刀・槍・剣・刃器な
どの打製石器に，二上山産サヌカイトが広く利用
された。

和泉泡上遺跡などの打製石器の石材となったサ
ヌカイトの産出地である春日山一帯では，石材産
出地点・加工遺跡・採掘坑・加工段階遺物などが
松藤和人らの調査で発見され，産地内での石材獲
得や石器加工の実態が明らかになりつつある。塚
田良道によると，中谷など11か所で槍先形石
器未成品の出土地が発見されている。これら
加工地では，原礫に近い半加工品や破損品が
出土し，仕上げ段階をみないことから，半成
品が外部へ搬出されたと考えられる。他に槍
先形石器でない石器を主に加工した地点もあ
るという。また，石万尾第1地点などではサ
ヌカイトの掘削坑が確認され，単に露出した
原礫の採集だけでなく，採掘による良質石材
が獲得されたことも注目される。なおこれら
加工地では住居跡や土器類はみあたらず，明
確な生活痕跡を確認できない状況にある。

二上山地域に近い平野部には，大阪側に国
府・喜志・中野，奈良側に竹之内など，継続
的で大規模な拠点集落があり，これらの集落
では，膨大な数のサヌカイト石屑・剝片・石
核・失敗品などや，槍先形石器を含む各種の
打製石器類が出土する。この様相は原産地を

5km程度内のキャッチメントエリアに持つ集落
の特徴で，城山のように存続期間が限定される集
落や，大県のように継続的だが小規模な集落で
も，顕著な石器加工の痕跡がみられる。この実情
は，これら住人が産地に出向いて石材を持ち帰
り，集落内でも活発に石器生産したことを示す。
地理的条件から，具体的には，国府は二上山地域
の原川，城山・喜志・中野は飛鳥川，そして竹之
内は竹田川上流域の原産地や加工遺跡との関係を
推定でき，塚田によるサヌカイト原礫面の克明な
観察はこの可能性を裏づける。

一方，原産地と離れた河内・和泉・摂津平野・
大和盆地中央部などの集落での状況はどうか。筆
者が関係した和泉池上や河内亀井遺跡などでも，
各種の打製石器類とともに，自然礫面を残す多数
のサヌカイト砕片・剝片・石核・失敗品も出土す
る。摂津田能や大和唐古ほか，いずれの遺跡でも
同様である。このことは，産出地から離れた集落
でも活発な石器加工がされたことを示す。その主
体となるのは，鏃・錐・小刀・刃器・尖頭器な

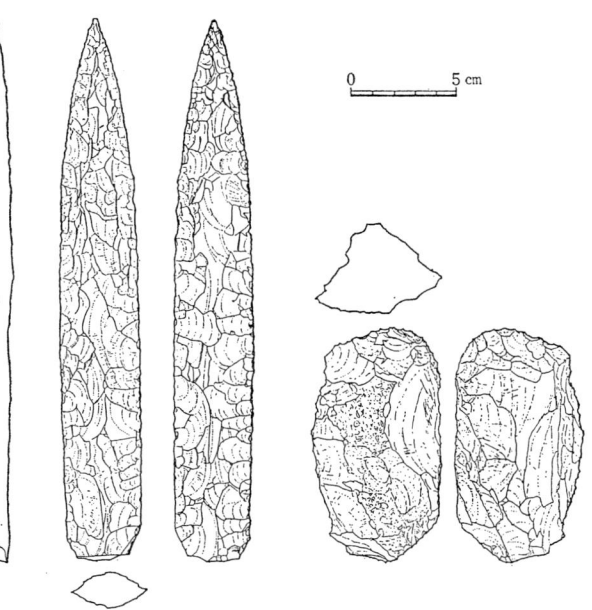

図1 大阪府亀井遺跡出土の大型石槍とサヌカイト石核
（大阪文化財センター『亀井・城山』より）

ど，長さ10cm程度以下の小型品である。各集落では，自然礫面を大きく残す15cm程度以下のサヌカイト石核や大型剥片はかなり出土し，したがって，二上山地域から搬入された拳大原礫や大型剥片を素材に，各集落で小型石器類が製作されたのである。二上山地域から離れた摂津加茂遺跡などでは，集中的に剥片素材の貯蔵痕跡も発見されている。

では大型品はどうか。各遺跡から，拳大原礫を上回る，長さ20cm内外の大型の槍先形（剣・槍・戈など）石器も一般的に出土する。通例，各集落では，それが製作可能な大きさの原礫や剥片素材は出土しない。対して，その半成品や仕上げ直前の破損品は出土する。したがって，大型の槍先形石器の多くは半成品で持ち込まれ，仕上げ加工が各集落でされたと考えられる。このことは，先述の二上山地域での実情と対応する。

畿内各地の拠点集落には，サヌカイトの石核・大型剥片や加工途中段階や石器類自体の出土数がとくに多い遺跡が見られる。例えば，河内平野では亀井，和泉平野では池上，大和盆地では唐古・摂津平野では田能や加茂遺跡などである。これらは，原産地からの流通経路の要所に位置し，中継集落の可能性もある。

ところで二上山産サヌカイトの供給範囲はどこまでか。すでに藁科哲男・東村武信らにより，畿内の集落にも四国金山産サヌカイトなどの搬入が確認されている。この金山産サヌカイトは，播磨玉津田中遺跡（兵庫県教委調査）などで知られるように，二上山産よりもかなり大型の，数十cmもの大型剥片素材として，瀬戸内海を越えて大きく移動してきたのが特徴である。こうした大型剥片素材が大量に出土する玉津田中は，この地域一帯の諸集落のための中継集落的な機能を持っていたようである。

2　北部九州・今山産玄武岩製　太形蛤刃石斧

北部九州一帯に今山産玄武岩製の太形蛤刃石斧が広く分布する。下條信行によると，これらは，長さ20〜22cm，重量1.5〜2kg程度で，形状が他の地域のものと比べ大型で規格性が高い。今山は，北に今津湾を望む現標高80m程度の低い独立丘陵で，地理的には北部九州社会の中核に位置する。近年の福岡市教委による調査で，今山山麓南〜西側一帯に玄武岩の露頭と石斧加工地が発見されている。ここでの石斧生産の開始は，かつては前期末と推定されていたが，夜臼・板付I式土器が出土し，前期初頭に遡ることがわかった。下條は，ここの石斧生産は前期には自己消費的であったが，前期末以降には各地域に供給すべく急激に大規模化したと評価する。

中山平次郎が早くに復元した太形蛤刃石斧の製作工程は，第1工程―粗割，第2工程―打裂，第3工程―敲打，第4工程―研磨段階というものであった。実際には大小の円礫・板状割石・柱状節理など，多様な形状の原材を用いるため，それに応じた工程（第1と2工程が不可分）があったようだ。1976年の福岡市教委による今山42・43地点の調査では，第1工程―36点，第2工程―47点，第3工程―78点，第4工程―2点の計163点が出土した。第3工程の石斧類の34.6％に自然礫面がのこり，素材として比較的小さな自然転礫が主に用いられ，形状を生かした合理的な作業が実施された。下條によると，別に長さ1m，径50cm程度の母岩を打ち割り，その芯を用いた工房もあったという。また仕上げ研磨段階の発見がなく，すべてがその作業以前に搬出されたと考えられる。仕上げ研磨が山麓の集落内なのか，各消費地集落でされたのかは未確認である。また，横浜遺跡など，今山に近接する砂丘上に甕棺遺跡もある

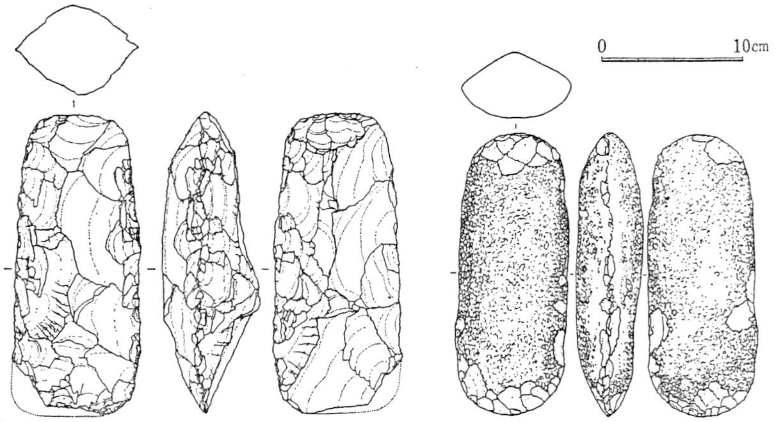

図2　福岡県今山遺跡出土の太形蛤刃石斧未成品
（福岡市教育委員会『今山・今宿遺跡』より）

0　　　　　10cm

が，石斧生産に直接関係した平地の拠点集落の存在は未確認である。また，内部で活発な石器加工を実施し　あるいは未成品を大量に集積する平地集落も発見されない実情がある。

今山産玄武岩製石斧の分布範囲は，福岡・佐賀・熊本・大分に至る 100 km 程度の各地域に及んでいる。この中でとくに，福岡・佐賀の集落では出土数の 7～8 割を今山産が占めるという。ところで，各集落でどれくらいの蛤刃石斧の消費があったのか。筆者によれば，ちなみに板付遺跡からは，全体で ミ800 点程度の出土数が見込まれる。

3　北部九州・立岩産輝緑凝灰岩製石包丁

中山や下條らによれば，北部九州一帯に立岩産の輝緑凝灰岩磨製石包丁が広く分布する。その生産地たる立岩遺跡群は，北部九州社会の中核である福岡平野などとは山脈をもって隔離された，遠賀川上流域の内陸・嘉穂盆地に所在する。立岩一帯では，焼ノ正・下ノ方を始めとした各所で膨大な数の未成石包丁や石屑や砥石などが出土し，あちこちで石包丁を主体とする各種の磨製石器生産が行なわれた。立岩遺跡群そのものは，前漢鏡6面などを埋葬する10号甕棺墓を含む大規模な墓群のある堀田地区を中心に，丘陵の約12か所に多数の住居・貯蔵・墳墓などが群在し，広域な集落集合体を形成する。すなわち，先述の今山と違って，集落内部の各所で活発な石器加工が実施されたものである。

石包丁の素材となる小豆色の輝緑凝灰岩の産出地は，盆地北端，立岩の北西 6 km に位置する笠置山（千石渓）に求められる。石材産出地と加工地が離れる形態は，産出地上で加工される今山の形態とは異なる。ただしここでの石材獲得の実情は未確認である。

立岩での石包丁の製作工程は，近年の飯塚市教委の調査によると，第1工程—原石を板状に打裂加工，第2工程—外縁部の調整，第3工程—粗い研磨，第4工程—穿孔，第5工程—仕上研磨の5段階で復元される。このうち，板状素材は出土するものの，立岩遺跡内で原石は出土しないことから，原石からの板状素材への加工は，原産地でされた可能性が強い。また，穿孔あるいは刃付けと仕上研磨段階までのものが多数出土し，この集落内で完成品にまで加工されていたことがわかる。このことは，半成品で移動した可能性が強い畿内

の石包丁や，研磨直前で搬出された今山の蛤刃石斧とは異なる。

立岩での石包丁生産は，前期末に始まり，中期初頭前後に活発に他地域に対して供給を開始するという。その分布範囲の究明は，やはり下條が追及してきた。それによると，供給先は福岡・朝倉平野を主体とする半径 45 km 程度で，福岡・大分・佐賀などに及んでいる。ただし，後述するような別の石器生産体制が存在する遠賀川下流域には，距離的に接近するに関わらずあまり供給されない。基本的には，山脈を越えた北部九州社会の中核に主に供給されたことに注目される。

4　北九州・磨製石器

北九州市域一帯には，これまで太形蛤刃石斧を主体とする高槻，石戈・石剣・石包丁などの辻田・辻田西・原・馬場山・感田上原ほか，石斧類・石包丁を始め各種石器を生産する高津尾，あるいは石包丁・石鏃・石剣・石戈の石器加工小集落としての門田など，多数の石器生産遺跡があり，北九州市教委が主体となって調査が積み重ねられてきた。梅崎恵司によると，北九州市域だけで24遺跡を数えるという。

まず，名和羊一郎らが発見した響灘沿岸に近い高槻遺跡では，前期末以降，安山岩質凝灰岩系石材（ひん岩）を用いて主に太形蛤刃石斧が生産された。原石は近くの下関亜層群から，石斧よりやや大きい礫として採集できるという。これを，第1工程—自然面の剥離成形，第2工程—剥離調整，第3工程—敲打，第4工程—研磨で加工する。この遺跡では，かつて 100 ヵ所以上の竪穴や多数の土器などが出土し，一般的な集落の様相を持つ。集落一帯で，原石の採集から仕上げ加工に至るまで，すべての作業が実施されたようである。

遠賀川中流域には，辻田・辻田西・原・馬場山・感田上原・門田など，前期末以降，活発に石器生産をした集落が集中する。辻田・辻田西では，凝灰岩質粘板岩や細粒砂岩製の主に石剣・石戈・石包丁・石鏃など，原では石包丁・石鏃・石剣・石戈・石鏃など，馬場山や感田上原でも石包丁・石剣・石戈など，多様な石器が生産された。石材は，東へ数 km 程度の金剛山に産出し，産出地と加工地はかなり離れている。なお，これら遺跡では蛤刃石斧の未成品や完成品も出土するが，それらは先述の高槻付近から，粗割りや敲打段階で搬

入され，仕上げ加工がされたという。

　石器類の加工作業は，集落内の住居に似た形状の竪穴や，小規模な工房竪穴で実施される場合などがある。前者は辻田遺跡9号竪穴など，後者は原遺跡などでみる。

　金剛山に近接する門田は，円形竪穴住居3棟・方形竪穴住居1棟などで構成される丘陵上の中期前半の小集落で，各住居内で磨製石包丁・石鏃・石戈・石剣の活発な加工・製作をした事例である。石材は，付近の露頭から10kg程度に石材を分割し，集落内に搬入している。この重量で搬入可能なのは，産出地に近接する条件が不可欠であろう。各円形住居内には，台石・砥石などの加工用石器とともに，大量の未成品や剥片・石屑などが散乱し，3種類の石器が同時に製作された様子が伺える。

　それらと流域を異にする紫川中流域の高津尾遺跡では，前期末〜中期前半にかけて集落内で，蛤刃石斧・扁平片刃石斧・石包丁・石剣・石戈・石鏃・紡錘車など，多様な磨製石器類の活発な生産がされた。石材は主に安山岩質凝灰岩で，集落から3.5km程度離れた三岳山付近に求められる。石斧類の未成品に自然礫面を残すものが多く，手頃な円礫が利用された。山口信義の教示によれば，石包丁は，外形が剥離調整された段階以降のものが多数出土し，それ以前の作業は集落外，例えば石材産出地などでされた可能性が強いという。刃付けや研磨終了段階のものもあり，集落内で仕上作業までされた。加工作業は，屋外ではなく，通常の住居内や小型工房竪穴内で実施された。なお，この遺跡に近接して，小規模に石器生産がされた長行（おさゆき）などの遺跡もある。

　これらの集落で生産された石器類の供給範囲は未確認だが，各地域で石器の生産手段が多々あることから，基本的には自らを含む地域内に供給すべきものと考えられる。

　消費集落の実態が明らかな実例に，福岡県京都平野の拠点集落・下稗田（しもひえだ）遺跡がある。ここでは前期〜中期の石器が2,388点も出土したが，その石材の大部分が盆地内で産出しないものである。また集落内に加工痕跡がなく，未成品も出土しないことから，大部分が完成品として搬入されたと考えられる。搬入元としては，山脈を隔てた先述の北九州地域および嘉穂盆地が石材の種類の点から想定される。

5　石器生産の諸類型

　以上，弥生時代における石器生産を代表する各地の事例を概観してきた。その結果，確認できた諸形態を整理すると，以下のようになる。

1.　石材獲得の方法
採集型	地表上の原礫などをそのまま採集する
採掘型	地表下の原礫などを掘削坑などを掘って獲得する
母礫打割型	大型の礫などを打ち割り獲得する
岩盤割取型	岩盤などから割り取って獲得する
搬入型	石材・素材・石器などを基本的に他集落から入手する

2.　移動のあり方
原石型	原石のまま移動する
剥片素材型	剥片素材に加工されて移動する
半成品型	半成品に加工されて移動する
仕上直前型	仕上直前まで加工されて移動する
完成品型	完成品で移動する

3.　石材産出地と石器加工地との関係
直上型	石材産出地内に主たる石器加工地がある
隣接型	石材産出地に隣接して石器加工地がある
近距離型	石材産出地からやや離れて石器加工地がある
遠距離型	石材産出地から遠く離れて石器加工地がある

4.　加工場所の構造
露天型	屋外で加工する
工房型	工房竪穴などで加工する
住居型	一般的な竪穴住居などで加工する

5.　地域における石器生産のあり方
独占型	特定集落だけが主に独占的に生産する
共通型	石材産出地域の諸集落が共通して活発に生産する
各所型	一般集落で広く加工・生産する
非生産型	活発な石器生産をせず，基本的にはすべて搬入する

6.　生産集落の形態
出向型	石材産出地に集落から出向いて加工・生産する

派生型	石材産出地に派生小集落を設営し加工・生産する
特産型	石材産出地域の諸集落内で加工・生産する
一般型	広範囲な諸集落で広く加工・生産をする

7. 加工石器の種類

限定型	特定器種を主に生産する
複数型	複数器種を生産する
特産型	多様だが特定器種を多産する
多様型	多種多様な器種を生産する

8. 作業工程のあり方

前半型	石材から半成品までの加工をする
未仕上型	仕上直前までの加工をする
後半型	半成品から仕上げまでの加工をする
一貫型	石材獲得から仕上げまで一貫して加工をする
加工型	搬入した石材を仕上げまで加工する
仕上型	仕上げ加工だけを実施する

9. 流通範囲のあり方

広範型	広範囲に流通する
限定型	自己消費と近隣だけに流通する
特定型	ある地域に偏って流通する

引用・参考文献

同志社大学旧石器談話会編『ふたがみ─二上山北麓石器時代遺跡群分布報告書』学生社，1978

福岡市教育委員会『今山・今宿遺跡』

樋口清之「大和二上石器製造遺跡研究」上代文化，4・5合併号，1931

樋口清之『大和竹之内石器時代遺跡』大和国史会，1936

飯塚市教育委員会『下ノ方遺跡』1982

飯塚市教育委員会『焼ノ正遺跡』1983

喜谷美宣「原始・古代の神戸」『新修 神戸市史』1989

北九州市教育委員会ほか『門田遺跡』1979

北九州市香月地区埋蔵文化財調査会『原遺跡』1973

児島隆人ほか『立岩遺跡』河出書房新社，1977

旧石器談話会編『旧石器考古学』25─二上山石器文化小特集，1982

羽曳野市教育委員会『城山遺跡現地説明会資料』1987

峰屋晴美「終末期石器の性格とその社会」『古文化論叢』1983

松藤和人「二上山の石器文化をめぐる諸問題」旧石器考古学，25，1982

森本 晋「出土した石器」『喜志遺跡発掘調査概報』大阪府教育委員会，1985

森貞次郎「古期弥生文化に於ける立岩文化期の意義」古代文化，13─7，1942

中山平次郎「今山の石斧製造所址」『福岡県史跡名勝天然記念物調査報告書』6，福岡県，1931

中山平次郎「飯塚市立岩焼ノ正の石包丁製造所址」『福岡県史跡名勝天然記念物調査報告書』9，福岡県，1934

中山平次郎「石包丁製造所址」考古学，5─5，1934

名和羊一郎「八幡市高槻の遺跡」考古学，5─5，1934

酒井龍一「石包丁の生産と消費をめぐる二つのモデル」考古学研究，21─2，1974

酒井龍一「亀井遺跡の石器生産」『亀井・城山』大阪文化財センター，1980

酒井龍一「石器組成からみた弥生人の生業行動パターン」『文化財学報』奈良大学文化財学科，1986

酒井龍一「大阪・石川流域における弥生セトルメントシステム」考古学ジャーナル，283，1987

下稗田遺跡調査指導委員会『下稗田遺跡』1985

下條信行「北九州における弥生時代の石器生産」考古学研究，22─1，1975

下條信行「弥生時代石器生産体制の評価」『角田文衛博士古稀記念古代学論叢』1983

下條信行「交通・交易」『考古学調査研究ハンドブックス』3，雄山閣，1985

下條信行「弥生時代の九州」『岩波講座 日本考古学』5，岩波書店，1986

下條信行「今山遺跡」『探訪 弥生の遺跡─西日本編』有斐閣，1987

下條信行ほか「工人とその生活」『奴国展』夕刊フクニチ新聞社，1972

武末純一「石器の生産と流通」『北九州市史 総論─先史・原史』1985

塚田良道「弥生時代における二上山サヌカイトの獲得と石器生産」古代学研究，122，1990

梅崎恵司「北九州市域における大陸系磨製石器の生産と流通」『横山浩一先生退官記念論文集 Ⅰ─生産と流通の考古学』1989

藁科哲男・東村武信「蛍光X線分析法によるサヌカイト石器の原産地推定（Ⅱ）」考古学と自然科学，8，1975

藁科哲男・東村武信・鎌木義昌「蛍光X線分析法によるサヌカイト石器の原産地推定（Ⅲ）」考古学と自然科学，10，1977

北九州市教育文化事業団『高津尾遺跡 1』1989

北九州市教育文化事業団ほか『辻田遺跡』1980

石器と生業

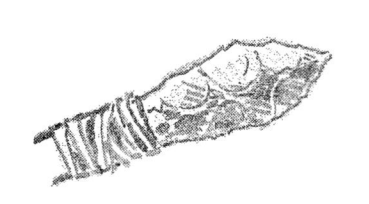

> 狩猟，漁撈，土掘具，木工，信仰などの石器はどんな社会性を有するだろうか。その主な流れを追い，石器のもつ役割にふれる

狩猟具としての石器／漁撈と石器・骨角器／打製石斧の性格／木製品を作り出した石器／まつりの石器

狩猟具としての石器──
─縄文時代における石鏃の集団保有と狩猟活動─

明治大学大学院
■ 阿 部 芳 郎
（あべ・よしろう）

> 縄文時代の狩猟活動は単純ではなく，専業的狩猟集団の存在したことが石鏃の保有形態や動物儀礼の発達などからわかる

狩猟活動は人類社会のなかで最も古い生産の手段のひとつであり，狩猟技術の発展は狩猟具の変遷として日本列島においても，先土器時代以来その流れをおおまかに捉えることができる。こうした視点からみた場合，縄文時代は石鏃の出現に示される弓矢猟が広く普及・定着した時代として評価することができる。

それでは狩猟・採集経済と概括される縄文時代において，各時期，各地の縄文人はひとしく弓矢による狩猟をおこなっていたのであろうか。筆者は現段階における縄文時代の石器研究を省みるなかで「組成論的研究」，「型式・形態学的研究」とともに，各地の縄文人における石器の製作—保有—消費—補完といった道具の製作から使用にいたる一連の行為のなかにおける集団の組織や構成を評価する必要性を指摘してきた[1]。ここではこうした観点から，縄文社会における石鏃をもちいた狩猟活動の社会的な意味について考えてみる。

1 石器の保有形態

縄文人にとって弓矢猟がどのような組織と構成をもつものであったのか，そうした事実を明らかにするために，ここではひとつの集落址における

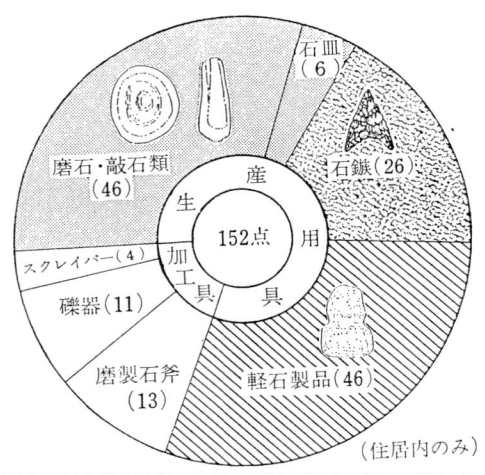

図1　飯山満東遺跡における黒浜・諸磯a期の石器組成

石器群の構成と出土状況を検討のモデルとしてみよう。

千葉県飯山満東遺跡は東京湾東岸に位置する前期中葉から後葉にかけて営まれた集落で，25軒の住居が検出され，それらは黒浜式期と諸磯a式期，浮島Ⅲ式期のものである[2]。

遺跡全体から出土した石器は剝片類を除いて152点と豊富で，その大半はこの時期のものとみることができる。図1に黒浜式期と諸磯a式期の

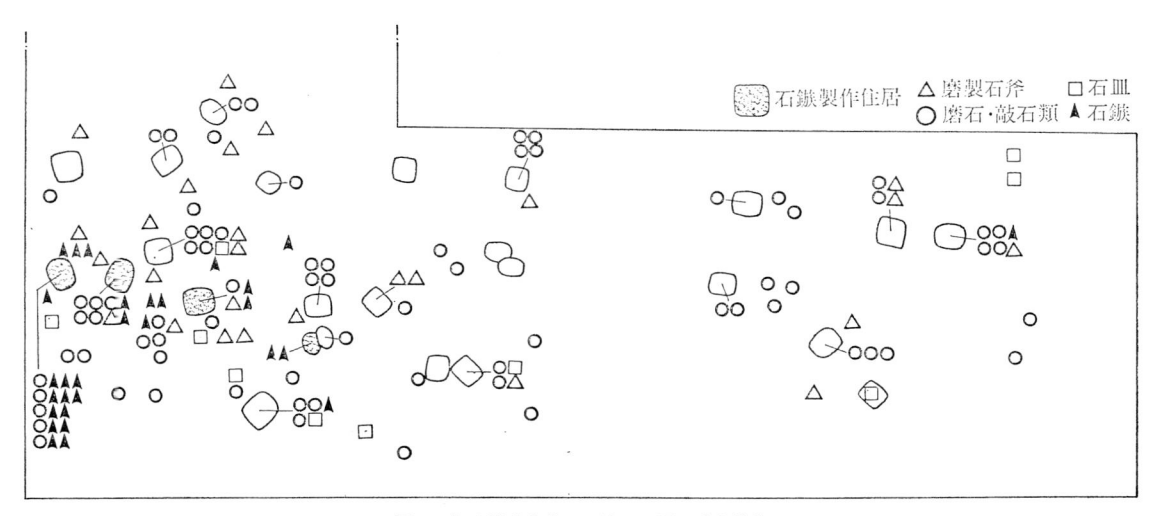

石鏃製作住居　△磨製石斧　□石皿
磨石・敲石類　▲石鏃

図2　飯山満東集落における石器の分布状態

石器の器種組成を示した。それによると磨石，敲石，磨製石斧，石鏃が安定した組成比率を示していることがわかる。石皿は少ないものの，磨石や敲石を植物質食料の加工具と推測すると，飯山満東集落における縄文人の生産活動の基盤に，こうした植物質食料の占めた割合は大きい。また軽石製品の多い点も特徴となるが，これらを網の浮子と考えると，内水面における漁撈活動の存在も想定する必要があろう。漁撈活動はいくつかの住居にのこされた小規模な貝ブロックの存在からも推測されるが，生産活動の全体のなかで主体となるものではなかったようである。石鏃の組成率は17％を占めており，生産用具のなかでは安定している。

これらの石器群の出土状況を図2に示した。住居群は東に6軒・西に19軒が分布している。主体を占める磨石，敲石，磨製石斧や軽石製品の分布は各住居内の床面や覆土そして，住居周辺に及ぶが，磨石，敲石類や磨製石斧は各住居群にほぼ均質的な分布をしめしている。一方，石鏃はこれらの石器とはことなる特徴的なあり方を示している。総数48点の石鏃の分布は西群に偏り，東群ではわずかな1点の出土にとどまる。

さらに西群のなかで，石鏃は4軒の住居とその周辺に集中している。これらの住居からは石核や未製品の出土もあるから，飯山満東集落での石鏃の製作と保有が，磨石や磨製石斧とはことなり，これら4軒の住居の住人によって黒浜式期から諸磯a式期にいたるあいだ集中的に製作—保有されたことを物語る。

飯山満東集落の石器群は以上に概観したように，各住居に均等に保有される器種（磨石，敲石などの植物質食料の加工具や磨製石斧などの伐採具）と，石鏃のように偏在性をもって製作の段階から集中的に保有される器種という，ことなる保有形態の石器が複合して構成されているものであることが理解できる。

2　狩猟社会としての縄文文化

縄文時代を特色づける石器は，磨石，石皿などの植物質食料の加工具類と，石鏃や槍先形尖頭器または石錘などの狩猟，漁撈具類，掻器，削器類，磨製石斧などの加工具類などに大別される。とくに竪穴住居を作り，植物質食料に基本的に依存するために必要な石器の器種は，基本的には早期後半にその大半が出揃う。しかしながらこうした事実のみから以後の縄文社会の生産力や技術面に大きな発達は見られなかったと判断することは極めて危険である。

筆者はこうした共通した石器の器種を揃えた縄文人は，生産活動における開発の対象を道具自体の発明や改良から，次第に活動の組織や道具の使い方といったソフトウエアーへと変えていったものと考えるのである[3]。そうであるならば，前期以降の石器群にみる特質とは，石器の組成率に示される量の差と，保有形態から推測される生産活動における集団構成の特徴として理解されなければならない。

こうした理解を前提とすると，縄文時代の弓矢猟は決して単純な活動ではなく，そこには装備の

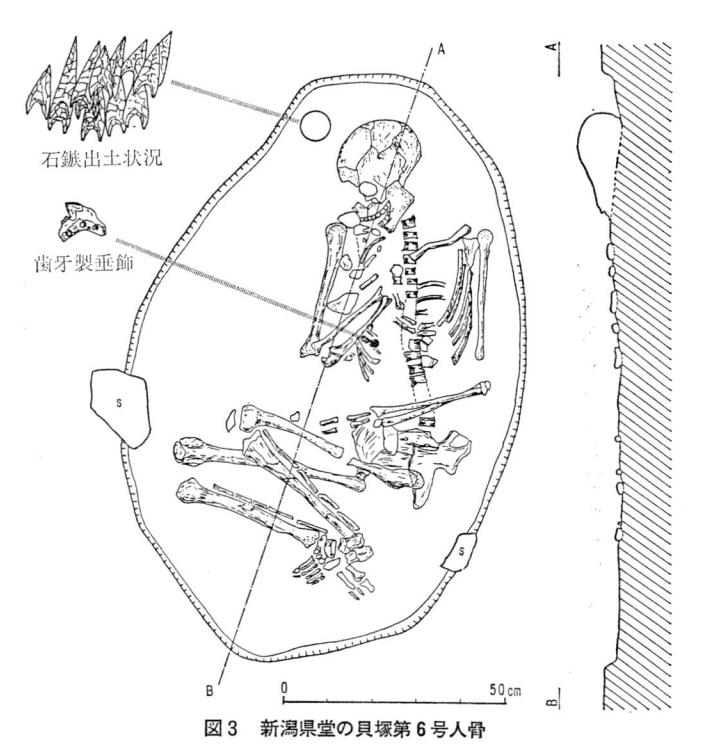

石鏃出土状況

歯牙製垂飾

0　　　　　　50cm

図3　新潟県堂の貝塚第6号人骨

用意から，狩猟の執行，獲物の分配にいたるまでのなかで，諸々のレパートリーを分有する狩猟集団の存在が推測できる。筆者は以前に中期の遺跡群内において，他の集落を圧倒するほどの破格の量の石鏃を集中保有する集落の出現に注目して，石鏃原材の入手から石鏃の保有，狩猟の執行にいたる経過を推測し，そこから一定地域の集落間において存在した集団狩猟編成のあり方を指摘したことがある[4]。また中期以降に増加する埋葬犬の存在は，犬を仕掛けておこなった組織的な狩猟方法の存在をも暗示している。

　そして漆工芸や木工具の製作，玉や耳飾りなどの石製品の専業的製作から想定される分業化の進む前期以降の縄文社会においては，狩猟時に集落間やその内部においても各人の経験と技能に基づいたレパートリーが存在したものと推測できる。このような背景を考慮すると，石鏃の集中保有化という現象も，役割分担の決められた狩猟組織の存在を示す現象として理解されるものであろう。

　新潟県堂の貝塚[5]（中期）（図3）や秋田県大湯環状列石（後期）の土坑墓[6]にみるような石鏃を副葬した被葬者は，そうした集団狩猟時における専業化した射手の存在を暗示している。堂の貝塚の6号土坑墓は壮年〜熟年の男性が埋葬されていたが，人骨の頭部近くには13本の石鏃が先端を揃え

て出土しており，着柄した矢柄を束ねて副葬したものであろう。大湯例も墓坑底面から13点の石鏃が出土しており，基部にアスファルトの付着したものがあるから，おそらく矢柄とともに副葬された射手の墓とみることができる。

　中期，後期の石鏃の副葬例はこのように矢柄のついた矢の束自体が遺体に接して副葬されるが，儀礼用の弓などが盛んに作られ特定の墓に副葬される晩期には，北海道沢田の沢遺跡例[7]のように，大量の石鏃が遺体の上を覆うようにして出土する例が増える。これらは着柄されたものではなく，なかには製作時に生じた剥片と砕片や残核の一切を埋納するものもある。こうした事例は，石鏃の副葬の方法自体の変化とともに，被葬者が狩猟時の射手としてのみでなく，そうした卓越した伝統技術を保有して，狩猟儀礼を司る祭主としての性格を帯びてきたことをも暗示している。そのことはまた，後期以降に高まる狩猟活動とも無関係ではあるまい。縄文前期以降に東日本を中心とした地域のなかで，祭祀や儀礼などに用いられたと考えられる特殊遺物のなかに，狩猟対象の動物であるイノシシや，狩猟の場面を示す線刻板や装飾の一部にそうした要素をモチーフとした土器が現われる。また晩期では青森県是川遺跡にみるように，実用品とは峻別されるような彫刻を施し，桜皮をまいた祭祀用の漆塗りの弓などがさかんにつくられた（図4）。これらは弓矢猟が単に経済活動のみではなく，祭祀と一体化して儀礼的な性格を帯びてきたことを示している。そして縄文後期から晩期には集団狩猟編成の構成員のなかで，高度で熟練した技術と経験を必要とする射手が，次第にこうした儀礼を司る立場を確立していくものと考えられる。

　縄文晩期における祭祀用の飾り弓，特定の墓における石鏃の大量の副葬や，前期以降に活発化する弓矢猟の主な対象と考えられるシカ，イノシシを対象とした動物祭祀の数々は，縄文社会が伝統的な狩猟活動を基盤として発達した階層化した狩猟社会としての側面を色濃く映し出しているものといえよう。

　またここで用いた資料，事例の多くは主に東日本を中心とした地域のものであり，同様な状況が

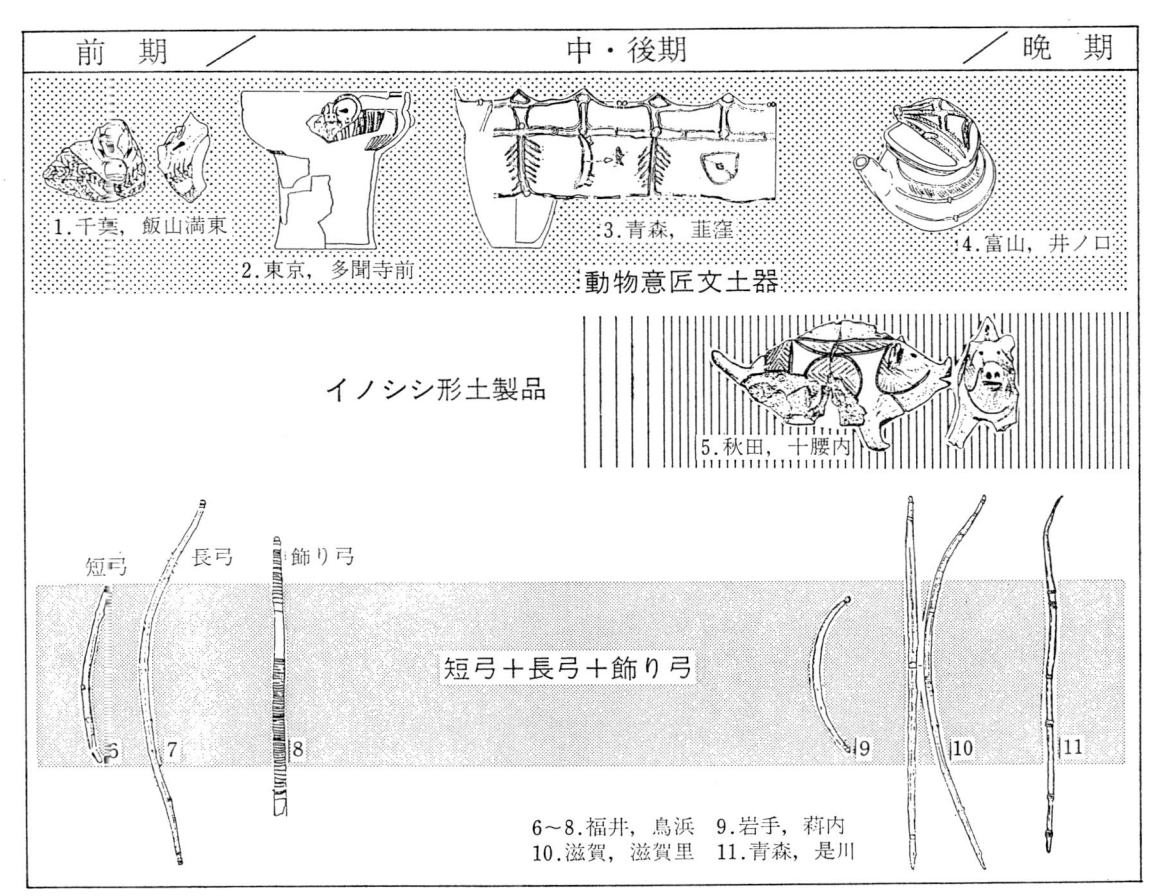

図4　縄文時代の遺物にみる狩猟民的要素の変遷

縄文時代には狩猟の主な対象であった動物を表現した土器文様や土製品が存在する。その多くは東日本の前期以降の時期に安定しており、とくにイノシシが主な対象とされている点に注目したい。いまのところイノシシとならんで盛んに狩りの対象とされたシカを表現したものは見られない。また前期以降の弓には短弓、長弓に加えて儀式などに用いたと考えられる飾弓が出現している。絵画や装飾のモチーフにシカが登場するのは西日本における弥生時代の到来を待たねばならなかったようである。

西日本を含めた日本列島の全体に及んでいたかは、にわかに判断できない状況がある。こうした状況が現状における資料のばらつきであるのか、または本稿で指摘した状況が、いわゆる「東日本型縄文社会」の構造の一端を示すものであるのかといった問題は、弥生文化の成立を理解する際の重要な課題のひとつでもある。

　縄文時代を特徴づける石器のひとつに石鏃があった。それは弓矢による狩猟活動の存在を示すものであるが、縄文時代のなかでも、そのあり方や社会的な意味は時期とともに変容している事実を指摘してきた。そしてその特質とは遺跡における石鏃の保有形態と関係をもつことが明白である。狩猟具としての石器の研究は、単に生産活動としての評価のみではなく、狩猟活動自体のもつ社会

的な意味の解明自体に重要な意義をもつものと考えるのである。

註および参考文献

1)　阿部芳郎「縄文中期における石鏃の集中保有化と集団狩猟編成」貝塚博物館紀要，14，千葉市加曽利貝塚博物館，1987

2)　中村恵次『飯山満東遺跡』房総考古資料刊行会，1975

3)　阿部芳郎「縄文時代早期における石器群の構成と生産活動」駿台史学，77，1989

4)　註1)に同じ

5)　金井町教育委員会『堂の貝塚』1977

6)　鹿角市教育委員会『大湯環状列石周辺遺跡発掘調査報告書（2）』1986

7)　斉藤　傑『東神楽町沢田の沢遺跡発掘調査報告書』1981

漁撈と石器・骨角器

東北歴史資料館　東北歴史資料館
加藤道男・山田晃弘
（かとう・みちお）　（やまだ・あきひろ）

外洋性漁業が盛んに行なわれたと考えられてきた仙台湾～三陸沿岸の漁撈は，最近の調査で中～小型魚の重要性が注目されだした

1　仙台湾～三陸沿岸の漁撈活動

　仙台湾から三陸沿岸にかけての地域における縄文時代の漁撈活動については，東関東地方の内湾性漁業に対して，外洋性漁業のセンターととらえられている。これは，当地域にリアス式海岸が発達し，大陸棚が形成されて現在でも暖流と寒流が交差する海洋資源の豊富な地域であることを背景に，沼津貝塚や南境貝塚などに代表されるような骨角牙製漁具，とくに釣針と銛の発見量が他地域を凌いでいる点とともに外洋性大型魚類の出土が多かったことに着目されてのことである。

　宮城県内の貝塚は，現在325カ所確認されており（藤沼邦彦ほか1989），その中でも貝塚が集中する地域は大きく4つの地域に分けられているが，骨角器の出土は三陸沿岸貝塚群や仙台湾沿岸貝塚群などの主鹹性貝塚に豊富であり，北上川中流域や阿武隈川流域の淡水性・汽水性貝塚では少なく，骨角器の発達が海水域の漁撈活動に即応していたことがみてとれる。

　骨角製漁具のありかたを県内でみると，縄文時代前期初頭に登場するが，多くなるのは中期後半からであり，とくに後期中葉以降に急激な増加をみるといわれている。縄文前期には里浜貝塚梨木東地点・貝殻塚貝塚・根岸堤貝塚の釣針など，大木囲貝塚の開窩式離頭銛などがある。しかし，これらはいずれも単独の出土あるいは採集品であり，当時の漁撈活動に果たした役割や，とくに離頭銛などは漁具としての変遷における位置づけが明確になっていない。中期後半から後期前葉では，仁斗田貝塚や南境貝塚，沼津貝塚などから多数の漁具が出土しているが，釣針の占める割合が高い。またいわゆる古式離頭銛とよばれる銛頭が出現する。これらは茎をもって柄に差し込まれるもので，形態的層位から「南境型」・「沼津型」などとよばれている。後期後半以降は，田柄貝塚・沼津貝塚・里浜貝塚の出土品をはじめとし，釣針・固定銛・燕形離頭銛・ヤス・挟み込みヤスなどの形態が出そろい，器種・数量とも増加する。

　さらに最近，田柄貝塚・里浜貝塚・中沢目貝塚などでは，できる限り最小の単位で層をとらえ，発掘した膨大な堆積層を1mmの篩にかけて微細な遺物まで採集する方法がとられ，層位ごとに人工遺物と自然遺物の全体が提示されている。

　以下では，外洋性漁業と位置づけられている仙台湾から三陸沿岸の貝塚について，主鹹貝塚である田柄・里浜貝塚を中心として，漁具と出土魚類の関係をもとに，後期後半から晩期中葉にかけての漁撈活動をみてみたい。

2　里浜貝塚

　里浜貝塚は松島湾の湾口部に位置する宮戸島に所在し，内湾部に面した丘陵上に立地する。600m×240mの範囲に，前期前葉から晩期終末までの貝層が7つの地点に分かれて認められる。ここでは，東北歴史資料館が調査した西畑地点（大洞C2式期）における漁撈活動をみる。この時期の周辺環境は現在とほぼ同じであったと考えられている。骨角製漁具には，釣針8点，単純ヤス16点，組合せヤス19点，単純銛15点，燕形銛18点，ヤスまたは単純銛12点がある。また，根挟み，尖頭器，湾曲刺具も漁具の可能性がある。釣針は7～9cmの大型品ばかりである。内鐖のものが主体で，全体はU字形，軸頂部の作りが特徴的である。当然大型の魚を対象にしたと考えられる。ヤス・銛も一般に大型魚・海獣用といわれるが，本遺跡例ではことに大型品が多い。単純ヤス・組合せヤス・単純銛に付けられる逆刺の数と配置は一定しない。燕形銛には大小の別がある。大型のものは先端が根挟み状となったり逆刺のつけられる場合が多く，尾部も三～四分される。小型のもの（5～8cm）は後期以来の伝統的な形態を持つもので，量的にはこちらの方が多い。骨角製漁具は特定の層にかたよって出土する傾向があるが，魚種組成や季節との関係は明確ではない。

　石錘・軽石製浮子・土錘は，全く出土していな

表1　里浜貝塚魚類出土個体数

	計	割合	カロリー量
マイワシ	37,344	32.4%	3,818,051
アイナメ類	22,050	19.1%	1,481,760
スズキ	10,717	9.3%	1,607,643
マフグ科	10,035	8.7%	1,121,913
マアナゴ	4,852	4.2%	1,598,977
サバ属	5,481	4.7%	1,446,607
マアジ	5,375	4.7%	375,568
フサカサゴ科	5,395	4.7%	705,666
ウナギ	4,874	4.2%	2,467,463
キュウセン	2,241	1.9%	211,775
ハゼ科	2,054	1.8%	41,594
マダイ	2,014	1.7%	1,804,544
アカエイ科	416	0.4%	101,504
ブリ属	197	0.2%	835,477
カレイ科	271	0.2%	53,197
クロダイ	240	0.2%	201,600
ヒラメ	124	0.1%	62,744
サメ目	137	0.1%	1,764,560
マグロ属	99	0.1%	22,770,000
カワハギ科	116	0.1%	5,498
サワラ	70	0.1%	180,600
カツオ	50	0.0%	178,100
マカジキ	0	0.0%	0
その他	1,259	1.1%	
計	115,411	100.0%	

アシカ	1
イルカ	1

表2　田柄貝塚 CL 40区各層出土魚類個体数

魚類 ＼ 時期・層No.	VIII群 晩期初頭 4—13層	VII群 後期末 14—18層	VI群 後期後葉 19—22層	V群 後期後葉 23—25層	IV群 後期後葉 26層	計	割合	カロリー量
イワシ類	590	176	192	494	115	1,567	44.9%	160,147
サ バ	250	148	86	323	69	876	25.1%	345,407
スズキ	50	23	18	73	11	175	5.0%	19,513
カワハギ類	10	11	31	70	2	124	3.6%	5,878
アイナメ	30	16	8	36	8	98	2.8%	6,586
カサゴ類	34	17	9	30	4	94	2.7%	12,295
カレイ類	32	12	4	21	6	75	2.1%	14,723
ウグイ	18	11	9	30	6	74	2.1%	12,328
マアナゴ	20	19	6	9	2	56	1.6%	18,452
ウナギ	20	8	9	8	3	46	1.3%	23,285
マダイ	14	9	9	4	2	40	1.1%	35,840
フグ類	33		4			37	1.1%	4,137
サケ類	13	6	4	11	2	36	1.0%	108,216
サメ類	9	10	3	5	2	29	0.8%	373,520
カツオ	3		6		5	26	0.7%	92,612
クロダイ	6	5	5	4	1	24	0.7%	20,160
エイ類	9	5	3	5	1	23	0.7%	5,612
ブ リ	2	4	5	4		20	0.6%	4,240
マグロ	2	4	2	3		11	0.3%	2,530,000
ハ ゼ	5			5		12	0.3%	244
ヒラメ	2	4		2	1	9	0.3%	4,554
ウミタナゴ	7	1				8	0.2%	1,267
コ チ 類	1	2	1	1		7	0.2%	3,480
ボ ラ	3		1			7	0.2%	3,699
カジキ類	1	3		2		6	0.2%	768,000
その他	10		1	1		13	0.4%	
計	1,174	503	408	1,164	243	3,492		

オットセイ		1	3	2	1	7
イルカ	2	1	2	3		8
クジラ類	2					2

い。

　分析を終了した27の層をあわせた個体数による魚種組成を表1に示した。漁猟活動の特徴は，「年間を通じて内湾を中心に行なわれ，Ⅳ群集（マグロなどの外洋性魚＝筆者）が回遊により近づく春～初秋の時期には，これらの漁獲を目的として外洋にも出て漁をした」とまとめられている（東北歴史資料館1987）。イワシ類・サバ属・マアジといった表層回遊魚が41.8％を占め，高い比率を示す。マダイ・エイ類・ブリ属・サメ目，マグロ類・サワラ・カツオ・大型のスズキ（歯骨高分布から約1/4が体長40cm以上と考えられる）などの大型魚の漁獲量は少なく，とくに外洋性のものはわずかである。他の魚種では，アイナメ類の19.1％を筆頭に，小型のスズキ・フグ類・マアナゴ・フサカサゴ科・ウナギなどの内湾性の魚種が多く，あわせて50％近くを占める。なお，海獣類はアシカ類・イルカがそれぞれ1個体検出されているだけ

である。

3　田柄貝塚

　田柄貝塚は気仙沼市所沢に所在し，現在の海岸線から4kmほど離れた標高30mの舌状台地に立地する。約6千m²の規模で北，南斜面に貝層が形成されている。昭和54年に宮城県教育委員会により調査が実施された。貝層は南斜面のものが調査対象となり，面積は64m²，厚さ1.5mあり，層位は30枚に及ぶ。後期後葉から晩期初頭まで5時期に大別されている。貝層を構成する貝種は各時期とも内湾の砂泥・砂底に棲息するアサリ・ハマグリが主体で，あわせて92％におよぶ。これは，当時気仙沼湾が遺跡周辺にまで入り込み，遠浅の海岸であったことを示している。
　骨角牙製漁具には，釣針241点，銛Ⅰ類27点，銛Ⅱ類（燕形銛）183点，ヤス状刺突具57点，挟み込みヤス軸部32点，鏃部119点などがある。釣針

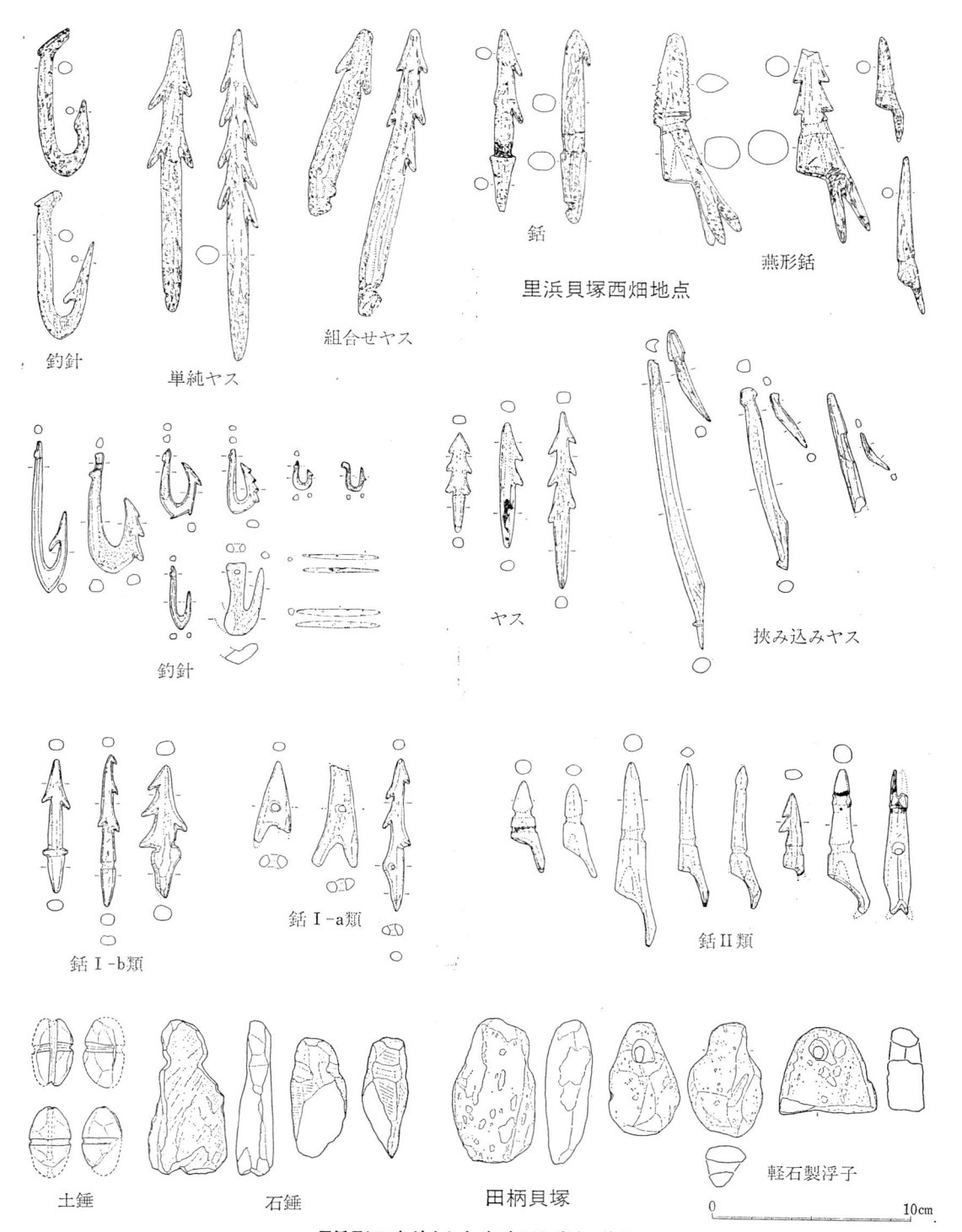

釣針　単純ヤス　組合せヤス

里浜貝塚西畑地点

銛　燕形銛

釣針　ヤス　挟み込みヤス

銛 I-b類　銛 I-a類　銛 II類

土錘　石錘　田柄貝塚　軽石製浮子

0　　　　　　10cm

里浜貝塚西畑地点および田柄貝塚出土の漁具

は大・中・小がある。各期を通じて，全体が細い
U字形で，下端が尖り気味となる無鐖の中型品が
多い。棒状釣針はわずかだが各時期に見られる。
錨形釣針は一般に三陸岸沿地域の中期後葉から後
期初頭に多く見られるが，ここでは後期後葉に属

するものが2点ある。燕形銛は後期後葉に多く，
後期末から晩期にかけて減少する傾向がある。先
端が根挟み状をなすものが後期後葉に2点ある。
ヤス状刺突具は晩期になって出土割合 が 増 加 す
る。挟み込みヤスは，鐖先を軸部先端に結合させ

70

たものを一対組み合わせて使用するもので，後期末から晩期に増加している。

　他の漁具として土錘・石錘・軽石製浮子が出土しているが，いずれもごく少数である。

　捕獲対象となった魚類は，出土量が豊富な1グリッド（CL 40区）を代表させて個体数を集計した（表2）。43種が同定されているが，時期による違いはとくに認められていない。イワシ類とサバが圧倒的に多く，この2種で全体の70％におよぶ。ほかは，アイナメ・カサゴ類・カレイ類など内湾に棲息する魚種と外洋性の大型魚がほぼ同様な割合となっている。スズキ・マダイ・クロダイは，体長復元の結果大型のものが多いことが知られている。また，これまで貝塚での出土数が少ないとされてきたサケ科が，各時期ともに検出されている点が注目される。なお，海獣類ではオットセイ・イルカ・クジラ類が一定量出土している。

4　里浜・田柄貝塚における漁法と漁具

　個体数による魚種組成では，両貝塚ともに主体を占めるのは表層回遊魚で，外洋性ほかの大型魚は少ない。里浜・田柄貝塚の違いは，湾内で周年捕獲可能な魚種が里浜でより多く，田柄ではその分大型魚が多くなるという点である。海獣類は田柄貝塚に比較的多い。

　表層回遊魚は，群をなして春〜夏に湾内に入りこむもので，一般には網漁によったと考えられている。ただし，両貝塚ともに錘の出土があまりに少ないので，ある種の囲い込み漁も想定する必要があろう。アイナメ・小型のスズキ・カサゴ類などの内湾性魚類の漁獲方法を特定することはむずかしいが，表層回遊魚と同時に捕られることもあったであろう。マグロなどの大型魚には骨角製の銛・ヤスを使用した刺突漁あるいは釣漁が行なわれたであろう。

　魚類を食料資源として評価する一つの方法として，カロリー計算を試みた。両貝塚ともマグロ類を代表とする大型魚の数値が圧倒的に高くなる。里浜ではついでアイナメ類ほかの湾内に棲息する魚種，イワシ類などの表層回遊魚の順になる。田柄貝塚ではその逆になっている。ただし，マグロ類・サメ目といった大型魚は，各層ごとの出土状況を見ると椎骨がわずかずつという場合が多い。したがって捕獲後の分配などを考慮する必要もある。また里浜貝塚のように細かな層の認識がなさ

れると個体数が見かけ上多くなっている可能性もある。実際の数値はかなり低く見積もらなければならないだろう。

　里浜・田柄貝塚人が，発達した骨角製漁具を利用したマグロなどの外洋性漁業を行なっていたことは，中沢目貝塚などの内陸性貝塚や国内の他地域の漁具と比較して明らかである。しかし，それは漁撈活動全体の中で大きい割合を占めてはいないようである。むしろ，湾内で周年捕れる中〜小型魚や，春〜夏に群をなして湾内に回遊してくる小型魚を，網漁などで捕獲することの方が重要な意味を持っていたと考えられる。これは食料資源としての安定性や捕獲効率の点から考えてもうなづけることである。

5　まとめと今後の課題

　仙台湾〜三陸沿岸地域の後・晩期に外洋性漁業が盛んに行なわれたという理解は，発達した骨角製漁具と発掘時に目につく大型魚の存在から生まれてきたものである。しかし，近年の調査では中〜小型魚の重要性が浮かび上がってきた。それらは内湾でおもに網漁によって捕獲されたとみられる。

　今回の検討では直接外洋に面した貝塚を扱えなかったため，この地域すべてが同じ状況であるとはもちろん言えない。今後立地や時期の異なる貝塚での検討が必要である。しかし，この地方でも，貝塚は内湾が形成されている場所に多く分布するので，もっぱら外洋性漁業を中心とすることは少なかったと予想される。

　骨角製漁具の使用法や対象は，魚種の生態と大きさから大づかみに推定できるだけである。アスファルトの付着からの装着法の推定，民族例との比較を行なうと共に，共伴する魚類相を1遺跡内や遺跡間・地域間で比較する必要がある。

　最後に，本稿は里浜貝塚・田柄貝塚の長年にわたる調査研究の結果刊行された報告書をもとにしており，両書の整理・執筆に当たられた方々に感謝いたします。

参考文献
　東北歴史資料館『里浜貝塚』IV〜VI，1985〜1987，同『宮城県の貝塚』1989
　宮城県教育委員会『田柄貝塚』I〜III，1986
　須藤　隆編『中沢目貝塚』1984
　後藤勝彦「仙台湾沿岸の貝塚と動物」季刊考古学，11，1985
　渡辺　誠『縄文時代の漁業』1972

打製石斧の性格

愛知女子短期大学講師
齊 藤 基 生
（さいとう・もとなり）

打製石斧は斧様石器群の一員であり，その系譜は旧石器時代まで遡ることができる。そして縄文前期後半以降は土掘具として発達する

1 斧様石器群

(1) はじめに

「打製石斧」は縄文時代の代表的な石器である。打製石斧そのものは古くから知られており，木内石亭の『雲根志』にも登場する。モース以後科学的考古学の研究対象にされるが，大山柏の勝坂遺跡における分析以外見るべきものはない。後に縄文農耕論との関係で注目を集めるが，少なくとも穀物栽培農耕と結びつけることはできまい。

旧石器時代研究に引っ張られて縄文時代の石器研究も進み，打製石斧に関する論考も多く発表されている。研究方向は大きく二つに分かれ，個別観察の追究と石器組成論である。形態論・機能論など様々な切り口がある。なお，耳目に慣れ親しんだ「打製石斧」という言葉について用語の見直しを図るべきだという意見も多いが，ここでは従来通りに進めさせていただく。

ところで打製石斧は，磨製石斧をはじめ，片刃打製石斧，石箆，横刃形石器，大型粗製石匙，礫器などと無縁ではなく，これら「斧様石器群」のひとつとして考えたい。さらに打製石斧は，確かに縄文時代を特徴づける石器ではあるが，その系譜は間違いなく旧石器時代まで遡り，かつ弥生時代まで存続する。そうした観点を持って以下進める。

(2) 斧様石器群の系譜

旧石器時代の石斧については，北陸旧石器文化研究会により詳しくまとめられている[1]。最古の出土例は3万年以前に遡り，古い段階に多く見られる。しかも，群馬県岩宿遺跡で最初に掘り出された例に象徴されるように，初めから刃部磨製石斧が共伴している。機能について，多くは木材の代採・加工が考えられている。ナイフ形石器が盛行する時期には，石器組成に占める石斧の割合は小さくなる。旧石器時代末から縄文時代初頭にかけて，再び石斧が重要な位置を占める。とくに神子柴文化における刃部磨製石斧はその代表で，こ

れらの多くは片刃である。

縄文時代草創期・早期には礫器が多く見られる。神奈川県夏島貝塚では，礫器の刃部が打ち欠きあるいは研磨によって作り出されている[2]。また，この頃は打製石斧の石器組成に占める割合が小さく，形態も安定していない。いわゆる「土掘具」とされる打製石斧は前期後半になってから多くなり，時間とともに関東・中部地方から西へ広がる。後期には分銅形が現われ，短冊形・撥形を加えた3基本形が出揃う。

前期以降，打製石斧の中から「代採具」としての要素はほとんどなくなり，磨製石斧との機能分化がはっきりする。また，中期になると信濃川中流域で片刃打製石斧が，信州では横刃形石器や大型粗製石匙が現われるなど，斧様石器群の器種分化が進む。

弥生時代になり本格的な穀物栽培農耕が始まるが，初期の水田は木製農具でも耕作が容易な後背湿地や谷地が選ばれた。そんな中，中部地方の遺跡から打製石斧が出土することは珍しくない。しかも縄文時代のものに比べて一回り以上大きく，文字通り「石鍬」と呼ぶにふさわしい。これらは，鉄器が不充分なところで固い土地を耕すために，縄文時代以来の「土掘具」として活躍した。

2 「土掘具」としての打製石斧

(1) 打製石斧とは

旧石器時代以来の伝統を持つ斧様石器群の中から，打製石斧の機能がいわゆる「土掘具」として安定するのは，縄文時代前期後半頃と思われる。いまのところその発信地を絞り込むことはできないが，関東から中部地方にかけての広い範囲の中から多元的に発生したと考えられる。そこから各地へ広がっていったが，大量出土するのは中期の南関東多摩川流域，信州八ヶ岳南麓・伊那谷地方に限られる。もちろん他地方でも中期から後期にかけて増加傾向が見られるものの，「爆発的」という形容は当たらない。東北地方は伝統的に少な

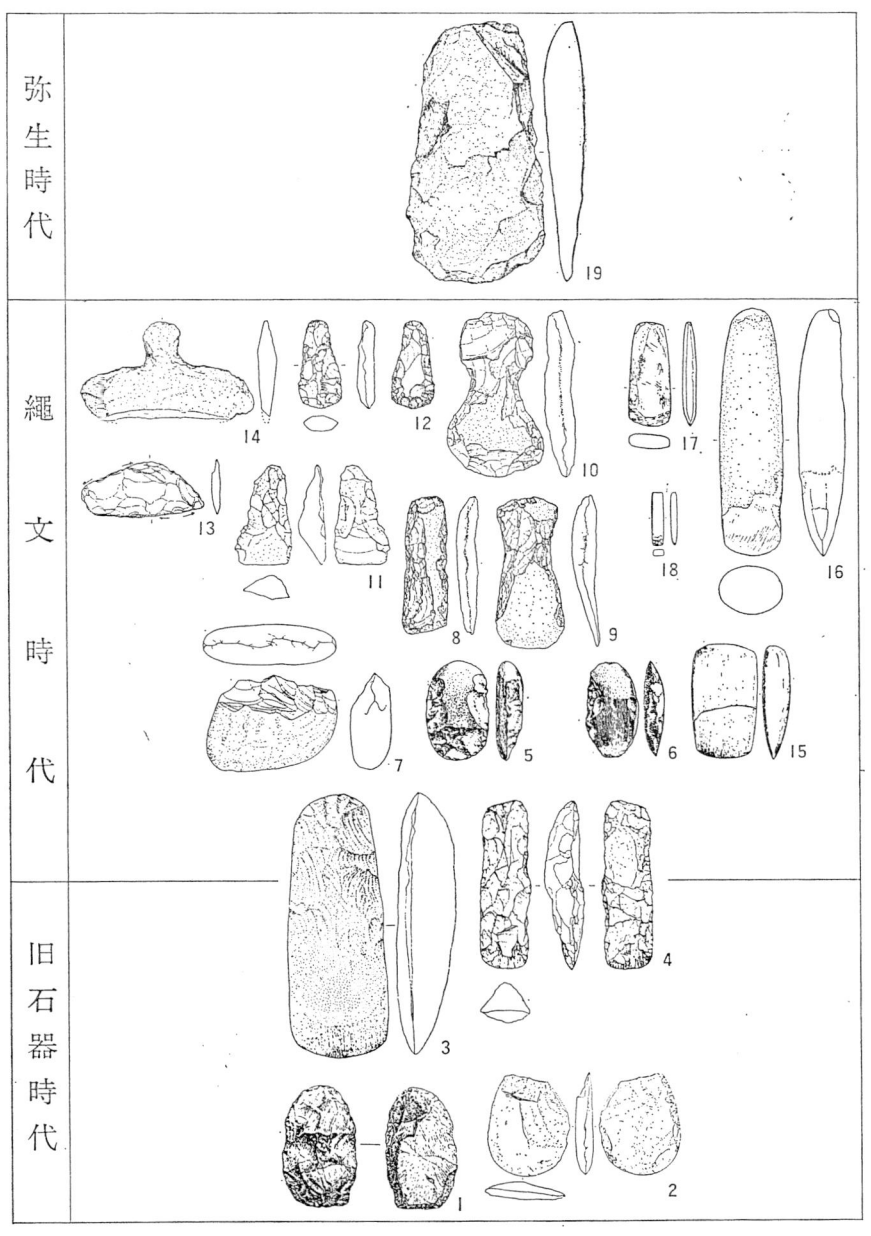

弥生時代	
縄文時代	
旧石器時代	

斧様石器群変遷図（約⅙）
1〜4刃部磨製石斧，5〜
7礫器，8〜10・19打製石
斧，11片刃打製石斧，12石
篦，13横刃型石器，14大型
粗製石匙，15〜18磨製石斧

1群馬県岩宿遺跡，2東京
都栗原遺跡，3長野県神子
柴遺跡，4愛知県酒呑ジュ
リンナ遺跡，5・6神奈川
県夏島貝塚，7岐阜県落合
五郎遺跡，8〜10京都都貫
井遺跡，11神奈川県尾崎遺
跡，12秋田県平鹿遺跡，13
長野県大石遺跡，14長野県
曾利遺跡，15岐阜県椛の湖
遺跡，16〜18岐阜県阿曾田
遺跡，19岐阜県牧野小山遺
跡　　（引用文献は省略）

これは旧石器時代の石
斧についてもいえる。
形態は，素材を円礫か
ら得るか，板状に割れ
る石材から得るかによ
って，ほぼ規定され
る。前者は撥形に，後
者は短冊形になり易
い。いずれにしろ原石
から板状の剝片を取
り，側縁部を刃潰しす
るように調整し，長方
形ないし台形に仕上げ
る。

く，中・四国，九州地方も多くない。ただしこれ
らの地方でも打製石斧の使い方は知っていたもの
の，大量に作り・使い・捨てるという習慣が伝わ
らなかった可能性がある。

(2) 打製石斧の製作・使用・廃棄

　打製石斧の原材料は手近な所に求められ，砂
岩・粘板岩・片岩・凝灰岩など加工し易く使用に
耐え得るものが選ばれた。刃部の鋭さはあまり必
要ではなく，逆にもろく欠け易い素材は避けられ
た。
　打製石斧は一見石核石器（礫石器）のように見え
るが，原則的には剝片を素材とした石器である。

　縄文時代にこれほど多く見られる打製石斧であ
るが，製作址はほとんどわかっていない。中期の
多摩川流域の遺跡からは打製石斧とともに同質の
剝片も出土するが，東京都平山橋遺跡の場合製品
915点に対し剝片2,189点で，とても釣り合う数
ではない[3]。神奈川県尾崎遺跡が製作址と認めら
れる数少ない例である[4]。
　打製石斧は，原則的に柄を着けて使われた。着
柄法については大山柏により詳しく論じられ，
「斧」と「土掻き」の違いが指摘されている[5]。
その後着柄法について具体的に触れられる機会は
少なかったが，京都府桑飼下遺跡の打製石斧を分

析された鈴木忠司氏の仕事がある。氏はその中で「突き鍬」風の着柄法を想定された[6]。また，柄を着けず直接素手で使用したという見方もある。

打製石斧も他の道具同様いずれは廃棄される。その出土数は時期的・地域的に著しい偏りがある。例えば東京都貫井南遺跡[7]，同平山橋遺跡などでは1軒の住居址から200点以上出土したが，これらはいずれも覆土中に含まれており，床面に密着していたわけではない。つまりここでの多さは廃棄の結果としての多さであり，その住居の使用量の多さを表わしてはいない。石器組成から生業を云々する際，もっとも留意しなければならない点である。あまり数字にこだわるのではなく，おおまかな目安程度に考えておくのが無難であろう。

(3) 打製石斧の伝播—落合五郎遺跡の例—

岐阜県中津川市落合五郎遺跡は，縄文時代前期の遺跡としてよく知られている。1986年から87年にかけて調査がおこなわれ，前期とその下層から押型文の単純層が検出された。詳細は報告書[8]に譲るが，早期と前期で石器組成に興味深い違いがある。早期は礫器類と砥石が主となるのに対し，前期はスクレイパーと石鏃で全体の約8割を占め，その他石匙・石錐などの剥片石器が卓越してくる。そんな中，いわゆる土掘具になる打製石斧が512点出土している。その石質は約7割が結晶片岩で，粘板岩，砂岩，その他と続く。

ところで，この結晶片岩は今のところ中津川市内で産出地は知られておらず，信州伊那谷方面から打製石斧を作り・使う知識とともにもたらされた可能性が極めて高い。中期以降市内の打製石斧は，大部分地元産の粘板岩が使われるようになり，打製石斧の伝播について興味ある姿を示している。

3 打製石斧の意義

打製石斧は斧様石器群の一員であり，その系譜は旧石器時代まで遡ることができる。当初は伐採具，木材加工具，土掘具，あるいは動物の解体具としての機能・用途は未分化であった。その後ナイフ形石器に代表される剥片石器が主流となる過程で，解体具としての「刃物」の要素は消えていった。そして，縄文時代草創期段階から木工具としては磨製石斧が安定した地位を占め，相対的に打製石斧の果たす役割は小さくなる。

前期後半頃になると土掘具を必要とする情勢になり，再び打製石斧が脚光を浴びることとなる。その背景には渡辺誠氏が指摘されているように，アク抜き技術の獲得による可食植物の拡大が考えられる[9]。その結果，地上の木の実ばかりではなく，地下の根茎類に対する働きかけが多くなった。

住居や土壙などを掘るための土掘具としての打製石斧は，いつでもどこでも必要最小限存在していた。それに加え，地下根茎類が発育し易く，かつ打製石斧でも歯の立つクロボクやローム，砂など柔らかい土壌が分布する所で使用の機会が多くなったと考えられる。一方，打製石斧では歯の立たない砂利混じりの土地や，雪に覆われ凍結する期間の長い所では，極端な増え方はしなかったのではないだろうか。

ところで，中期の多摩川流域，信州八ヶ岳南麓・伊那谷の「爆発的」増加の背景には何が考えられるであろうか。これらが周辺地域への打製石斧供給地となったとする見方もあるが，これとても遺跡内から大量に出土することの説明には不十分である。打製石斧が増加する背景には原材料の得易さもあるが，やはり地下のデンプンを含む植物の採取抜きには考えられない。そしてそれらに対するある種の過剰反応が，多摩川流域・信州地方にあったのかもしれない。

なお，石器組成の数量を問題にする際，石器であるか否かの認定規準の違いが少なからぬ影響を与えている。打製石斧を論ずる時もこの基本的な共通理解が得られなければ，研究の進展は望めない。

註

1) 北陸旧石器文化研究会『旧石器時代の石斧（斧形石器）をめぐって』1989
2) 杉原荘介・芹沢長介『神奈川県夏島における縄文文化初頭の貝塚』明治大学，1957
3) 齊藤基生「打製石斧研究の現状」信濃，35—4，1983
4) 鈴木次郎「打製石斧」『神奈川県埋蔵文化財調査報告書13尾崎遺跡』1977
5) 大山　柏『神奈川県下新磯村字勝坂遺物包含地調査報告』史前研究会，1927
6) 鈴木忠司「打製石斧」『桑飼下遺跡発掘調査報告書』平安博物館，1975
7) 小田静夫「縄文中期前半・後半の石器」『貫井南』小金井市貫井南遺跡調査会，1974
8) 渡辺　誠編『落合五郎遺跡発掘調査報告書』岐阜県中津川，1988
9) 渡辺　誠『縄文時代の植物食』雄山閣，1975ほか

木製品を作り出した石器

金沢医科大学助教授
■ 平口哲夫
（ひらぐち・てつお）

旧石器には木工用と確定したものはないが，縄文期には大型磨
製石斧が伐採用に，弥生期にはさらに機能分化がめだってくる

日本考古学協会1989年度大会のシンポジウムは3部門に分かれて行なわれ，各部門のテーマは「旧石器時代の石斧（斧形石器）をめぐって」，「縄文時代の木の文化」，「北陸の古代手工業生産」であった[1]。テーマだけを見ると，縄文部門のテーマを他の時代に拡大し，木器生産をキーワードとして話しを展開していけそうであるが，実際には，旧石器部門では関連問題が若干指摘されたにとどまり，古代部門ではもっぱら須恵器・塩・鉄生産がとりあげられただけだ。そこで，石斧を中心に，このシンポジウムの延長線で木工用石器の問題をとりあげてみよう。

1 旧石器時代の木工用石器

日本における旧石器時代の木製品としては，長野県野尻湖立ヶ鼻遺跡，兵庫県西八木遺跡，東京都小金井市野川中州北遺跡などで可能性のあるものが出土している。しかし，槍状や板状のものについては，本当に加工品であるのか疑いをもつ人も多い。1990年の第11次野尻湖発掘調査で，下部野尻ローム層Ⅲのブレッチャーゾーン（^{14}C年代37,220±，240）から出土した，加工痕のある木材には，石器の刃先痕と考えられる傷が明瞭に残されている。いわゆる局部磨製石斧の出現期よりも古い地層から出土しただけに，この加工痕がどのような打製石器によるのか，出土層の性格も絡んで今後論議をよぶことになろう。

旧石器時代後期の前葉から中葉にかけての時期（約3万～2万年前）に特徴的な「局部磨製石斧」は，刃部を中心に局部的に磨いた斧形の石器であることから，そのような名称がつけられた。しかし，秋田県地蔵田B遺跡や富山県白岩藪ノ上遺跡では，同様の製作技術であるにもかかわらず，全磨に近い例が出土している。局部磨製であれ，ほぼ全面磨製であれ，旧石器時代の磨製技術は，縄文時代とはことなり，磨く前の整形が剝離法によるのみで，敲打法を用いていない。旧石器の器種用語が形態形式学を基本とする点からいっても，

「磨製斧形石器」という包括的な名称のほうが理にかなっているのではないか。

旧石器の場合，器種としての用途が木工具に確定された例はない。むろん，個々の石器については，使用痕研究によって，木の加工に用いられたことが明らかにされた例がないわけではない。たとえば，旧石器時代前期の後葉（約4万～3万年前）の宮城県座散乱木遺跡13層出土石器では，金属顕微鏡下での観察と分析により，二次加工や微細剝離痕のある剝片のなかに，木を削ったことにより使用痕がついたと判定されたものがある[2]。この事実は，これらの不定形石器が木を削るのに用いられることがあったということを示してはいるものの，その器種が木工専用であることを意味しているわけではない。

石器の使用痕研究の先達者であるS. A. セミョーノフは，磨製石斧の特殊な使用痕として，「普通のひっかき傷状のものでなく，深い溝状の凹凸が連続して，ひだのついた面のようになっている」例をとりあげ，この種の使用痕が材質ばかりでなく被加工物の性質や加工方法にも関連することを指摘した。年輪が明確で，春材と秋材の差が著しい樹種では，切断や削りの方向によっては，材質の差が刃にことなる抵抗を与えるため，前述のような使用痕ができるというのである[3]。

この種の使用痕は，肉眼でも充分観察することができ，縄文時代や弥生時代の磨製石斧では決して珍しいものではない。ところが，旧石器時代の磨製斧形石器には今のところ明確な例が認められないのだ。

前述のような特徴をもつ使用痕が残るには，樹木の年輪に対する作業方向ばかりでなく，作業回数も影響する。東京都府中市武蔵台遺跡や小平市鈴木遺跡などの接合例，ならびに研磨面と剝離面の切り合い関係が示すように，刃部再生が頻繁に行なわれたことは確実だ。磨製斧形石器の石材は，南関東では砂岩製が多く，兵庫県のように凝灰岩製が多い地域もある。破損しやすい石質の場

合，明瞭な使用痕がつく間もなく破損し，はやばやと刃部再生が繰り返されることになるであろう。ただし，北陸のように，縄文時代の磨製石斧にもよく用いられる蛇紋岩を主体としている場合には，前述のような使用痕が認められないことが逆に問題となる。

木工作業に限らず，動物の解体や皮なめし作業など，ほかの用途にあてられることが多いと，使用痕のあり方も縄文時代の磨製石斧とはことなってくるであろう。片刃石斧の場合でさえ，生皮をかきとる道具として使用されている例が台湾の民族資料に認められる[4]。旧石器時代後期の前葉に出現した磨製斧形石器は，後期後葉（約2万〜1.3万年前）に確実な例がなく，縄文時代草創期の局部磨製石斧とのあいだに大きな空白があることも，その機能について慎重に考えざるをえない理由の一つとなっている。

2　縄文時代の木工用石器

縄文時代の木工用石器については，弥生時代と同様，低湿地遺跡の発掘調査が増加するにともない，木器も多量に出土するようになったことから，木器と比較しながら研究するという，有利な条件が整いつつある。

石川県能都町真脇遺跡では，イルカ骨が多量に出土したⅠ区の場合，石器組成にしめる磨製石斧の時期別出土率は，縄文時代前期後葉〜中期初頭2.1％，中期前葉2.3％，中期中葉〜後葉12.2％，後期前葉〜晩期16.8％（総数170点）であり，時期が新しくなるにしたがい，磨製石斧の出土率は高くなる。前期後葉から中期前葉にかけての出土率が著しく低率であることについては，イルカの解体・廃棄場という，発掘地点の性格を考慮しなければならないので，必ずしも時期的特徴を示すとはいえないが，高率を示す後・晩期の場合，晩期層出土の巨大木柱と符合する現象であるだけに，時期的特徴が比較的濃厚といえよう。

真脇遺跡出土の磨製石斧で長さ・重量・厚さとも最大のものは，晩期層から出土した長さ25.2mm，幅8.7mm，厚さ5.3mm，重さ2,196gの完形品である。この幅を越える例は，同層出土の長さ22.6mm以上，幅9.4mm，厚さ3.8mm，重さ1,451g以上の刃部欠損品，ならびに幅8.9mm以上，厚さ5.3mmの頭部欠損品がある。完形品45点のうち，重さ300g以上の大型品は14

点（31.1％）を数え，そのうち1,000g以上3点を含む9点が後・晩期層から出土した[5]。

大型の磨製石斧が樹木の伐採用であることは定説となっている。巨大木柱にともなって超大型品が出土していることにより，大木の伐採に超大型の磨製石斧が用いられているさまが目に浮かぶようだ。ただし，巨大木柱が最初に発見された金沢市新保本町チカモリ遺跡では，超大型の磨製石斧は出土していない。超大型の石斧が不可欠というわけではなかったのであろう。なお，磨製石斧といえども，刃縁の全体が刃先痕として木材に残されることはまれであるから，使用された石器の刃縁の幅は刃先痕の幅よりも大きいというのが一般的と考えられる。

大きさによる磨製石斧の分類基準は，人によってまちまちであるが，おおまかに4分類されることが多いようだ。大型と小型にまず大別し，それぞれをさらに2分する人もいる。筆者は石川県宇ノ気町上山田貝塚（縄文時代中期）の発掘調査報告において，まず全体の印象から直感的に大型・中型大・中型小・小型に4分類し，この分類を長さ・幅・厚さ・重さの計測値により検証したことがある。すると，各型の集中性は重さの配列においてもっとも顕著に表われたので，重さを基準にして分類しなおし，長さ・幅・厚さとの相関を調べてみた。その結果，小型はどの場合にもほかの型と重複しないが，大型と中型は重複することがあり，とくに厚さの場合に重複が著しいという結果をえた。小型に分類されたものは，長さ60mm未満，幅40mm未満，厚さ13mm未満，重さ50g未満であった（総数5点）。中型小は重さ140g以上240g未満，中型大は重さ280g以上380g未満，大型は420g以上であった[6]。もちろん，このような分類は便宜的なものであり，遺跡や標本数によって境界がある程度変動することは避けられない。

小型の磨製石斧が主として木材の細部加工用であったことは，認めてよい。しかし，中型の磨製石斧については，樹木の伐採や木材加工は重要な用途の一つであったにしても，旧石器時代の磨製斧形石器のように，木以外を対象として用いられることも多かったのではないか。木工用ならば肉眼で観察できるような使用痕がついていてもよさそうな石質なのに，肉眼では明確な使用痕が認められない例が少なくないからだ。

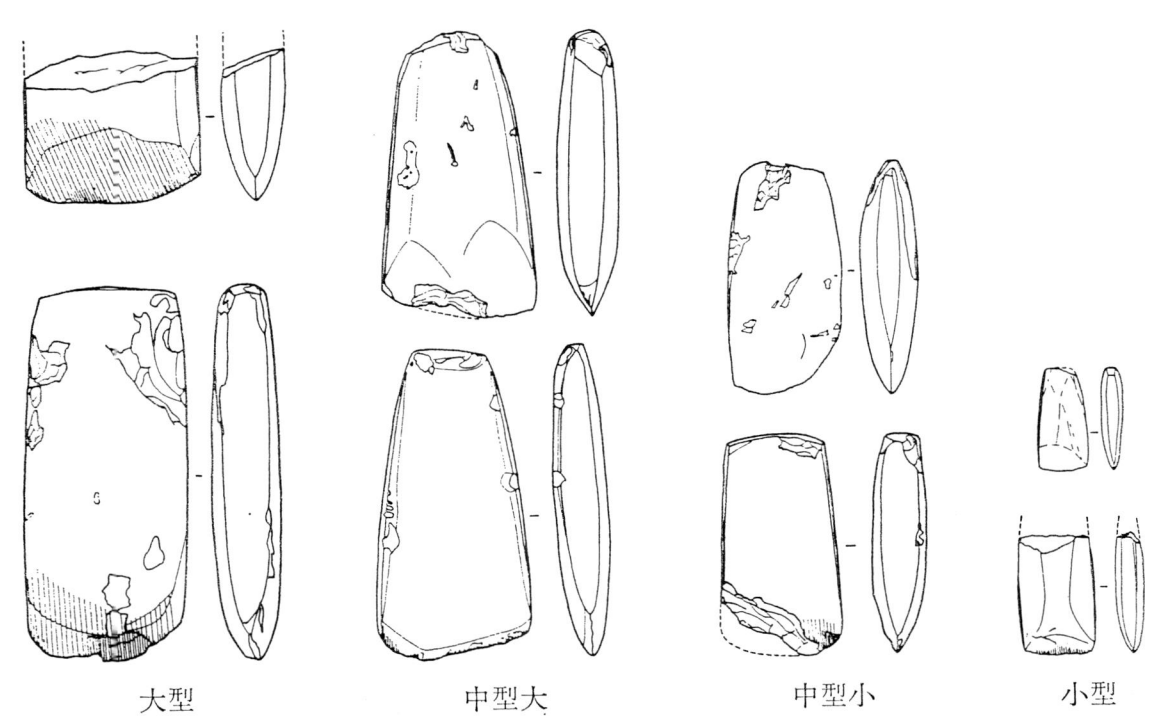

| 大型 | 中型大 | 中型小 | 小型 |

上山田貝塚出土の磨製石斧 （S＝¹/₃）

3 弥生時代の木工用石器

弥生時代に特徴的な太型蛤刃石斧・柱状片刃石斧・扁平片刃石斧・小型方柱状片刃石斧と縄文時代の磨製石斧とを木工具の観点から大まかに比較してみると，伐採具としては太型蛤刃石斧─大型・中型磨製石斧，一般加工具としては柱状片刃石斧・扁平片刃石斧─中型磨製石斧，細部加工具としては小型方柱状片刃石斧─小型磨製石斧の対応関係を一応設定することができる。しかし，弥生時代の木工用石器は，縄文時代の伝統を受け継いでいる面もあるが，基本的には鉄器による木工技術の影響を強く受けて成立したものであり，縄文時代の場合よりもさらに機能分化が明確になっている。

弥生時代特有の磨製石斧に縄文時代と同様の磨製石斧が伴うことがある。たとえば，石川県羽咋市吉崎・次場遺跡[7]では，太型蛤刃石斧49点・片刃石斧類13点のほか，小型両刃石斧4点も出土している。この小型両刃石斧は，縄文時代の磨製石斧とは形態的に区別しがたいが，出土状況からすれば縄文時代の遺物が混入したものとも考えがたい。縄文時代石器の系譜をひく磨製石斧が弥生時代にもひきつづき用いられた例とみなしてよいだ

ろう。

最後に，石川県立埋蔵文化財センターの福島正実氏，魚津市教育委員会の麻柄一志氏から教示を得たことを記し，感謝の意を表する。

参 考 文 献

1) 日本考古学協会『日本考古学協会1989年度大会研究発表要旨』1989
　　北陸旧石器文化研究会『旧石器時代の石斧（斧形石器）をめぐって　資料集』1989
　　富山考古学会縄文時代研究グループ『縄文時代の木の文化』1989

2) 梶原　洋「13層上面出土石器群の使用痕研究」『座散乱木遺跡』石器文化談話会，1983

3) S. A. セミョーノフ（田中琢訳）「石器の用途と使用痕」考古学研究，14─4，1968

4) 鹿野忠雄『東南亜細亜民族学先史学研究』矢島書房，1946

5) 山本直人「石器」『石川県能都町真脇遺跡』能都町教育委員会，1986

6) 平口哲夫「石器・石製品」『上山田貝塚』宇ノ気町教育委員会，1979

7) 福島正実『吉崎・次場遺跡　県営は場整備事業に係る埋蔵文化財発掘調査報告書第1分冊』石川県立埋蔵文化財センター，1987

まつりの石器

神奈川県立埋蔵文化財センター
■ 山本暉久
（やまもと・てるひさ）

特異な石器として注目されてきた石棒は縄文時代中期から晩期にいたるまで，縄文人の精神的・宗教的な意識を代表するものであった

縄文時代から弥生時代にかけての石器のありかたをみると，とくに縄文時代に呪術的色彩の強い石器が多く存在することが特徴として指摘できよう。このことは，一部に管理栽培的要素は考えられるにせよ，狩猟・漁撈・採集という獲得経済段階にあった縄文時代の段階と水稲耕作技術の伝播による生産経済段階の弥生時代とでは，その宗教的な活動の違いがあり，それが，縄文時代の呪術的石器の伝統を弥生時代にほとんど伝えなかった大きな理由と考えられる。

縄文時代の呪術的色彩の強い石製品や土製品は，直接生産に関わる道具や生産物を加工・調理する道具と区別して「第二の道具」と呼ばれているが，それらのうち，石器では岩偶・岩版・独鈷石・石冠・御物石器・石棒・石刀・石剣などを主なものとしてあげることができる。これらの石器はすぐれて当時の精神的かつ宗教的な活動を示すものであり，祭祀用具・呪術用具などと一括されてはいるが，それらの具体的な「まつり」の実態となると不明な点が多い。

そこで，ここでは，縄文時代の呪術具の代表的な存在である石棒を例にとって，石器を用いた「まつり」のありかたについて考えてみたい。

1 石棒の用途論

石棒は，その形状が男性性器に似ていることから，古くから注目を集め，その用途をめぐって多くの論議がなされてきた[1]。

古くは，江戸時代後期，弄石社を組織し『雲根志』を著わした木内石亭が，武器の可能性を考えている。明治に入ると，坪井正五郎を中心として東京人類学会が創設され，その機関誌『東京人類学会報告・同雑誌』を中心に多数の石棒をめぐる研究が行なわれた。そこでは，石棒の形態・型式分類とともに，その用途論議も活発に行なわれたが，武器や杵・棍棒などの実用的な用具とみる考えと道祖神信仰との関連から生殖器崇拝とする見解の対立がみられ，こうした用途論をめぐる対立は第二次大戦前まで続くのである。

戦前における用途論議が未解決のままに終わった理由は，石棒（石剣・石刀を含んだ）それ自体に関心があったこと，いいかえるなら，石棒がどのような使われかたをしたのかという問題を石棒の出土のありかたから追求するという視点を欠いていた，あるいは，戦前においては，そうした分析に耐えうる発掘データの蓄積がまだ得られなかったことによるものと考えられる。

戦後に入ると，それまでの用途論議あるいは型式学的な分析といった方向性とは別に，石棒を宗教的遺物としてとらえる観点から，その宗教行為＝祭祀の実態へとアプローチする研究が盛んになってきたことが指摘できる。

それらの研究を整理すると，大きく二つに分けることが可能であろう。すなわち，それはともに石棒が生産活動に関する祭祀であったとする点で共通しているが，一つは，藤森栄一に代表される，「中期農耕論」の立場から，農耕にかかわる祭祀とする考えかた[2]であり，他の一つは水野正好らが主張した，男性祭式で狩猟活動にかかわる祭祀とする考えかた[3]である。

しかし，石棒は，農耕か狩猟かという二者択一的な立場からではなく，広く当時の生産活動にかかわる，大地の豊饒，豊かなる大地の恵みを祈願する祭祀に用いられたものと幅広くとらえておくべきであろう[4]。

2 石棒の出土状態

石棒を用いた「まつり」のありかたがどのようなものであったのかといった問題にアプローチする一つの方法として，その出土状態の分析がある。

石棒の起源がいつごろであるのか，どのような経緯から出現をみたのか，いまだ不明な点が多いが，確実にその存在が知られるようになるのは，中期以降である。とくに中期後半に入ると，個別の住居内に設置される傾向が強くなる。たとえば長野県諏訪郡富士見町曽利遺跡28号住居址[5]（図

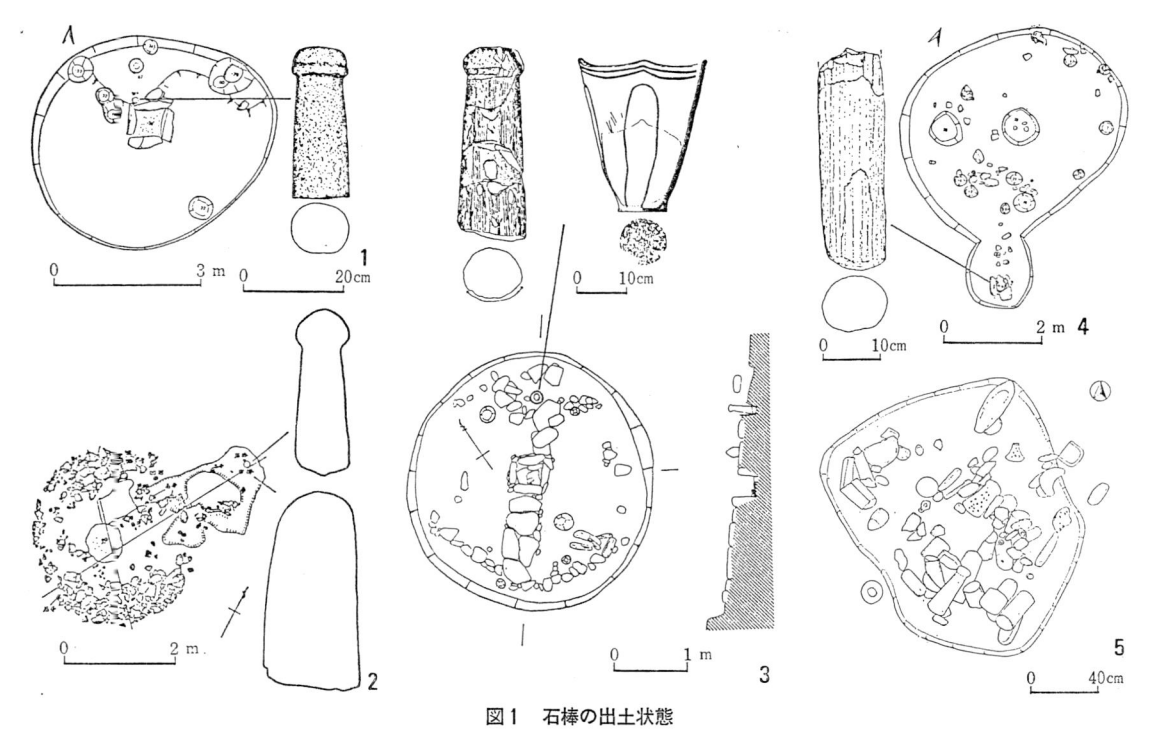

図1　石棒の出土状態

1：曾利28号住，2：山王台（石棒は写真より転写），3：瑠璃寺前3号住，4：出口9号住，5：下布田特殊遺構

1—1）や長野県下伊那郡高森町御射山原遺跡2号住居址[6]などのように，石棒が石囲炉の一隅に樹立されている例がみられる。こうした事例は，単に炉石材として石棒を転用したものとは考えられず，炉の火と石棒祭祀がなんらかの関わりあいを有していたことをうかがわせるものといえよう[7]。

中期終末から後期初頭期になると，石棒は，柄鏡形（敷石）住居との結びつきを強めるのが大きな特徴である。中期後半期と同様，炉石材として用いられた例や敷石面上に出土する例も多いが，とくに注目されるのは，柄鏡形（敷石）住居の特徴的な施設である，いわゆる「張出部」からの出土例が多いことである。たとえば，東京都八王子市山王台遺跡[8]（図1—2）のように張出部先端に2本の石棒が相接して樹立されていた例や埼玉県深谷市出口遺跡9号住居址[9]（図1—4）のように張出部先端の埋甕を囲む側石の一つに石棒が用いられた例などがその代表的な例である。張出部は埋甕祭祀の発達に伴って成立してきた出入口施設と考えられる[10]が，妊娠呪術に関わる施設と考えられる埋甕と石棒が結合するありかたは，その祭祀の実態を考える上で興味深い。また長野県下伊那郡高森町瑠璃寺前遺跡3号住居址[11]（図1—3）のように，

敷石された奥壁部に埋設された土器中に大型の石棒が樹立されている例なども，その結びつきの強さがうかがわれる好例といえよう。

柄鏡形（敷石）住居と石棒の結びつきの強さは，これまでしばしば語られてきたことであるが，とくに柄鏡形（敷石）住居を特殊な家屋，施設とする考えの一つの根拠として，石棒の出土例の多さが論じられる傾向が強かった。しかし，そうした考えかたは正しいものとはいえず，石棒が柄鏡形（敷石）住居と結びつきを強めたという一つの時代的特性を問題とすべきであろう。

後期から晩期のありかたをみると，それまでの住居址内出土例の多さとは逆に屋外の出土例が増加する特徴が指摘できる。とくにこの時期に盛行をみた配石遺構からの出土例が多い。またそれまでの大型の石棒から，この時期になると，小型化・扁平化した，いわゆる石剣タイプのものが新たに登場してくる。これら小型の石棒・石剣類の住居址内出土例をみると，とくに後期中葉以降は中期後半から後期初頭にかけてみられたような場の限定性や設置状態での出土例はなく，他の遺物と同様，床面上や覆土中に出土している。特殊な出土例としては，たとえば神奈川県鎌倉市東正院遺跡第2環礫方形配石遺構[12]のように方形にめぐ

らした小礫群中に小型の石棒が2本出土した例がある。石棒と小礫群はほとんど焼けており，火入れ行為という特殊な儀礼に小型石棒が用いられた例といえよう。

屋外の出土例をみると，配石遺構からの出土が目立つが，その多くは大型の石棒であることから，この時期になると，石棒は屋外においては，中期以来の大型形状を維持し，配石遺構との結びつきを強めていったのに対し，屋内にあっては，小型かつ扁平で手持ち可能な石剣タイプへと変質を遂げたものと考えられ，そこに石棒の機能分化をみてとることができよう。

また，この時期，墓壙内の副葬例もみられるが，たとえば東京都町田市なすな原遺跡413号土壙[13]のように，墓壙の上面を覆う多量の礫や独鈷石・磨石・石鏃などの石製品とともに大小の石棒が11本も出土した例は，なんらかの葬送儀礼に石棒が用いられた例として注目される。

この時期の屋外の石棒祭祀をうかがわせる好例として，東京都調布市下布田遺跡から発見された特殊遺構[14]（図1—5）がある。多数の河原石や磨製石斧・石皿・凹石・手づくね土器などとともに十数個の大小の石棒が集積状態で出土しており，その出土状態から構築当初は石棒の多くは樹立して設置されていたものと考えられる。おそらくは下布田の集落成員全体のまつりの場として機能していたものであろう。

3　石棒とまつり

このように，石棒は縄文時代の中期以降から晩期にいたるまで時期的な変化を辿りつつ，当時の人々のまつりの中心的な用具であったことが，その出土状態の観察からも明らかになったと思う。住居の炉辺に設置された例や埋甕内に樹立された例などは，おそらく火や妊娠呪術にかかわる「まつり」に用いられたものであろうし，屋外に集積状態で出土する例などは，集落全体の「まつり」に用いられたものと考えられるのである。

このことは，石棒という男性性器を模したかにみえる特異な石器が，縄文時代人の精神的・宗教的な意識を代表するものであったことを意味するものといえよう。

石棒をめぐる「まつり」については，それがすぐれて当時の精神的な活動の所産であったがゆえに，その実態を具体的に解明することは困難では

あるにせよ，出土状態の緻密な観察を通じて，今後とも追求すべき重要な課題といえるのである。

しかもそれは，単に石棒に限られた問題でなく，岩偶・岩版・独鈷石・石冠・御物石器などといった，これまでその用途が不明とされてきた石製品や土偶・土版・異形台付土器などといった，いわゆる「第二の道具」それぞれについても，型式学的・編年学的研究という「個別形態論」の枠を越えてなされてゆかねばならないはずであるし，そうした作業を通じて，はじめて縄文時代人の精神生活の実態が解明されると考えられるのである。

このように，縄文時代人がわれわれに遺してくれた，「まつり」の石器の研究は，今日もなお，すぐれて縄文時代社会の特質を解明するうえで，有効な手段であるといえるのである。

註
1)　山本暉久「石棒性格論」『論争・学説日本の考古学』3（縄文時代II），1987
2)　藤森栄一「日本原始陸耕の諸問題—日本中期縄文時代の一生産形態について—」歴史評論，4—4，1950
3)　水野正好「縄文の社会」『日本文化の歴史』1（大地と呪術），1969
4)　山本暉久「石棒祭祀の変遷」古代文化，31—11，12，1979
5)　武藤雄六ほか『曽利—第三，四，五次発掘調査報告書—』長野県富士見町教育委員会，1978
6)　木下平八郎ほか『御射山原』長野県下伊那郡高森町教育委員会，1983
7)　桐原　健「縄文中期にみられる室内祭祀の一姿相」古代文化，21—3・4，1969
8)　中村　威「小比企町山王台敷石住居跡調査報告」多摩考古，1，1960
9)　笹森健一ほか「前畠・島之上・出口・芝山」『埼玉県遺跡発掘調査報告書』第12集，1977
10)　山本暉久「敷石住居出現のもつ意味」古代文化，28—2，3，1976
11)　佐藤甦信「瑠璃寺前遺跡—中島地区—」『長野県中央道埋蔵文化財包蔵地発掘調査報告書—下伊那郡高森町地内その1—昭和46年度』長野県教育委員会，1972
12)　鈴木保彦『東正院遺跡調査報告』神奈川県教育委員会・東正院遺跡調査団，1972
13)　成田勝範ほか『なすな原遺跡— No.1地区調査—』なすな原遺跡調査団，1984
14)　川崎義雄ほか『調布市下布田遺跡』調布市教育委員会，1980

ひとと石器つれづれ

奈良国立文化財研究所 佐原 眞
（さはら・まこと）

現代を「新石器時代」とよぶことが あ る そう だ。旧石器時代の対語としての新石器時代をいうのでは勿論ない。

宇宙計画や軍需産業などの先端技術では言うにおよばず，日常生活から社会，経済，政治のあらゆる分野にいたるまで，電気を利用する ところで，いま，半導体を使わないところはない。半導体こそ，現代を支えている，といっても言い過ぎではない。

この半導体の材料は，ブラジルやノルウエーで産出する珪石二酸化シリコン。ただの石である。だからこそ，現代は，石に支えられた時代，いうなれば，新版の石器時代，というわけである。

この呼び方は，考古学研究者からは好意的には迎えられまい。しかし，石頭にはならないことにしよう。

さて，私は決して徒然では無い。しかし新版新石器時代に住む者の目から，本家石器時代の石器について，石器から鉄器への移り変わりについて，心に映り行く由し無し事をそこはかと無く書き作れば，怪しうこそ，物狂ほしけれ。

第一段 石塊の中に石器を見ること

佛師逗慶が，護国寺の仁王像を彫っている。槌と鑿を手に取ると，大木はたちまちのうちに像に仕上っていく。あまりの巧みさに感嘆の声をあげると，そばの男がいうのである。いや，あれは鑿で作っているのではない。もともと木の中に埋まっている像をあらわにしているだけなのだ，と。

ミケランジェロが，友人と川原を散 歩 していた。と，大きな大理石の塊がある。ミケランジェロは立ち止まって，岩を熟視する。友人が語りかけても耳に入らない。やがて彼は，この岩の中には女神が閉じこめられている，と言う。ミケラン

ジェロは，この岩を運び帰って，女神像を作りあげた。いや，岩の中から女神を解放した。

夏目漱石の「夢十夜」と，下村湖人の「次郎物語」にでてくるこの2つの挿話は，石塊から石器を作るさまを想い起こさせる。運慶が大木の中に仁王を，ミケランジェロが大理石の中に女神を見たと同じように，石器時代の人びとは，石塊の中に完成された石器の姿を見たのであろう。

石器時代，石器作りときくと，人はとかく野蛮な時代と思い，石器時代人といえば程度が低いと思いがちだ。しかし，石塊の中に完成した形の石器を見ることは凄いことだ。人類は，文字を獲得することによって，記憶力を減じ始めた。と同じように，設計図をひくようになると，図の中に完成した姿を見るようになり，完成した姿を心の中に描く力を減じてきたのではないだろうか。

第二段 石器作りが論理的思考を育てたこと

動物は本能的に子を育てるし，草食動物は植物質食料を，肉食動物なら動物質食料を獲得する術をそなえている。したがって，人類 の 育 児，採集・狩猟あるいは漁撈の技術は，動物の本能的行動の延長線上にある，といえるかもしれない。ただし，サルは，例外的にしか狩りをしないらしいし，魚もとらないから，狩猟・漁撈の技術は，新たに人間が獲得したものとみるべきだろう。

その点，明らかに人類が人類になってから獲得し，修練を重さねてきたのは，道具を作る技術である。人類は，その歴史の99％を石器時代に生きてきたのだから，道具を作る技術は石器を作る技術だった，といっても言い過ぎではない。石の上にも三年，石を割って数百万年。

石器作りには手順が必要であって，とくに，石核を用意して，これから形の決まった剥片なり石

双なりを剝ぐ手法には，あらかじめお膳立てが必要であるし，石核を使う過程で，整え直すこともある。とにかく順序よく作業を進めなければならない。

中学生のころだったか，幾何学の学習は，論理的思考を育てる，と教わった覚えがある。しかし，幾何学の誕生など，長い人類の歴史からみれば，ほんのついこのあいだのことだ。

石器作りこそ，人類の論理的思考を育てたのではないか。そして，石器作りが養ったことがもうひとつある。この方向に打撃をあたえると，こう割れるはずだ，と思って槌を振り下ろすと，思わぬ方向に割れる。これに直ちに対応して次の打撃をあたえる点や力や方向を変えて作業を続ける……。石器作りは，予期しない出来事へのとっさの判断力も養ったに違いない。

石器作りと並んで，論理的思考ととっさの判断力とを培ったのが，狩猟技術である。

狩りにも順序だった手順が必要である。そして，獲物は，思わぬ方向からあらぬ方向へ駆けぬけるなど予期しないことが起き，これに直ちに対処しなければならない……。

民族例によると，石器を作るのは，もっぱら男であるし，狩りもまた男の仕事である。おそらく石器時代においてもそうだっただろう。しかし，だからといって，その結果，男が女より論理的思考に優るようになり，とっさの判断力も優るようになった，などとはいわない。論理性や判断力など後天的に獲得した性質が遺伝子にくみこまれることはなかったろう。むしろ大昔から最近にいたるまで，論理的思考や判断力を必要とする仕事は，もっぱら男が独占してきた，ということだろう。なお，石器の研究者が考古学研究者のなかでとくに論理的に考えるか，判断力に優れているか，私は知らない。

第三段　石器作りが脳の大きさを保ったこと

日本犬の系統を追う田名部雄一さんから，動物の家畜化が脳を小さくするという事実を教わったときは衝撃を受けた。ヘレーとレールスとによると，ブタはイノシシよりも33.6％，イヌはオオカミよりも31〜34％脳の重さが軽くなっている。この観点からして，イヌよりも脳の小さいジャッカルは，イヌの祖先の候補から除外されることになった。

ところで，家畜の脳の縮小化は，脳一様に起るのでは無い。100減るとすると70は前脳が減っているのだそうだ。人間は，他の動物よりも脳の前の部分がとくに発達している。その人類の支配下に入って脳の前の部分が小さくなるのだから，家畜は従属するほかは無い。

人類の目・鼻・耳・歯・手足は，「文明」化するほど衰えてきた。とくに現代では，加速度的に退化が進行している。独り脳だけは善戦し，大きさを保っている。脳はなぜ小さくならなかったか。埴原和郎さんにおたずねすると，人類が言語を発明して，言語で考えるようになったからではないか，という答えが返ってきた。

R.L.ハローウエイは，「アウストラロピテクス類以後，すなわち石器がすでに定型的型式に従って作られるようになってから」「脳容量のきわだった膨張」がおこった，と書いている。

長い長い石器時代，人類は何を考えていたか。前段でかかげた石器作りと狩猟とは，必ずや頭の体操で大きな役割を果してきたに違いない。石器作りが脳の大きさを支えることに大きくあずかったのではないか。

第四段　定住起源のこと

オーストラリアの西の砂漠に住む原住民（アボリジニ）のうち，最も持ち物がすくない場合，男は，槍と投げ棒と石器材料しか持ち歩かない。ブーメランは，獲物に命中しないと手元に戻ってくる。しかし投げ棒は戻ってこない。

槍も投げ棒も，叢林（ブッシュ）に生えている木で作る。これは，2，3週間も使えば損傷して使えなくなる消耗品で，また新しく作りなおさなければならない。そこで彼らは叢林に入り，木を切り，削って新しい槍や投げ棒を作る。使う道具は，剝片石器。持ち歩いている材料で作り，木を加工する。道具が仕上ると，石器は捨てる。こうして移住の暮らしを続け，石器材料がなくなると，原産地へ採りに行くという。彼らの行動のあとは，使い捨ての石器2，3点を残すのみであって，考古学的に追跡することは，ほとんど不可能だ。地球上に住む人びとの中で，彼らは所有する道具の品数が最もすくない人びとに違いない。

多種多数の木製品をもつ原住民の場合は，それを作るための石器の種類も多くなる，という。

人類が，なぜ移住の暮らしから定住の暮らしへ

移り変わったのかについては，内外で多くの意見があり，最近では西田正規さんの定住革命論がある。しかし，人類は，あるいは，もっと単純な動機で定住をし始めたのではないか。持ち物がすくない間は，気楽に移住の生活をおくることが出来た。しかし，持ち物がだんだん多くなると，持ち物は，持てない物に変わる。こうして，ついに動けなくて，定住せざるを得なくなった，というのがあるいは真相ではないか。

私は，いつも鞄をどこにでも持ち歩いて笑われている。ところが，日増しに鞄が肩に重くなって来た。この悩みをいだく私が導いたのだから，この定住起源論には実感がこもっている。

第五段 言葉と石器技法の伝播のこと

縄紋土器の紋様に挑戦する小林達雄さんは，縄紋土器の紋様に物語を表わす紋様と装飾紋様とに分ける。私はむしろ，縄紋土器の紋様に限らず，紋様を，意味のある紋様と意味のない装飾紋様とに分ける。

それは，ともかくとして，小林さんは，物語紋様の分布に着目する。同じ紋様のひろがりは，その紋様の理解のひろがりであり，理解を媒介する言葉のひろがりだ，とみる。つまり，言葉が通じる範囲に同じ物語紋様がつたわるし，逆に，言葉が通じないと，それが壁になって紋様が伝わらない，とみる。

面白い見方だ，と思って，私は，ふと，石器の技法の伝播にも同じことがいえまいか，と考えて見た。

石器作りの技術の修得には，先生の模範演技を充分に観察し，同時に説明を正しく理解し，そして練習に練習を重ねなければならない。

とすれば，ある石器技法のひろがりは，理解できる言葉のひろがりと一致するのではないか。すくなくとも，隣りの地域へ，また隣りへと技法が伝わってゆくのは，隣り同士の言葉が通じ合ったからではないか，と考えてみたのである。

勢いこんで，松沢亜生さんに意見をもとめた。「そんなこといえませんョ」ほほえみながらも，松沢さんの答えは毅然たるものだった。彼の説明は，充分に説得性がある。彼は，私どもの埋蔵文化財センターの研修で，永年にわたって石器作りの実習を指導してきたし，全国各地から呼ばれて，実習・指導の機会が多い。しかしながら模範

演技を繰り返しても，なかなか通じない。技術修得は容易ではない。「日本人を相手に日本語で説明しているんですョ」と松沢さんは微笑を浮かべた。

その松沢さんには，もう20年も前，言葉があまり通じないのに石器作りの技術を修得した経験がある。若き日，彼はフランスで F.ボルドー先生を訪ねた。旧石器研究の権威であると同時に石器製作実験の達人としても名高い。先生は，フリントの塊を手にとって，説明しながら石器作りの模範演技をしてくれた。遺憾ながら説明は難解で少ししかわからない。しかし，彼は全身を目にして観察したのだろう。あとから松沢さんは，何回も何回もやってみた。目で記憶した割り方剥ぎ方が再現できるまで試行錯誤をくりかえした。そして，こういうことだったのか，と納得できたそうだ。石器の技術は，耳を通じて言葉によってではなく，あくまでも目によって学習するものだ，という松沢さんの考えが正しい，と思う。

第六段 浮いた時間の活用法のこと

石器から鉄器へ，の話にうつろう。青銅器時代を経ることなしに石器時代から鉄器時代に移行した日本を考えるとき，20世紀に石器時代から鉄器時代に転換したオーストラリアやニューギニアの実態は，とても気になる。ただし，現代における転換は，石から鉄へというよりも，正しくは，石から鋼鉄（スチール）への変化である。

本多勝一さんは『ニューギニア高地人』で，鉄斧（鋼鉄斧）は石斧の4倍の威力がある，と書いている。鉄斧を使えば，石斧の仕事時間の4分の1で済む，というのだ。この比率は，他の多くの文献の記すところと一致する。

さて，具体例に入ろう。シャープによると，オーストラリアの食料採集民，ヨーク半島に住む原住民（アボリジニ），イル=イオロント族は，1950年代に，石斧に代って鋼鉄の斧をもつようになる。

どのような技術革新が起きたか。

イル=イオロント族は，自ら鉄を作るのではなく，製品として鋼鉄の斧を入手するだけである。しかし，石の斧に比べれば，ずっとよく切れるし，損耗もすくない。白人からの到来品のなかで，鉄斧ほど歓迎されたものはなかった。

白人たちは，鋼鉄の斧を多くの用途に使っている。白人のところへ出入りしているのだから，そ

の気さえあれば，新しい用途を学習することも出来たはずだ。しかし，イル=イオロント族は，今まで石斧でやって来た仕事を鉄斧でやるように変わっただけだった。

浮いた時間はどうしたか。久しく習熟してきた技（わざ），すなわち，ゴロゴロと寝ることにあてたのだった。

節約できた時間を別の仕事に割りあてるのではなく睡眠にあてた，という記載で，私は声を立てて笑った。その笑いに侮蔑の感慨がこもっていたことを否定できない。浮いた時間をなぜもっと有意義な仕事に割り当てないか，という感想は私だけのものではあるまい。しかし，私は，いまでは，軽蔑どころか見上げたものだ，と思っている。

考えてみると，新しい機械・技術がどんどん古いものに置き変わって，能率的に仕事がはかどり時間が浮いた時，私たちは，その時間は，新しい作業にあてている。アメリカやECにエコノミックアニマルとよばれる所似である。私たちは，いまイル=イオロント族に学んで，浮いた時間は休むことにあてるべきではないか。自戒をこめて。

第七段　鉄斧は妻を強くしたこと

イル=イオロント族の社会では，夫はつねに妻よりも上の位置にあった。この力関係は，石斧によっても確認されていた。というのは，斧は男のもの，と決まっている。それにもかかわらず，女も使う。その度に，貴方の斧を貸して下さい，と頭を下げては借用し，どうも有り難うございました，と頭を下げて返却しなければならなかった。石斧の貸し借りは，夫婦の力関係を確認する場でもあったのである。

そこへ鉄斧がやって来た。牧場の白人や布教団（ミッション）の白人は，いろいろな機会に原住民に鋼鉄の斧をあたえるようになった。男に対してとは限らない。女にもあたえることもあった。だから，時には，夫は石斧しか持っていないのに妻が鉄斧をもっている場合もあることになった。斧の貸借で夫に頭を下げる必要はない。時には，夫の方が妻に，お前の鉄斧を貸してくれんか，という場合も生じることになったのである。これから想いおこすのは……。

月給袋を受けとっていた頃がなつかしい。すくなくとも月一回は，夫は妻に対して優位に立つこ

とが出来た。しかし，銀行に月給が振りこまれるようになってきたいま，その唯一の機会が失われて，逆に，すまんが２，３枚，と夫が妻に頼む，という状況がおきつつある。石斧から鉄斧への転換は，夫婦の力関係逆転という予期せぬ事態を招くこともあったのだった。

第八段　鉄斧は男だけを解放したこと

R. F. ソールスベリーによるニューギニア東部高地のシアネの人びとの石斧から鋼鉄斧への転換は，また違っている。

サツマイモ・タロイモを栽培しブタを飼っている彼らのあいだでも，石斧は男のものだった。しかし，イル=イオロント族の場合とは違って，石斧は男の専用で，女には使わせない。だから斧が必要の仕事を男が，それ以外を女が分担した。熱帯では，貯蔵はできない。毎日サツマイモを掘らなければならないし，開墾，垣根の修繕・新築等々で結構いそがしい。男女ともに起きている時間の80％は作業にあてている。

そこへ鉄斧がやって来た。石斧に比べれば抜群の威力だ。男は解放され，起きている時間の50％働けばよくなった。しかし，斧はもともと男のもの。鉄斧の出現は，女の生活とは，まったく関係がなかった。彼女たちは80％の時間を営々と働き続ける。

男は浮いた30％の時間を何にあてたか。

祭りへの参加が多くなった。祭りそのものの数がふえたのではない。よその村の祭りに参加するようになったのだ。祭りの楽しみは宴会にある。飲み喰いにある。祭りの参加者が多くなると，ブタの消費量が多くなる。こうして，ブタ泥棒が多くなり，その復讐で戦いが増加した。風が吹いて桶屋がもうかるようになったように，石斧が鉄斧に変わると，宴会と戦いが多くなった。

日本弥生時代，石斧が鉄斧に変わった時，わが祖先たちは，寝もしなかったし，宴会の出席も増やさなかっただろう。生産力は飛躍的に拡大し，浮いた時間は別の仕事にあてたことだろう。稲作を中核とする日本農業は，農民をして，一日いや一時間たりといえども無駄なく働き続ける生き方を作り出し，その延長線上に，いま，私たちはいる。

新版新石器時代に入った今，私たちはどう生きるべきか。本家石器時代に，そして石器から鉄器への転換の時代に学ぶべきことは多い，と思う。

縄文中期の集落跡
青森県富ノ沢（２）遺跡

富ノ沢(2)遺跡では平成元・2年の発掘調査で縄文時代中期（円筒上層C式〜大木10式併行期）の集落を発掘調査した。調査の結果，土壙墓を中心とした東西180mの環状集落を呈し，竪穴住居跡443軒・土壙826基などを検出した。発掘調査は道路部分のみの調査であったが，この時期では日本最大級の集落であると思われる。

　　構　成／成田滋彦
　写真提供／青森県埋蔵文化財
　　　　　調査センター

調査風景

調査風景

第2号配石遺構

第216号住居跡（焼失家屋）

第1号掘立柱建物跡

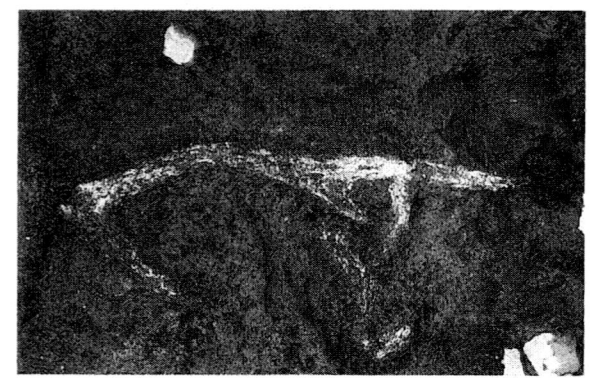

鹿角出土状況

第65号土壙全景

第267号住居跡全景（大型住居跡）

初期須恵器の生産に関わった村

大阪府堺市大庭寺遺跡

構　成／冨加見泰彦
写真提供／大阪府埋蔵文化財協会

大庭寺遺跡では，これまで陶邑で確認されていない須恵器が多く出土している。竪穴式住居や工房と見られる大型の竪穴も見つかっており，出土遺物などからも初期須恵器生産に深く関わった工人の村と考えられる。一方，日常雑器と見られる土器は土師器ではなく軟質土器が圧倒的に多いことから，そこには渡来系工人の存在が垣間見える。

丘陵部調査区（東から）

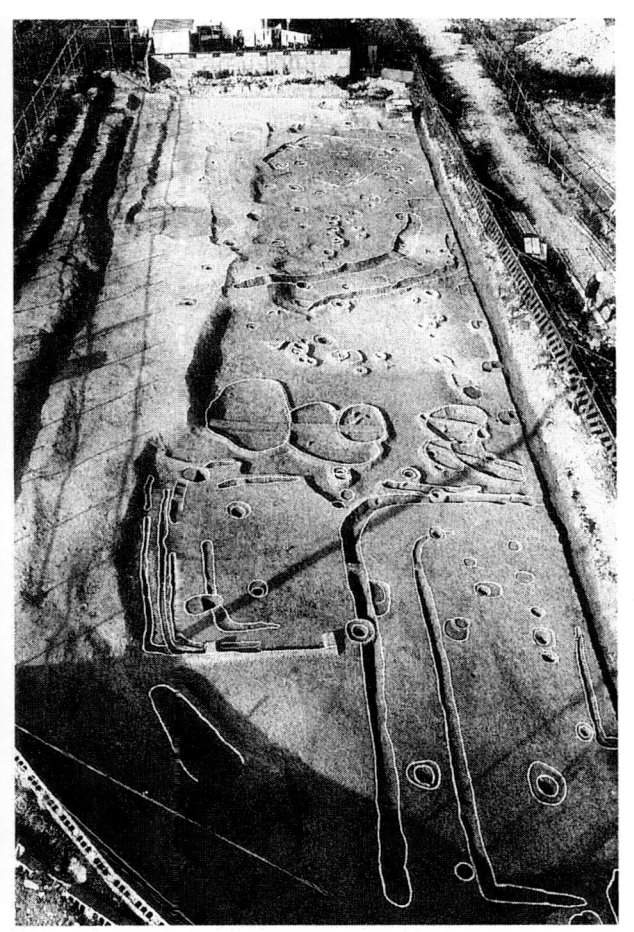

初期須恵器出土土壙（西から）

5世紀前半竪穴住居検出状況（南から）

開析谷初期須恵器出土状態

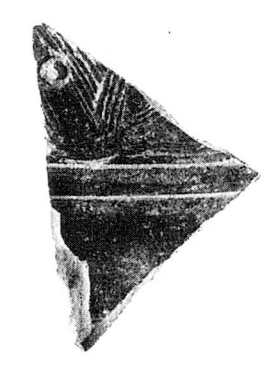

大阪府大庭寺遺跡
初期須恵器

縄文中期の集落跡————青森県富ノ沢(2)遺跡

成 田 滋 彦　　青森県埋蔵文化財調査センター

本遺跡は青森県下北半島頸部の太平洋側の上北郡六ヶ所村に所在する。

昭和48・49年の2ヵ年にわたって青森県教育委員会が試掘調査（青森県1974・1975）を行ない，縄文時代中期の集落跡であることを確認した。その後，昭和62年むつ小川原開発に伴う警備用道路の調査（青森県1989）を実施し，集落の外縁部を調査した。

昭和63年は国道338号道路改良事業に先行する調査を実施した。平成元年の第2次調査で終了の予定であったが，多量の遺構・遺物が出土し，調査期間を延長し平成2年の第3次調査まで調査は実施された。

平成元年度の調査の際，約100m北方の地点を県教委文化課が原燃 PR センターの造成に伴う調査を実施して，縄文時代中期末葉の大規模集落（79軒）を調査した。

ここでに，第2次・3次の調査で実施した富ノ沢(2)遺跡A地区の 26,000 m² について報告したい。

1　遺跡の立地と周辺の遺跡

本遺跡に北方に，太平洋に注ぐ老部川と南方の尾駮沼に挟まれた標高約60mの千歳段丘に立地しており，いずれも急峻な段丘崖で臨んでいる。二股川の支流の西側と谷頭付近の枝分れした谷間に張り出した段丘を富ノ沢(2)遺跡B地区とし，西側の広範囲にわたって分布する段丘を富ノ沢(2)遺跡A地区とした。

周辺には，縄文時代の集落が多く分布している。縄文時代前期（円筒下層d式）の集落が検出された上尾駮(1)遺跡（青森県1988），手形付・足形付土版が出土した縄文時代後期（十腰内Ⅰ式）の大石平遺跡（青森県1986），同時期の上尾駮(2)遺跡（青森県1987）が位置している。縄文時代中期では，本遺跡も含めて円筒上層期の集落が少なく，中期末葉の大木10式併行期に至って遺跡が増加する傾向がみられる。

2　遺　物

出土した土器・石器はダンボール箱で800箱出土した。

土器は　縄文時代中期の円筒上層 c・d・e 式，大木7b・8a・8b式，榎林式，最花式，大木10式併行，後期前葉および弥生時代である。とくに縄文時代中期の土器が9割を占め，円筒上層d式と最花式が多量に出土し

ている。また，東北地方南半の大木7b～8b式と当該土器形式との関連や円筒上層期以降の土器群を把握できる資料が出土した。

石器は，剝片石器（石鏃・石槍・石匙・石箆・不定形石器・ピエスエスキーユなど），礫石器（石斧・石錘・敲磨器類・石棒・石皿・石冠 など）が出土し，総点数10,000点を越える量である。

土製品は，土偶・土版が出土した。土偶は特殊な出土例はみられず，出土個数もひと桁の数値であり少ない。この現象は，岩手県西田遺跡（岩手県1980）でもみられる。

石製品は，垂飾品・石笛・ヒスイの玉・琥珀製品が出土し，垂飾品が多く出土した。

骨角器は釣り針，骨刀（クジラ）などが出土した。

その他にクルミ・ドングリの種子など炭化した堅果類が住居跡の床面から，また，シカ・クマ・クジラなどの動物遺体も多数出土している。

3　遺　構

遺構は，竪穴住居跡 443 軒・掘立柱建物跡10棟・土壙（墓壙・フラスコ状ピット）826 基・配石遺構5基・屋外炉3基・埋設土器3基・小ピット群を検出した。

遺構の全体の配置は，東西 180 m の環状を呈するものと見られる。調査区中央の平坦面にある配石を伴う墓域と掘立柱建物跡が中核をなし，その外縁に竪穴住居跡・大型竪穴住居跡が配置された環状集落である。また，環状集落を中心として，東西に列状に遺構が伸びる。

竪穴住居跡は，縄文時代中期の円筒上層C式から大木10式に至る時期である。円筒上層期の竪穴住居跡は，楕円形および隅丸方形の形態を呈し，中心部に炉（地床炉）を有する。また，住居跡の長軸寄りにピットと周縁に周堤を有する付属施設を伴う。円筒上層期以降の竪穴住居跡は円形の形態が多く，炉（石囲炉・土器片囲炉）は住居跡の中心部から偏在した位置に構築されている。このように円筒上層期とそれ以降とでは形態・炉に変化が認められた。

大型竪穴住居跡　長軸が10mを越え長方形の形状で，炉（地床炉）を2個有し，柱穴が6～8本を有するものを大型竪穴住居跡として把握した。今回の調査では8軒検出され拡張している住居跡が多い。第128号住居跡で

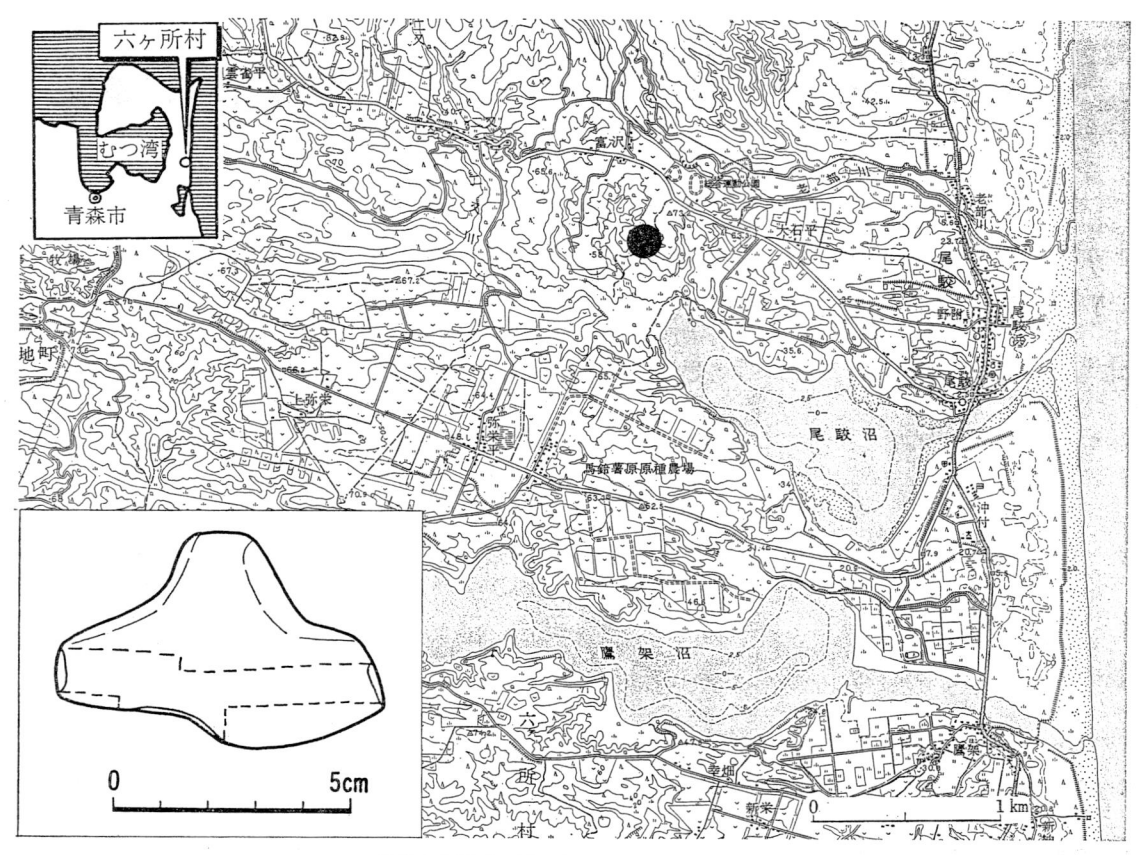

遺跡の位置（●印）（左下は石笛の実測図）

は間仕切りも検出された。構築時期は，円筒上層 d・e 式の時期に限定されるようである。

　掘立柱建物跡　10棟検出し，1間×1間（長軸3m・短軸3m）の正方形が2棟，1間×2間（短軸3m・長軸6m）の長方形が8棟である。構築時期は，第255号住居跡の重複関係から榎林式以降と考えられる。

　墓壙　東西に長軸を持ち配石を伴う墓が環状集落の中央部の平坦面に位置し，遺物の位置から東頭位と考えられ，並列状に2ブロックを形成している。また，底面の周縁に溝を有する墓壙があり上屋構造の存在が考えられる。環状集落の東側の緩斜面には南北に長軸を持ち配石を伴わない墓（南頭位）が列状に1ブロックあり，全体で3ブロック形成されている。構築時期は，東西に長軸をもつ墓が円筒上層 d・e 式，南北に長軸をもつ墓が榎林式に相当し，円筒上層期と以降とでは墓の構造および頭位に変化がみられ，興味深い資料である。

4　おわりに

　富ノ沢(2)遺跡の調査は道路部分のみの調査であり，遺跡全体には本調査区をも含めて1,000軒を越える住居跡が存在すると予想され，この時期では日本最大級の集落であると思われる。

　今後，集落の構成・変遷など数多くの問題があり，整理の段階で問題点を解決していきたいと思う。

参考文献

　青森県教育委員会『むつ小川原開発予定地域内埋蔵文化財試掘調査概報―富ノ沢(2)遺跡―』青森県埋蔵文化財調査報告書第9集，1974

　青森県教育委員会『むつ小川原開発予定地域内埋蔵文化財調査概報―富ノ沢(2)遺跡―』青森県埋蔵文化財調査報告書第24集，1975

　岩手県教育委員会『西田遺跡』岩手県文化財調査報告書第51集，1980

　青森県教育委員会『大石平遺跡発掘調査報告書（Ⅲ）』青森県埋蔵文化財調査報告書第101集，1987

　青森県教育委員会『上尾駮(1)遺跡発掘調査報告書』青森県埋蔵文化財調査報告書第113集，1988

　青森県教育委員会『上尾駮(2)遺跡Ⅱ（B・C地区）発掘調査報告書』青森県埋蔵文化財調査報告書第115集，1988

　青森県教育委員会『富ノ沢(1)・(2)遺跡』青森県埋蔵文化財調査報告書第118集，1989

陶邑における初期須恵器の新例——堺市大庭寺遺跡

冨加見泰彦 和歌山県教育委員会（前大阪府埋蔵文化財協会）

1 遺跡の概要

堺市南部に広がる泉北丘陵は古代において「陶邑」（すえむら）と呼ばれた地域で，わが国における須恵器の一大生産地であった。近畿自動車道松原・海南線建設に先だってこの陶邑の一角に位置する大庭寺遺跡を1987年から継続して調査している。陶邑古窯址群は自然地形から6地区に区分されているが，そのうち大庭寺遺跡は栂（TG）地区にあたる。

遺跡は泉北丘陵に源を発する石津川とその支流である和田川に挟まれた栂丘陵の先端に近い東側縁辺部に立地し，縄文〜中世の各時代を通じてさまざまな問題を投げかけている。なかでも須恵器は陶邑の名に恥じない膨大な量を検出している。地形から石津川沖積地，丘陵緩斜面，丘陵の3地区に分けられ，それぞれ性格の異なる遺構が存在している。初期須恵器が出土する遺構は沖積地では石津川旧河道，緩斜面では竪穴住居址・溝・土壙，丘陵上では土壙・隣接する濃登ノ池に流れ込む開析谷がある。残念ながら窯址は未だ見つかっていないが，当て具，窯壁，焼成不良品，焼き歪み品の存在などから窯がごく近くに存在するのは確実である。

遺跡の対岸の伏尾丘陵には須恵器の最古段階に位置づけられるTK73号窯を始めとする窯址群が存在し，同水系には須恵器の出荷地と考えられている深田橋遺跡（陶邑・深田）や拠点的集落である四ツ池遺跡などが存在する。このような歴史的条件のなかで陶邑の一翼を担って成立・展開した遺跡である。

2 出土した初期須恵器

蓋杯，高杯，器台，把手付椀，小型把手付壺，鍋，甑，甕，壺，甕の各器種がある。一方，日常雑器と見られる軟質土器は平底鉢，甑，甕，壺といった器種がある。小稿では須恵器の蓋杯，高杯，器台，把手付椀，壺，甕に絞ってその特徴を抽出して紹介したい。

蓋杯 蓋は器高が低く扁平なタイプと前者に比べ器高がやや高く丸みを持つタイプがある。天井部には例外を除いて刺突文，沈線，波状文が施文されている。いわゆる「高霊タイプ」の蓋である。陶邑のこれまで実見したTK73号窯を始めとする資料には施文されたものがなく，大庭寺の特徴といえる。内面には自然釉が付着する例が多いことから焼成時には逆さの状態であったことも窺える。

杯はバリエーションが多いが有蓋と無蓋に分類できる。「釜形」を呈するものもある。成形は粘土板をロクロに置き，マキアゲているのが多く，調整は静止ヘラケズリである。蓋，杯ではその出土量にかなり差がある。有蓋壺，有蓋高杯の蓋が含まれている可能性が高い。図10は釜山華明洞7号墳出土の把手付壺の蓋に類似することなどその好例といえる。したがって，組成の上で蓋杯は量的には少ないことが指摘できるのではないか。この状況は北部九州の窯跡群と同傾向といえる。

高杯 有蓋，無蓋に大別できるがそのバリエーションは多い。有蓋高杯は例外を除いて縦長のスカシをもつ多孔の高杯で最高16方スカシがある。多孔の高杯は近隣では濁り池窯の資料に見受けることができる。無蓋高杯は蓋を逆さにして脚をつけたタイプが圧倒的に多く，破片では蓋か高杯か判断に苦慮する。スカシは円形，長方形，三角形，菱形があり，裾部に凸帯を持つのが一般的である。また，図6は洛東江流域に多くみられる形状をしめす高杯で，大庭寺の土器の年代と出自を探るうえで重要な手掛かりを与えてくれる。大型の高杯は土師器の模倣形態を示す図26や，板状の双耳の把手を持ち鋸歯文などによって加飾された図41がある。

器台 筒形器台と高杯形器台がある。筒形については良好な資料に恵まれないが，高杯形器台はその出土量が多く，甕以外の器種と比べた場合遜色ないほど出土している。周辺地域では稀に見受けられるものの，陶邑の窯資料では未発見であった鋸歯文を有する例が多く，大庭寺遺跡の特徴のひとつといえる。さらに組紐文も存在する。とくに図31の波状文，鋸歯文，斜格子文によって装飾された器台はこれまでの陶邑には存在せず，いわゆる「楠見型」により近いと考えられる。

把手付椀 平底の底部から直線的に立ち上がり大きな把手を持つ。短絡的に結び付けるのはよくないが，金海礼安里31号墳出土の把手付椀と共通性が看取され古い要素を示している。

壺 広口長頸壺，短頸壺などがある。体部の調整は平行タタキ，カキメ，縄蓆文があり，その上を螺旋状の沈線を巡らすものがままある。これまで半島色の強い施文と考えられているが，陶邑にも存在することが確認できた。

甕 出土する須恵器のうち量的に最も多い器種である。図には示していないが，池の上古寺墳墓群にみられるごとく頸部が直立気味にたちあがり，肩部が張る古い様相を示すものもある。ただ，肩部に突起があるものはない。体部の調整は平行タタキの後，スリケシているものが多いが，縄蓆文や格子タタキが認められるものもある。特徴的なのはハケメによる調整をされた例も多く見られることから土師器工人の関与も想起される。底部に

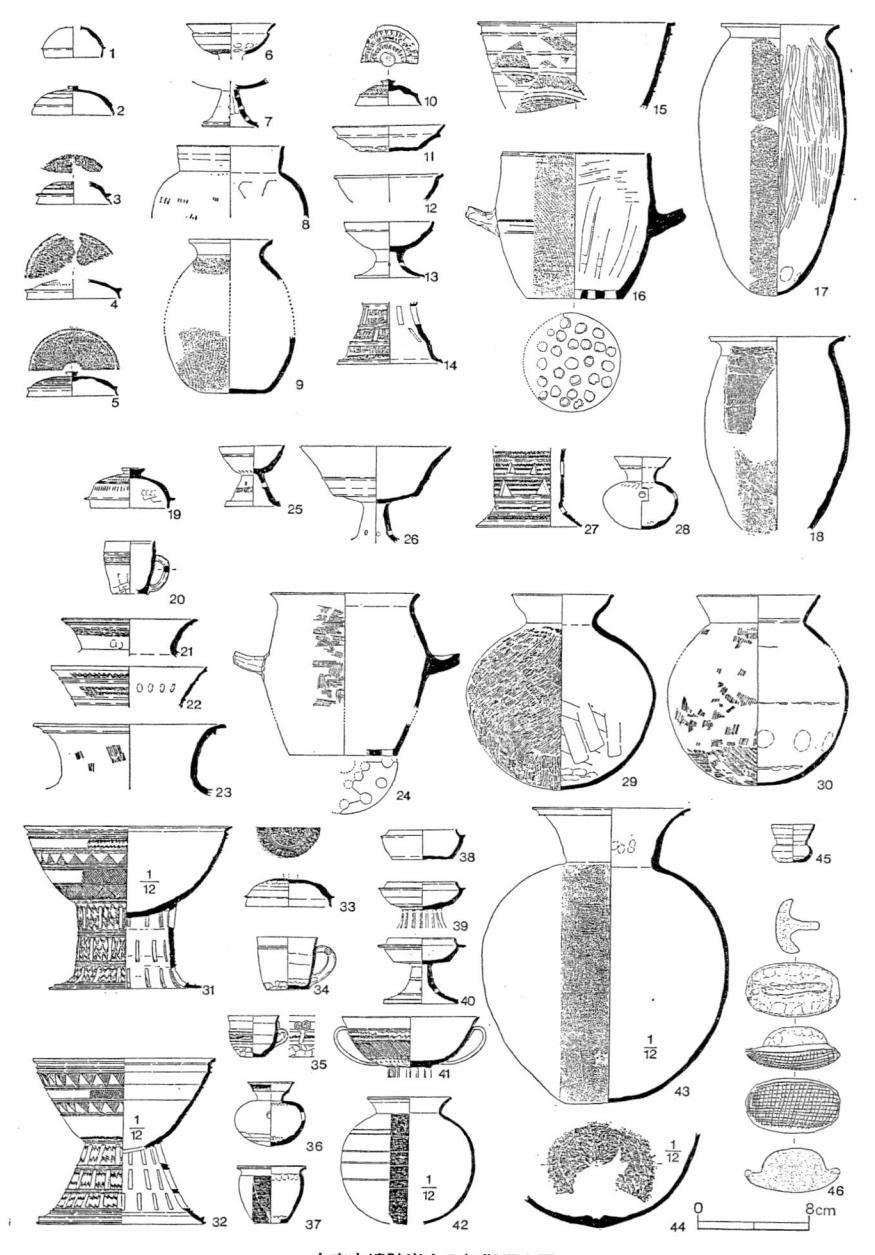

大庭寺遺跡出土の初期須恵器

1～9：包含層出土，10～17：溝1100，18：土壙256，19～24：土壙295，25・26：土壙1158，27～30：溝601，31～44・46：開析谷，45：土壙134（9・16・18・24・37・38は軟質土器）

れ特徴をもっており，丘陵毎に系譜の異なる窯が多元的に発生したことが考えられる。ここに紹介した大庭寺遺跡の資料は陶邑で確認されていない一群の土器であることは明白で，先の指摘を傍証する資料といえる。

ところで，TK 73号窯の資料は半島のものと比較した場合，器種組成，手法の上でヒアタスがあり，すでに日本に同化したものと考えられる。今後，その間を埋める資料が発見される可能性は高いと考えている。この73号窯と大庭寺の一群を比較する場合，それが時間差で捉えられるのか，あるいは単に系譜が異なると捉えるかはいまのところ比較する最大公約数は見当らず判断の材料がない。しかしながら，大庭寺遺跡の土器群のなかには，半島により近い土器があり，73号窯資料より遡る可能性をもつ土器が存在するのも事実である。また，出土する日常雑器は土師器がほとんどなく，軟質土器が大半を占めるのも前説を補強する。土師器を含めた共伴関係のなかで相対年代を含めて検討せねばならないと考えている。

追記 今回紹介したのは丘陵～丘陵緩斜面の遺構から出土した遺物の一部である。かつて『陶質土器の国際交流』1989で石津川旧河道の遺物を一部紹介したことがあるので重複を避け省略している。

なお，小稿を書くにあたって有益な示唆をいただいた方々，参考・引用した文献は数多く，本来なら列記すべきであるが紙面の都合で割愛させていただいた。ご容赦願いたい。

は「楠見型」の特徴である絞り込みの痕跡が顕著な例もある。さらに本来は軟質土器に多い長胴甕（図17）も存在する。

3 まとめにかえて

これまで須恵器は一元的に陶邑から供給されたと考えられてきたが，全国各地で古い窯跡が相継いで発見されるに至り修正を余儀なくされている。陶邑のなかにあっても高蔵，栂，信太山の各丘陵でみられる土器はそれぞ

連載講座

縄紋時代史

9. 縄紋人の生業(1)

北海道大学助教授

林 謙作

1. 生業と経済

最近，縄紋人の生業に関心をもつ研究者が増えてきている。それにともなって，生業の説明も，なにを捕獲・採集していたか，だけではなく，なにをどれだけ捕獲・採集していたか，場合によっては，どのようにして，というところまで及ぶようになってきている。このこと自体は大きな進歩には違いない。その一方，生業と経済を混同し，経済的基盤の分析といいながら，生業の復元の枠をでていない論文も目につく。生業と経済，このふたつの言葉の意味の区別から説明をはじめることにしよう。

『広辞苑』では「生業」という言葉を「生活のための仕事。なりわい。すぎわい。」と説明している。この言葉は，漢代にはおなじ意味で使われていたようである[1]。しかし，考古学の分野でひろく使われるようになったのは，わりに新しいことで，英語の subsistence にこの言葉をあてたのだろう。*Oxford English Dictionary* (OED) をひいてみると，「実在している」「自立している」という意味の subsist から派生した言葉で "means of supporting life in persons or animals" のことであると説明している。どちらかといえば『広辞苑』よりは，OED の説明のほうが，生きものとしての人間にとって欠くことのできない手だて，という意味がつよくあらわれている。ここでは，「生業」をこのような意味で用いることにしよう。

ところで，「生業」と「経済」はどの部分でかさなり，どの部分で食い違うのだろうか。『広辞苑』ばかりでなく，『大漢和辞典』も「国を治め民を救う」という意味の「経世済民」が「経済」

の本来の意味だと説明している。私人・庶民が活きてゆく手段が「生業」で，公人・支配者が私人・庶民の生業を保護し，国家の利益を実現するのが「経済」だ，ということになる。一方，OED は economy を "management of a house, management generally" と説明している。漢語の「経済」のもともとの意味からすれば，経済は「生業」とかかわりはあるとしても，生業を経済を構成する要素の一つと考えることはできない。これにたいして，economy のもともとの意味を考えれば，生業 subsistence を経済 economy のひとつの側面と考えても不自然ではない。ここでは，「人間は自分自身と自然環境のあいだの制度化された相互作用のおかげで生き永らえる。この過程が経済なのである」という定義[2]にしたがい，生業は経済のひとつの分野である，と考えることにしよう。

ここで，J.G.D. クラークの *Prehistoric Europe: the economic basis* (Methuen, 1952) の目次を開いてみよう。この書物では，第二章から第五章の四章にわたって，捕獲・採集活動，農地造成と耕作，穀物と家畜など，生業そのものにかかわる説明がある。つづいて第六章以下では，住居と集落，石器・金属器の生産，そのほかの工芸技術，交易，運輸交通などの説明がつづく。生業は，経済のなかの重要な要素ではあるが，経済的基盤そのものではなく，生活の本拠となる住居や集落の規模や性格・生業を維持するうえで必要な労働用具や日常什器の生産技術，集落や地域社会のあいだの交流とその手段などの要素もくわわって，はじめて経済的基盤の輪郭があきらかになるわけである。とりわけ，経済とはじめにかかわらぬような，人間のさまざまな関係を無視しては，縄紋社

会の経済的基盤をとらえることはできない。

2. 生業の背景

2-1. 後氷期の技術革新？

鈴木公雄は，「複雑な生物分布を有する小環境の集合体」としての日本列島の自然が，「縄文文化の生業の多様性の基礎」となっていることを指摘し，縄紋前半期（草創期—前期前半）には「（前略）気候の温暖化に伴って生じた列島の自然環境の変化に対応して，新しい文化適応が準備されていたと考えられる」（傍点筆者）という[3]。この意見は，いわゆる縄紋文化，具体的にいえば縄紋社会の生業が成立する時期・背景の説明の最大公約数といえるだろう。ここでとり上げている生業の問題にひきつけてみれば，「水産資源の恒常的な開発」や植物性食料への依存度の高さなど，縄紋時代の生業の基本となる特徴は，晩氷期から完新世のもっとも温暖な時期 Hypsithermal にむかう環境変化のなかで創りだされたものだ，ということになる[4]。

小林達雄・近藤義郎など，多くの人々はこれとおなじような意見を発表している[5]。たしかに，縄紋時代の生業の基礎となる自然条件のなかには，ヒプシサーマルにむかう環境変化のなかで，はじめて成立する要素もある。たとえば，漁撈に適した海岸地形などはそのひとつだろう。最終氷期の日本列島の海岸線は，屈曲にとぼしいのっぺりしたものになる。海岸線と陸棚のへりの距離は現在よりも近く，海岸を離れると急に水深が深くなっていたという[6]。水産資源の利用にもっとも条件のよい浅海域の面積は現在よりもせまく，屈曲のとぼしい海岸線では沿岸流の流れが強くなるから，生物種の顔ぶれ・漁撈の手段や方法もかぎられることになる。縄紋海進がすすむとともに，列島の沿岸にリアス式海岸があらわれ，浅海域の面積がひろがり，水産資源を利用できる条件がととのってきたことはたしかだろう。釣針・網をもちいた漁撈技術などは，この過程で普及した新しい技術とみるべきだろう。

その一方，周氷河的な環境のみられぬ地域——たとえばアフリカでは，北ユーラシアや北アメリカでは完新世にはいって成立するような生業システムが，すでに更新世後期には成立している。ナイル河流域，アスワン付近のワディ＝クバニアでは，17,000 y.B.P. 前後から，ナイルナマズの漁撈が主要な生業活動の一つとなっているという。ワディ＝クバニアより下流のコム＝オンボ平原の遺跡群でも，17,000 y.B.P. から 12,000 y.B.P. にかけて，魚類をはじめ水産資源（ワニ・カバなどもふくむ）への依存度がひきつづき高くなるという。8,000〜9,000 y.B.P. 前後には，サハラ地域にも細石器や土器とともに，骨製の銛やヤスをもちいて漁撈をおこなう集団があらわれていることもつけくわえておこう[7]。

すでに指摘したように[8]，更新世のもっとも寒冷な時期でも，日本列島の主要な地域には森林がひろがり，草原の分布はきわめてかぎられていた。本州西南部・四国・九州の平野・丘陵にはナラ・カンバなどの落葉広葉樹と針葉樹の混淆林がひろがっていたし，太平洋沿岸の暖流の影響のつよい地域には，常緑広葉樹林も残っていた。東シナ海の大陸棚となっている地域には，このような環境が拡がっていたに違いない。ここで紹介したアフリカの例などを考えにいれれば，縄紋の生業システムを先取りするような，植物・水産物などを利用する生業活動が，東シナ海沿岸の地域では，更新世末期にめばえている可能性があることは考えにいれておくべきだろう。いまのところ，この推測を裏づける具体的な資料はまったくない。しかし，晩氷期からヒプシサーマルにかけて急激な環境変化がおこったヨーロッパ北西部でのできごとを，縄紋の生業システムの成立過程にそのままあてはめることは無理がある。ナッツ類を中心とする植物性食料・魚介類などの水産物の利用技術を中心とする生業システムは，ヒプシサーマルにむかう環境変化のなかで新規に作り上げられたというよりは，一部の地域で成立していた生業活動が，普及・統合されるなかで完成するのではないだろうか。

2-2. 環境の多様化

ほぼ1万年前にはじまる縄紋海進は，前期中葉（6,000〜6,700年前）に頂点に達し，それ以後海面は低下しはじめる。神奈川・夏島貝塚にみられる貝類の組成の変遷[9]は，縄紋海進の前半期の水域環境の変化と，それにともなう資源利用の変遷をしめす数少ない資料の一つである。

井草・大丸期から田戸上層期までのあいだの貝層の組成から，表1にしめしたような変化がたどれる。全体として，斧足類（二枚貝）の種類は多くなり，腹足類（巻貝）はこれと反対に種類が少なく

表1 夏島貝塚の貝類組成の変遷（註9による）

		井草・大丸	夏島	田戸下層	田戸上層
斧足類	マガキ	?	○		△
	ハイガイ	?	○		△
	ヤマトシジミ	□	□		△
	カガミガイ	?	□		
	オキシジミ	?	□		□
	オオノガイ	?	□		□
	ハマグリ	?		□	
	アサリ	?		□	□
	オニアサリ	?		□	□
	ミルクイ	?		□	□
	テカガイ	?		△	
	ナリガネエガイ	?			△
	テズマニシキ	?			△
	ウチムラサキ	?			△
	シオフキ	?			△
腹足類	エガイ	?	□		□
	ウミニナ	?	□		□
	ウメタガイ	?	□		□
	レイシ	?	□		
	アカニシ	?	□		
	テミギセル	?	□	□	
	アニモリガイ	?	□		
	アワアイ	?	△		
	ヘナタリ	?	△		

○：多　□：少　△：稀

なっている。腹足類のすみかとなる露岩・礫層の侵蝕がすすみ，溺れ谷が埋めたてられ，斧足類のすみかとなる浜や入江が拡がってきたことをしめしている。さらにくわしく見ると，夏島貝塚の住民が貝籹を採取した場所の環境が，

① 河口あるいは海水の流れ込むラグーン（井草・大丸期）
② 泥深い入江の奥（夏島期）
③ 砂浜がひろがる外洋に面した湾口（田戸下層・上層期）

の順に変化していったことがわかる。①から②への変化に，②から③への変化にくらべ，短期間に起きているようである。のちの時期よりも，海面上昇の速度が大きかったのだろう。

夏島期の貝層には，さきに紹介した先刈貝塚とおなじく，内湾の奥に棲むハイガイとマガキが多い。しかし，海水と淡水の入り混じる環境に棲むヤマトシジミ，砂底性の環境に棲むオオノガイ・カガミガイなども含んでいる。魚類にも，泥底性の入江に棲むボラ・クロダイ・スズキ・ハモのほかに，砂底性のコチ，岩礁性のメバル・マダイ，外洋性のマグロ・カツオなど，さまざまな種類の

環境に棲むものが目につく。このような貝類・魚類の組合せは，この時期の遺跡の周辺の環境がきわめて複雑であったことをしめしている。

関東地方では，神奈川・平坂，千葉・西ノ城，茨城・花輪台など，草創期末葉から早期初頭の貝塚がいくつか知られている[10]。いまのところ，これらと匹敵する古さの貝塚は，関東地方以外には見当たらない。瀬戸内海沿岸の岡山・黄島貝塚，仙台湾沿岸の宮城・吉田浜貝塚は，いずれもこの地域でもっとも古い貝塚であるが[11]，早期中葉——つまり夏島をはじめとする関東地方の初期の貝塚より1,000～1,500年ほどのちのものであり，先刈貝塚も大まかにみればこれとおなじ時期のものである。いまわれわれの手許にある資料から判断するかぎり，沿岸部での水産資源の利用は，ほかの地方よりも一足さきに，関東地方で普及した，と考えねばならない。

自然環境の面からみれば，関東地方はほかの地方よりも，水産資源を利用するうえで有利な条件に恵まれていた。現在の利根川・荒川・多摩川などにあたる河川の埋積作用によって，溺れ谷の埋め立てが早いテンポで進行し，貝類の採集や漁撈に適した地形が，ほかの地域にさきがけてできあがったのだろう。関東平野の中心部では沈降運動が，周辺部では隆起運動が活発であるという[12]。このような条件も，複雑にいりくんだ海岸線の形成・浅海域の拡大をうながし，多様な生態環境をつくりだす結果となっているのだろう。さきに紹介した夏島貝塚の魚介類の組合せは，この時期の関東地方の住民が，このような環境の提供する多様な資源を十分に利用する手段を身につけていたことをしめしている。

ここで，縄紋海進の前後の植生の変遷に目をむけることにしよう。気候の温暖化にともなう変化と，地域ごとの植生の差が顕著になること，このふたつの傾向が植生変遷の軸になる。その一例として，福井・鳥浜の植生の変遷をあげてみよう。安田喜憲は，鳥浜の植生を，

Ⅰ ブナ属・コナラ亜属を中心とし，トチノキ属・クルミ属・シナノキ属などの落葉広葉樹の花粉の出現率が高く，トウヒ属・モミ属・ツガ属などの亜寒帯性の針葉樹花粉も認められる（11,200～10,200 y. B. P.）

Ⅱ ブナ属の花粉が減少し，これにかわってコナラ亜属・クリ属・スギ属などの花粉が増加

する（10,200～6,500y.B.P.）

Ⅲ　コナラ亜属の花粉が急に減少し，これとい
　　れかわってアカガシ亜属・シイノキ属・モチ
　　ノキ属などの常緑広葉樹が急増し，エノキ属
　　・ムクノキ属・スギ属なども増加する（6,500
　　～5,800y.B.P.）

Ⅳ　アカガシ亜属・エノキ属・ムクノキ属の花
　　粉が減少し，スギ属・モチノキ属の花粉が増
　　加する（5,800y.B.P.～）

の四つの花粉帯に区分している[13]。

　この変遷のなかで，気候の温暖化の影響はⅠと
Ⅲにあらわれている。鳥浜の周辺ではⅠの直前の
植生はあきらかでない。しかしⅠにみられる植生
は，さきに紹介した尾瀬ヶ原の 1.3～1.0 万年前
の植生と共通する特徴をしめしている[14]。尾瀬ヶ
原の場合とおなじく，亜寒帯性の針葉樹林にかわ
って，落葉広葉樹林が拡がっているといえよう。
Ⅲは，これもさきに紹介した先刈貝塚でアカガシ
亜属の増加する時期と一致する[15]。東海地方・北
陸地方の浜沿いの低地では，ヒプシサーマル，つ
まり縄文海進がピークをむかえる前後に，常緑広
葉樹林があらわれている。広葉樹林が，ナッツ類
の供給源として，木器（とくに椀・鉢などの刳物）
の原料の供給源として，あるいは動物性食料の供
給源として人間の生活にかかわりを持っていたこ
とはいうまでもない。気候の温暖化にともなう広
葉樹林の拡大は，縄紋人の生業システムが確立す
るうえで欠くことのできぬ前提となっている。

　年間の平均気温・暖かさの指数にもとづいて植
生を復元すれば，ヒプシサーマルの前後には，関
東地方にも常緑広葉樹林が拡がっていることにな
る。しかし辻誠一郎らは，関東地方の常緑広葉樹
林は，ヒプシサーマルからはるかに遅れて，縄文
後期頃になって成立することを指摘している[16]。
おなじ関東地方でも，房総半島には常緑広葉樹な
どの暖温帯性の要素をふくむ森林が，その西側の
大宮台地の周辺には，コナラ類を中心とし，アカ
ガシなどの常緑広葉樹をほとんど含まない森林が
拡がっていた[17]。安田喜憲は，長野県北西部の降
雪量の多い地域にはブナ林，少ない地域にはコナ
ラ林が拡がっていたという日比野紘一郎・佐々木
昌子の分析結果を紹介している[18]。このようなせ
まい範囲のこまかな植生の差は，これ以前の時期
には見られないようである。

　このような現象がうまれる原因は，まだ十分な

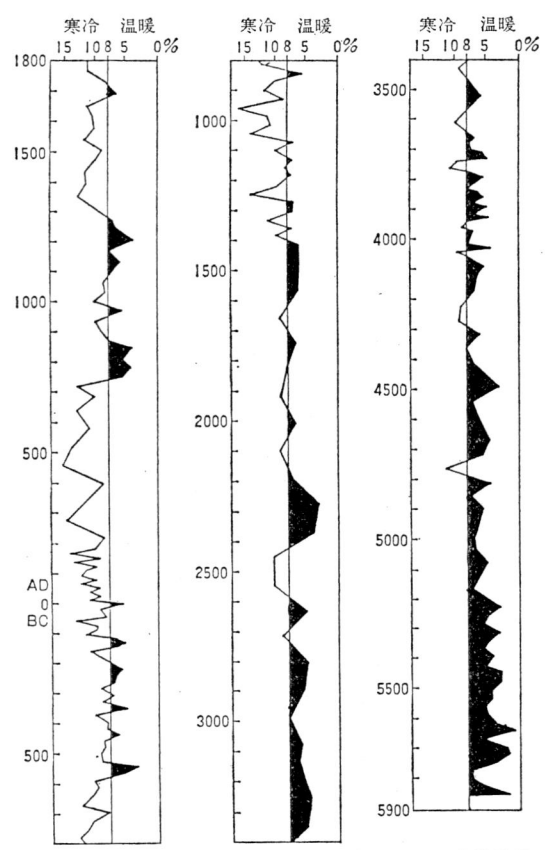

図1　ハイマツ花粉の比率にもとづく古気温の変化曲線
（註20による）

説明がついていない。おそらく，年間の降水量，
降水量の季節的な分布，季節風の強弱，土壌の成
因と特性，あるいは微地形の変遷など，さまざま
な要因がからみあっているに違いない。このよう
なこまかな地域性が生業に影響をおよぼしている
のかどうか，その点も確認できない。しかし，さ
まざまな要素がモザイクのように入り混じった，
多様な環境が作りだされたことは間違いない。さ
きに，夏島貝塚の貝類・魚類の組成に見たとおな
じく，複雑にいりくんだ環境・そこで提供される
多様な資源を利用する条件が，内陸部でも整って
いたといえるだろう。

2-3. 縄紋海進以後

　松島義章の南関東の内湾にすむ暖流系貝類の分
析結果によれば，前後二回にわかれて姿をあらわ
す暖流系の貝（12種）は，縄紋海進のピークを境
としてつぎつぎに絶滅してゆき，4,000y.B.P.以
後にはハイガイ・ユキガイの2種だけになってし
まう。暖流系の貝――われわれになじみの深いの
はハイガイであるが――の絶滅は，気温が低下す
る結果だ，という解釈が通説になっていた。しか

し松島によれば，ハイガイは水温がそれほど高くなっていない時期からすでに出現しており，瀬戸内海・有明海など現在でもハイガイがすんでいる地域の水温は，南関東の水温と大きな違いがない，という。松島は，海水準の低下にともなう微地形，その結果としての「生息地の消滅こそ絶滅の決定的要因であって，海水温の低下はむしろ二次的といえる」という[19]。

阪口豊は，尾瀬ヶ原のハイマツ花粉の増減にもとづいて，およそ8,000年前以降の気候の変動を復元し（図1），現在の気温を標準として冷涼な時期・温暖な時期を区分している（図2）[20]。この結果によれば，縄紋時代の気候は全体として温暖であるが，BC.2,500年前後（JC₁）・BC.800年前後（JC₂）に気温の低下する時期がある。JC_1は中期の中ごろ，JC_2は晩期の後半にあたる。またJC_1の前後のように，気温の変動が少なく気候が安定した時期がある一方で，JC_2あるいはJW_2のようにみじかい周期の変動をくりかえす不安定な時期もあることが目をひく（図1）。

このような気候の変動は，どのようにして・どの程度，人間の生活に影響をおよぼしたのだろう

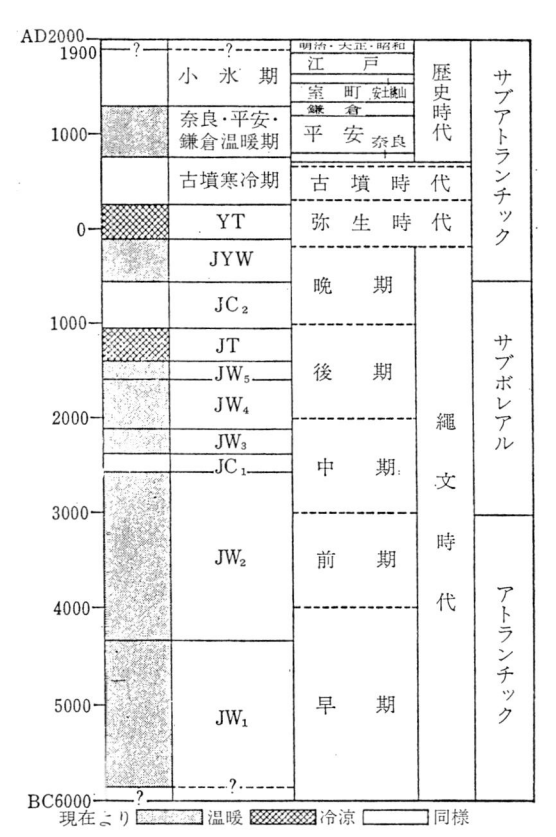

図2　8,000年前以降の気候区分（註20による）

か。阪口は，千葉県の後期の貝塚が急増する現象を，JW_3の温暖な気候のもとで海面が高くなった結果であると解釈している[21]。安田喜憲は，中部高地の中期後葉の遺跡が急減する理由を「四一〇〇年前頃の顕著な冷涼・湿潤化」にもとめている[22]。今村啓爾は，茅山上層の直後・十三菩提・称名寺などいくつかの時期に，関東地方の遺跡の数が極端に少なくなることを指摘し[23]，藤本強は，称名寺期とほぼおなじ頃，北海道東部が無人化してしまうことを指摘し，その原因を気候変動にもとめている[24]。

北海道東部が無人化してしまった時期がある，という解釈には異論もある。しかし，間違いなく人間が根絶やしになってしまうような大災害も起こっている。縄紋海進のピークに起こった鬼界カルデラの爆発がその一例で，われわれにもなじみの深い鬼界アカホヤ火山灰（アカホヤ・Ah）はこのときの産物である。アカホヤが降った地域では，きわめて広い範囲にわたって植生が破壊された。町田洋は，被害のもっともひどい地域では，植生が一応回復するまでに100年以上，完全に回復するまでにはその十倍ほどの時間が必要だった，と推測している[25]。話が前後してしまったが，この爆発でもっとも大きな被害を受けたのは薩摩・大隅両半島を中心とする南九州である。薩摩・大隅半島の大部分は，火山灰や軽石をまきこんだ高温ガスの噴射（幸屋火砕流）の直撃をうけ[26]，爆発後しばらくのあいだ，南九州はとうてい人間の住めるような世界ではなくなった。この地域では，アカホヤを境として，寒ノ神式など南九州固有の貝殻紋平底土器の伝統がとだえ，北九州・中九州から轟式・曽畑式が拡がってくる。環境が回復するとともに，新しい住民が移住してきたことをしめすのだろう。今村が指摘しているような，極端な遺跡数の落ちこみは，災害（火山活動・洪水・飢饉・疫病など）とむすびついている場合も多いのだろう。

鬼界カルデラの爆発のような，数万年に一度の規模の災害でも，あたらしい生業活動・生業システムを創りだすきっかけとなった，という証拠はいまのところ見当らない。気候の変動，あるいはそれを引金とする災害が起こったとしても，その打撃はかなりせまい範囲にとどまっており，日本列島全体がまきこまれる，といった事態は起こっていない。縄紋海進の過程で，多様で地域性のつ

よい自然環境ができあがっていたことは，災害の打撃を多少ともやわらげる力となっていただろう。それとともに，きわめて安定した，多少の規模の環境変化の影響を吸収してしまうほどの柔軟さをそなえた生業システムができあがっていたことをしめしているのだろう。生業活動や生業システムそのものばかりでなく，災害のときの救援や相互扶助のならわしが広い意味の制度として，できあがっていたのだろう。このような制度，それははじめに述べた「制度化された相互作用」，つまり「経済」のひとつの局面にほかならない。

註

1) 『大漢和辞典』がひく『史記・匈奴伝』には「（匈奴は）禽を射ち獣を猟することを生業としている」とある。

2) カール・ポランニー著，玉野井芳郎・栗本慎一郎訳「人間の経済」上・p.59（岩波現代選書49，岩波書店，1980）

3) 鈴木「日本の新石器時代」pp.77-78, 81

4) ここでは，中井信之らの海進最盛期の推定年代6,000〜6,700 y.B.P.にしたがうことにする。
中井信之・太田友子・藤沢　寛・吉田正夫「堆積物コアの炭素同位体比，C/N 比および FeS_2 含有量からみた名古屋港周辺の古気候，古海水準変動」pp.173-76（『第四紀研究』21:169-77, 1982）

5) 近藤義郎「縄文文化成立の諸前提」（『日本考古学研究序説』47〜75, 岩波書店，1985）
小林達雄「総論・縄文経済」p.5（『縄文文化の研究』2:1-16, 1983）

6) 貝塚爽平「山と平野と海底と―平野と海岸序説」p.17（貝塚爽平ほか編『日本の自然』4:1-22, 岩波書店，1985）

7) Stewart, K.M. Fishing Sites of Northand East Africa in the Late Pleistocene and Holocene : Environmental Change and Human Adaptation, pp.34-36. *BAR I.S.* 521, 1989

8) 林「縄紋文化の形成(1)」p.91（『季刊考古学』30:89-94, 1990）なお，下記論文が漏れていた。河村善也・亀井節夫・樽野博幸「日本の中・後期更新世の哺乳動物相」（『第四紀研究』28:317-26, 1989）

9) 杉原荘介・芹沢長介「神奈川県夏島における縄文文化初頭の貝塚」pp.32-35（『明治大学文学部研究報告・考古学』2, 明治大学，1957）
岡本　勇「先土器・縄文時代の食料生産」pp.45-46（甘粕　健編『岩波講座・日本考古学』3:33-56, 岩波書店，1986）

10) 西ノ城・花輪台ではヤマトシジミが主体となり，平坂ではマガキを主としてハイガイが混ざる。
西村正衛・金子浩昌・芹沢長介・江坂輝彌「千葉県西ノ城貝塚―関東縄文式早期文化の研究」（『石器時代』2:1-20, 1955）

岡本　勇「相模・平坂貝塚」（『駿台史学』3:58-76, 1953）
吉田　格「縄文早期花輪台式文化―茨城県花輪台貝塚」（斎藤忠博士頌寿記念論文集編纂委員会編『考古学叢考』下・455-79, 吉川弘文館，1988）

11) 黄島貝塚では貝層の下半部はヤマトシジミ，上半部にはハイガイにまじって小型のマガキが見られるという。夏島・先刈・黄島の貝類の組成がよくにている。吉田浜貝塚では，茅山下層式並行の土器をふくむマガキの貝層の下に，貝殻沈線紋土器後葉の混貝土層があるが，種名はわからない。
江坂輝彌「生活の舞台」pp.402-4（鎌木義昌編『日本の考古学』2:399-415, 河出書房，1965）
芹沢長介『石器時代の日本』p.122
後藤勝彦「宮城県七ヶ浜町吉田浜貝塚」（宮城教育大学歴史研究会編『仙台湾周辺の考古学的研究』1-20, 宝文堂，1968）

12) 貝塚爽平・鳴瀬　洋・太田陽子「平野と海岸の生い立ち」（貝塚爽平ほか編『日本の自然』4:23-183）

13) 安田「鳥浜貝塚80R区の花粉分析」pp.1-4（鳥浜貝塚研究グループ編『鳥浜貝塚』5:1-13, 福井県教育委員会・福井県立若狭歴史民俗資料館，1985）『環境考古学事始―日本列島二万年』pp.143-46（NHKブックス365, 日本放送出版協会，1980）

14) 林「縄紋文化の形成(1)」p.90

15) 同上・pp.92-93

16) 辻誠一郎・南木睦彦・小池裕子「縄文時代以降の植生変化と農耕―村田川流域を例として」pp.261-63（『第四紀研究』22:251-266, 1983）

17) 同上・pp.257-60
徳永重元・パリノサーヴェイ KK「自然遺物・花粉」p.149（早川智明監『寿能泥炭層遺跡発掘調査報告書・自然遺物篇』137-51, 埼玉県教委，1982）
辻誠一郎「開析谷の遺跡とそれをとりまく古環境復元：関東平野中央部の川口市赤山陣屋跡遺跡における完新世の古環境」pp.349-51（『第四紀研究』27:331-56, 1989）

18) 安田『世界史のなかの縄文文化』p.130（考古学選書26, 雄山閣，1987）

19) 松島「南関東における縄文海進に伴う貝類群集の変遷」pp.257-59（『第四紀研究』17:243-65, 1979）

20) 阪口『尾瀬ヶ原の自然史』pp.168-78（中央公論社，1989）

21) 同上・pp.180-83

22) 安田『世界史のなかの縄文文化』pp.260-61

23) 今村「称名寺式土器の研究・下」pp.130-33（『考古学雑誌』63:110-148, 1977）

24) 藤本「墓制成立の背景」pp.19-20, p.30（『縄文文化の研究』9:12-31, 1983）

25) 町田　洋「火山の大噴火」pp.44-47（『日本の自然』8:33-59, 1986）

26) 町田　洋・新井房夫「南九州鬼界カルデラから噴出した広域テフラ―アカホヤ火山灰」p.151（『第四紀研究』17:143-63, 1978）

藤本　強 著
埋もれた江戸
東大の地下の大名屋敷

平凡社
四六判　298頁
2,600円　1990年11月刊

ヒヨコが生まれるとき，卵の殻をヒヨコが内から（啐），親鳥が外から（啄），コツコツとつつくという。啐（そつ）と啄（たく）が同時に行なわれたとき殻を割ってヒヨコが誕生する。啐啄同時は，物事を成就させるための協力の仕方を説いた言であるが，それはあわせて機の熟したときの対応のあり方を示唆的に例えた比喩でもある。

近年，急速に歴史学界の耳目を集めている「江戸の考古学」の形成は，東京都心部の再開発という直接的な因子と，考古学的方法による歴史的事実の把握をトータルに認識する気運が醸成されてきた結果によるところが大きい。

1973年に「近世の都市遺跡—江戸」の研究状況について一文を草したときには，先駆的な研究と調査の方向は見られたものの（河越逸行『掘り出された江戸時代』1965年），江戸の遺跡を意識的に発掘調査する試みは認められなかったのである。しかし，その直後，東京都立一橋高校の改築工事に伴って実施された発掘の結果は，まさに江戸そのものが掘り出されたのである。一橋高校遺跡の発掘は，江戸の考古学の黎明を高らかに告げるものであった。その報告は1985年に『江戸』と題して公けにされたが，タイトルともども江戸の考古学研究を象徴的に示したものといえよう。この発掘において得られた江戸の地下情報は，近世の考古学を指向する有為な研究者を輩出させる要因ともなったことは記憶に新しい。

その後，江戸の考古学的発掘は，あいつぐ都心部の再開発によって寧日なく施行されるようになっていった。かかる動きは，日本考古学史上に一つの画期であったといっても過言ではないであろう。江戸遺跡の発掘は，日本考古学にとって近世における考古学の確立へ向けてのエポックメーキングな出来事であったと評価されるのである。

かつて，江戸より出土する資料として一部の識者が着目していたのは，人骨・墓石・下水道関係の遺構とわずかの日常生活具であったが，一橋遺跡の発掘は江戸の地下に多種多量の資料が遺存していることを知らせてくれたのである。

このたび，藤本強氏によって世に問われた『埋もれた江戸』は「東大の地下の大名屋敷」と副題されているように，東京大学構内より発掘された加賀・大聖寺藩の上屋敷跡の発掘の経過と調査の結果をもとに，江戸の考古学の一つの実践発掘例に加え，検出された資料によって明らかにされた，もろもろの歴史的事実を説いたものである。そこには発掘報告書では窺い知ることの出来ない遺跡に対応する関係者の苦悩と初体験の資料をめぐる謎解きの経過が淡淡と活写されている。

加賀の大聖寺藩は，加賀藩の支藩として17世紀中頃に成立し，その江戸の上屋敷は加賀藩の本郷邸に接しておかれていた。現在の東京大学医学部附属病院がその地にあたり，病院の全面改築工事に先行して発掘されることになった。発掘対象面積は6,500 m²，それでも敷地の約3分の1ほどであるという。そして発掘部の深さは6m以上におよんだ。江戸の大名の上屋敷跡の発掘が決して容易でないことがわかるであろう。

発掘は長期にわたり辛苦をきわめたが，著者を中心とする人びとの努力は着々と上屋敷のベールをはがしていった。絵図と文献史料と考古学的資料，この三者それぞれのもつ史料性と特質を検討したうえで有機的に組み合わせて事実を積みあげていく。地下式土坑の初現と衰退をめぐる問題は地上の土蔵づくりへの推移時点ともどもその性格を究明しているが，その所論は江戸の考古学を象徴する課題の一つとなったのである。また「古九谷」を焼いた大聖寺藩のこととて上屋敷跡出土の「古九谷」問題は，陶磁器研究者の注目を集めたことはいうまでもない。そしてたしかに「古九谷」が出土した。「古九谷」は九谷産か肥前産か，注目された問題は，マハラノビス距離法とクラスター分析法により「肥前産の陶石を使った胎土素地のものと九谷産の陶石を使った胎土素地のもの」が存在することが明らかにされ，江戸の上屋敷で用いられていた「古九谷」は17世紀後半代の九谷窯の製品であった。

地下式土坑と「古九谷」をめぐる問題を例にとって見ても，大聖寺藩上屋敷跡の発掘によって得られた考古学的情報はきわめて豊富であることを理解することができる。

世界一の近世都市と称される江戸，その消費遺跡に対する考古学的調査は，江戸発展のメカニズムの一端を明らかにする方法として有用であることはいうまでもない。現に進行中の再開発は千載一遇の機会でもある。悔を後世に残さぬためにも江戸の遺跡の調査体制の確立が喫緊であることを，本書を繙読して改めて痛感するのである。

近世遺跡が考古学にとって研究対象であることは論を待たないが，「埋蔵文化財」行政の面においても同様な評価を切望したいのである。

（坂詰秀一）

たたら研究会 編

日本古代の鉄生産

六興出版
A5判　286頁
4,800円　1991年1月刊

日本列島における民衆生活史はもちろん、国家成立史をあとづけるさいにも、鉄生産とその流通の問題を無視するわけにはいかない。というよりも、古代の日本列島では、鉄を制することが、権力確立の要件だったといっても過言ではあるまい。そして、雑誌『たたら研究』を刊行するかたわら『日本製鉄史論』など2冊の本格的論文集を世に問うてきた、たらら研究会が、この問題と四つにとりくんでいることは周知のとおりである。

本書は、そのたたら研究会が発足30周年を記念して催した、古代の鉄生産をめぐる講演・シンポジウムそして座談会の3部からなる記録集である。その第1部は、立脚点を異にする潮見浩・福田豊彦・佐々木稔3氏の見解を収録するが、その内容は第2部以下の論点のほとんどすべてを網羅しているから、シンポジウムに向けての問題提起といってよい。それゆえ、まず3氏の所論を要約しておきたい。

潮見氏は、日本古代の鉄生産は東アジアを視野におさめつつ考究すべきとの自説を展開される。そして、中国では春秋末までに錬・銑鉄が使われていたこと、中国北部でも鋳造とともに鍛造も行なわれていたこと、楽浪郡の設置が朝鮮半島の鉄普及に大きく機能したこと、日本の砂鉄製錬の系譜を把握しきれていないこと、また鑌鉄はオリエント起源の可能性があること、などを指摘する。そして、この国でも製錬のはじめはさらに古く遡るだろうこと、しかも当初に鋳造も行なわれたと考えられることも暗示される。そして中世製鉄研究の遅れを指摘される。

福田豊彦氏は、鉄生産の問題は資源・経済・技術の関係において検討すべきとの立場のもと、『日本書紀』642年条の記述に始まる鉄生産関係史料を整理して、平安時代末に至る鉄生産ならびに流通の諸形態のあとづけを試みられた。岩鉄・穴師・水碓・兵鉄などの語への見解もさることながら、調庸としての鉄の特殊性を砂鉄による生産組織とのかかわりにおいて説くとともに、都近くの有利な条件をもつ産地の鉄は、流通材として都に運ばれたことに注目される。ほかに官営鉱山の問題、東国などで国府が

鉄生産にはたした役割に言及し、ついで王朝国家体制下では経済的な商品流通を前提とする専業的な生産基地が出現し、特産鉄製品も定着すると指摘される。だが現状では中世遺跡の調査の不十分さが気がかりだと結ばれる。

佐々木稔氏は、製鉄技術がどのように発達したのか、またどこからそれが日本列島に到達したのかを、金属学的立場から考えようとされる。そして、イランでは鉱石から得た鉄の合せ鍛えの技術をB.C.8世紀にはすでに保持しており、そこでの造鏵材を使っての鋼の作り方は、1世紀における英国のそれと基本的に同じであるばかりか、漢代の製鋼技術にも通じるものがあると指摘される。そして弥生時代北九州の鉄戈もまた合せ鍛えによったらしいばかりか、古墳時代の鉄鋌にも硬軟2種があることにも関係する、と世界的規模で技術の展望をされる。そして5世紀までの鉄は、砂鉄にかかわりが薄いとも主張された。

第2部は、北海道から沖縄県に至る各地域の古代鉄生産調査研究の現況報告と、大沢正己氏の総括、そしてこれをめぐる討議を収録している。なかで、北海道は中世にも鉄生産が行なわれなかったこと、関東の報告者の鉄塊系遺物に注目せよとの提唱、「水碓を造りて」の史料は水車利用の送風装置ではないかとの近畿報告者の解釈、北九州では弥生時代の鉄生産を考えたいとの見解、鉄生産遺跡未発見の沖縄県でも、弥生時代の鉄器生産は認められ、また14世紀に普及上の画期があった、などの意見が注目される。なお、各地とも箱型炉から竪型炉へ移行すること、いまのところ初期の原料鉄に砂鉄が認められないことが指摘され、反面北九州では5世紀後半期の砂鉄製錬滓が発見されているとの発言もあった。

第2部の討論そして第3部で注目される見解のうち、考古学の立場からは弥生時代の鉄生産開始、鋳鉄の早期採用などが説かれ、また鉄利用の開始から800年もの間、自らの手で鉄生産が行なわれなかったとは考え難いとの、別の主張もある。いっぽう炉あるいは製錬滓の発見による実証こそ重視すべきであるとの立場からは5世紀後半説が提起される。

私どもは鉄滓などの分析結果に、一も二もなく従っている。だが5世紀後半の製錬滓とされるものにも、別の金属学者の疑義が提出されるなど、分析結果とその解釈とは、まだ揺れ動く公算もある。文化のありようを総体として見きわめる姿勢の重要さを痛感させる発言も多かった。箱型炉などの系譜、砂鉄製錬の起源など未解明な問題もあるが、これだけのシンポジウムが開かれるほどに古代鉄生産研究が進展したことに驚くとともに、暗黒の中世へのメス入れの必要性を、改めて思い知らされた。1987年度の討論集ではあるが、「到達点」を示す良書として、一読をおすすめしたい。　　　　（岩崎卓也）

書評

坂詰秀一 著

日本考古学の潮流

学生社
B6判 225頁
1,700円 1990年10月刊

本書は1990年10月の刊行であるが，著者坂詰秀一氏は，旺盛な執筆活動を象徴するように，これに先立つ同年5月に『歴史考古学の視角 と 実践』（雄山閣出版）を世に問うている。これについては，本誌33号に滝口宏氏による懇切な書評が寄せられているので，未だ記憶が鮮明なことである。時を同じくして刊行されたこの両書を繙くことにより，著者のこの10数年来の研究活動と，これまでに日本考古学が獲得してきた成果を江湖に伝導されてきた業績が，改めて反芻される。

前書『視角と実践』は，著者のライフワークである歴史考古学を中心とする研究論集であり，1.歴史考古学の視角，2.歴史考古学の実践，3.地域考古学の実践，の三つの章からなる。1.には「歴史考古学の性格」の一項が設けられているが，その歴史考古学の範囲とは中世考古学を中心 と して，戦国考古学，仏教考古学，日本のキリスト教考古学などの分野があると説く。さらには，現代史の分野にあたる大戦時の遺構にも積極的に関与することの必要性を論及する。これなどは歴史学から埋蔵文化財行政に投げかけられた検討課題といえる。

2.は著者の実践活動の中から，窯業関係遺跡の調査報告を再録して構成した「古代窯業の 発展 と 研究」である。そして3.は地域研究を東京にもとめた実践例であり，武蔵国分寺や国府あるいは東京の中世遺跡の研究の実状，さらに近年とみに耳目をそばだたせている近世都市・江戸を，考古学の調査方法によう研究することの意義と重要性を説いている。

これに対して本書『日本考古学の 潮流』は，「日本考古学史研究の近況」（『考古学叢考（下）』）のほかは，『考古学ジャーナル』や歴史関係の 雑誌あるいは考古学上の重要な発見の折りの新聞紙上の論評などの散文が中心である。それだけにこれら一般紙への掲載文は，日頃あまり触れる機会がなかっただけに，著者の真情がここに率直に吐露されていることを汲み取ることができるのである。

その底流には，日本の考古学を推進してきた先学の研究にたいする限りない深い畏敬の念がある。著者は日本考古学の研究の過程から現在の到達した研究成果と問題点を，実に丁寧にしかも精緻に説きほぐし，論点を明快に裁断してくれるから一般の読者にもわかりやすい。ただひとつ気掛かりなのは，考古学が古文献史学や民俗学に比肩されるというにしても，「人類の過去を同一資料によって客観的に究明する唯一の歴史科学は，物質的資料を研究の対象とする考古学である」（考古学と 発掘）などと断定されると，考古学だけがこんなに優位な立場にあったものなのかという疑問とともに，研究者としての責任の重さが問われていることと，改めて身の引き締まる思いを禁じざるを得ない。

本書は4章32編で構成されている。第1章は「文化来歴」と題する，縄文時代から古代にいたる日本に渡来した各時代の文化の問題を4編にわたって解説したもので，ユネスコの広報誌『クリエート』に連載されたものである。

第2章は「日本文化の潮流」と題する16編である。ここには著者の専門分野である歴史考古学を中心に，それぞれのテーマにまつわる諸問題が取り上げられている。一編一編に，研究の到達にいたった過程および問題点が的確に指摘され，今後の研究の方向性が整理されている。いずれのテーマとも著者ならではの該博な知識と深い洞察が横溢している。

第3章は『考古学ジャーナル』に連載されて好評を博した8編のエッセイを「考古学研究の諸問題」として纏めたものである。ここではとくに研究史を重視する著者の熱い心意気が，「学史」を筆頭にして「方法論」，「講座・体系」，「用語」，「報道」，「文献目録・解題」などに明快に表現されている。

第4章は著者が進行役を担った座談会4編の記録である。研究史に精通し，ことのほか先学の業績に敬意を表する著者ならではの，温かい気配りが随所に窺われる。ことに最晩年の大場磐雄氏を囲んでの積年の畏友である角田文衞・八幡一郎氏 ともども が，大場氏の研究を顕彰しながらさらに鼓舞しようと激励されている「日本考古学の歩み」（出 版 ダイ ジェスト）は，まさに秀逸なドラマそのもので あ る。この座談会などは，これまで研究者間でもあまり目にふれる機会がなかっただけに，また，研究史の背景を知るうえでも実に貴重な記録といえる。

「編年的な学史，およびそれぞれの研究分野による研究史の総括」とともに，「充実した考古学年表」「用語の学史的な整理」「先学の顕彰 と 伝記の編さん」が必要との斎藤忠氏の提言をうけて，著者は，日本考古学史学会のごとき組織を結実しようとされているようである。戦後の日本考古学を推進されてきた研究者が一斉に退官しようという時期 を 迎えて，まさに著者の説く「日本考古学の潮流」の曲がり角にあるいま，坂詰氏に期待が寄せられる由縁である。　　　　　　　　　　（安孫子昭二）

書評

小出義治 著

土師器と祭祀

雄山閣出版
A5判　290頁
5,800円　1990年12月刊

　弥生式土器と土師器の境界は，戦後の日本考古学界の重要な問題点の一つであり，今日まで多くの論文やシンポジウムで討論されてきたが，いまだ定説を得ていないといえる。本書の著者小出義治氏は，この分野に最初から取り組まれた，数少ない学者であり，現在も東日本の土師器研究者のリーダーとして活躍されている。また，1964年から開発に伴う埋蔵文化財の発掘を担当され，その遺跡調査を通して多くの学生を指導し，近年第一線で活躍中の多数の行政内研究者の育成に，大きな役割を果してこられたことでも知られている。

　本書の内容は，土師器研究を中心とした第一編，祭祀遺跡の検討やその変遷をまとめた第二編，祭祀儀礼や喪葬儀式とそれに使用された土器の意義と，土師氏の文献と考古学的な比較研究の第三編に分かれる。本書は，10数編の論文や報告を整理し，編集されたもので，最後に岩崎卓也氏の解説と参考資料で『青年考古学協議会連絡紙』が掲載されている。

　第一編の「土師器の系譜」は，4編の論文や報告で構成され，最初の3編が1960年前後の古式土師器に関するもので，これらの学史的意義については，岩崎氏の解説が適切であり，今後も研究史の記述には不可欠である。第4章の「律令期の土師器」は，漸く注目されはじめた関東地方の奈良時代以降の編年的な検討と，谷戸の開発の歴史的意義について言及され，今日盛行している歴史時代の考古学研究の先駆的なものである。本編で注目すべき資料は，第2章の第1号住居址から出土した土器群で，「内野町式土器」と称され学史で著名なものである。出土した28個体の実測可能な土器は，住居址約三分の二からの検出としては多量であり，断面S字状口縁の台付甕形土器や東海系土器を含むこと，祭祀遺物かもしれない大形石錘2点の伴出も確認されている。

　これらが単なる住居での使用か，祭祀儀礼に伴うか，近年筆者が検討中の集落内祭祀との関連で，出土状態や著者の見解を御教示頂きたい資料である。

　第二編「祭祀の世界」は，第1・2章が神話学や古代信仰などの他分野への考古学の立場からの論述

であり，第3章は折口信夫氏の民俗学的な影響による祭祀と女性との関わりについて，自身の勤務する大学の紀要に発表されたものである。これらの3編は，考古学に直接関係する重要な論文で，研究者の目に触れる機会の比較的少ないものだけに貴重な再録である。第4章の牛頭の祭祀は，海岸近くの保存状態の良い遺跡で，祭祀で牛の頭部を中心に小さな岩や土器の集積が検出されたものである。ただ，伴出した土器は，図示された通常の甕形・鉢形・坏形土器である。滑石製品は，時期的に減少するので別として，土製模造品や手捏土器が発見されないのは問題かも知れない。時期的に併行する茨城県尾島遺跡群では，豊富な土製品や手捏土器の伴出する祭祀が発見されている。これは祀りの目的や性格による差なのか，今日類似の遺跡が増加しているので，新資料を踏まえた著者の研究の進展が期待される。

　第三編の「祭祀と土器」は，考古学講座関係に祭祀やその土器の意義を，第1章が1966年に，第2・3章は1981年に15年の歳月を隔てて発表されたものである。前者では古墳時代の祭祀全般を論じ，後者では葬・祭の儀式での土器の使用の意義を追及した。後者の「神祇祭祀と土器」の律令期以降の文献史料を併用した方法は，考古学者として著者の古代史や信仰に対する深い造詣を示し，墨書人面土器の分析はその典型であろう。第3章で「神武紀の祭祀に現われる祭器の名称は『書紀』の編纂の時点で付加された」（p.225）とする重要な指摘がある。『記紀』を史料として使用する際は，注意すべきことであるが編纂時に付加されたのは祭器の名称だけであったのか，文献の記事と祭祀の変遷が，どの段階や時期と適合的かの比較検討は，実際には困難な作業であるが興味ある問題点である。近年の考古資料の増加と，古代史の進展を踏まえた共同研究によって，両学界に新たな成果をもたらすと思われる。

　第4章は，著者の卒業論文以来の研究を1976年に発表されたもので前年に恩師の大場磐雄先生が逝去されたのが執筆の動機であったかもしれない。土師器の名称となった土師氏は，『記紀』の記事から埴輪製作や，古墳の築造と関係する氏族とされてきたが，著者は埴輪の分析から書紀の記事の虚構を証明した上で職掌までは否定しなかった。しかし，近年の古代史の成果では，再検討すべきと考えられる。土師氏を万葉集の「駒造る」から，埴輪馬を連想するのか，もう一方で天応元年の記事から土馬の可能性を併せて追及すべきではなかったか。

　土師氏で注意すべき記事は，雄略紀の紀氏の墓を田身輪（淡輪）の邑に造るが史実か疑問があるが，紀氏周辺の淡輪技法の存在や，後に蘇我氏との密接な関係から推古朝で喪葬に関与したとすれば，5〜6世紀代に朝鮮半島との交流を通して抬頭した外来系か新興の集団との見方も成立する。　（鈴木敏弘）

論文展望

奥村吉信

後期旧石器時代における北陸の地域性

考古学研究　37巻2号
p. 21〜p. 28

北陸地方の後期旧石器時代の遺跡は約200箇所であり，様々な様相をもつ石器群がみられる。これらは約2万年前を境として，大きく前半期と後半期に整理してその変遷をたどることができる。

前半期では小型のナイフ形石器や局部磨製石斧を組成する立野ヶ原系石器群が，濃密に分布する。後半期になると石刃石器群，瀬戸内系石器群，茂呂系石器群などがみられ，それぞれは東北，近畿，関東地方に分布の中心を求めうる石器群である。これらに共通する性格として，中心地域と比較して遺跡の規模が小さいこと，剥片剥離技術の比較において，工程上に微妙な相違がみられること，石器組成の上で本来セットとなって確認される器種に偏りがみられること，使用石材では頁岩，安山岩，チャートといった各々固有の石材がそのまま用いられていることといった特徴が指摘できる。北陸では，前半期での地域性の強い大規模な旧石器集団（拠点的なありかた）から，後半期にみられる他地域集団の流入（客体的なありかた）という旧石器集団の交替を確認することができる。

この背景については，前半期での比較的安定した自然環境と，約2万年前の最寒冷期の訪れ，及びその後の温暖化といった変化に対応した動・植物の変化を主要な要因と考える。具体的には最寒冷期での寒冷系動・植物の南化に伴う石刃石器群を保持した旧石器集団の領域拡大，その後の急速な温暖化に伴う瀬戸内系石器群を保持した旧石器集団の北進，関東地方での茂呂系旧石器集団の人口増加に伴う周辺地域への拡散を考える。

小論は，狩猟・採集経済段階での生産活動が，自然条件に大きな制約をうけるという前提の元に試みた仮説であり，実証のためには自然科学の分野との提携が，今後の課題と考える。さらに，稲田孝司氏の指摘にあるように文化的側面による旧石器集団の動向をも，今後検討していく必要がある。

（奥村吉信）

都築恵美子

竪穴住居址の系統について

東京考古　8号
p. 1〜p. 25

本稿は竪穴住居址からその系統および時期的な位置づけと人間の移動あるいは情報の伝播を掴むことを目的とする。

縄文中期後半加曽利E2，加曽利E3期の住居は平面形態が方形・不整円形・円形などがある。神奈川県横浜市潮見台遺跡に典型的な「潮見台型」がみられるのは加曽利E2期からである。加曽利E2期に多い方形・五角形・楕円形（小判形）の住居形態は中部地方から伝わったものであると考える。逆に潮見台型は分布の中心が多摩丘陵，相模野台地にあり，八ヶ岳山麓地域周辺に拡がったものであろう。加曽利E3期後半には柄鏡形住居が出現する。その初源的なものは横浜市新羽第9遺跡に代表され，柄鏡形住居の「初源型」とする。加曽利E4期では東京都小金井市前原遺跡に代表される「前原型」が多摩丘陵，武蔵野台地，相模野台地および丹沢山麓に分布する。加曽利E4〜称名寺期では東京都調布市上布田遺跡を

もって「上布田型」とする。前原型むしろ上布田型として先の地域を中心に中部地方，利根川上流域，東京湾岸地域，東北地方南部にまで分布が拡大する。堀之内期では東京都八王子市深沢遺跡に典型的な「深沢型」が新たにみられる。柄鏡形住居の分布の中心地域では深沢型や上布田型が存在する一方，再び円形形態の住居がみられ住居形態に多様化がみられる。ところで，東京湾岸地域では加曽利E3期に壁柱をもち円形形態の住居が目立つ。また加曽利E4期には柄鏡形が伝わるが称名寺期に八の字状張出部をもつ千葉県千葉市矢作貝塚の「矢作型」の初源的住居が出現し，相模野台地，中部地方に拡がる。

このように，縄文中期後半から末葉にかけて中部地方との強い影響関係が想定できる。また中期末葉では地域間の交流が頻繁に行なわれていた，その結果柄鏡形住居の分布が拡大したものと考えられる。

（都築恵美子）

久野邦雄

銅鐸の型持たせ孔の考察

考古学攷論　14冊
p. 35〜p. 41

銅鐸には鐸身に開けられた4個の孔のほかに舞部に2個，計6個の孔と裾部に4個の切り欠きが施されているが，これらが何故施されているかについては，鋳造のために必要な型持たせ孔であるということで一般にはほぼ定説とされている。

1976年，唐古・鍵遺跡から銅鐸鋳型や銅鐸の一部と考えられる金属片が出土した。この鋳型を基にして鋳造されたであろう銅鐸を復元してみた結果，筆者はこの孔が型持たせのために生じた孔ではな

く，別の目的のためにつけられた孔ではないかと考えた。型を持たせるためには，舌を吊すための紐を通す孔であるとされる舞部の2個の孔の位置を突起で支えれば目的を達することができる。

銅鐸の鋳造において鋳物の良・不良は鋳型内での湯流れに左右されるが，型持たせのための突起があると，流し込まれた青銅がこれに当たって散乱したり，湯面が上昇する途中に突起に当たると渦が生じるため欠陥品となる原因になる。この欠陥をさけるためには突起を全く設けない，数を減らす，突起を小さいものにする，突起の断面形状を流線型にするなどの配慮がなされなければならないが，現実にはすべての点において配慮がなされていないと考える。

銅鐸にみられる孔は中子を支えたために生じた孔ではないと考える。よって中子を外型の外側で固定し，型持たせ孔を持たない銅鐸を鋳造した。銅鐸復元実験の目的の一つは，音響性を調べることによって，銅鐸が楽器ではないかという考えを検討することであった。そこで同じ原型で鋳造し，型持たせ孔と切り欠きを設けた復元銅鐸と，型持たせ孔のない銅鐸とを同じ条件で打ち，音響を比べてみると明らかに型持たせ孔を持つ銅鐸の方が持たない銅鐸よりよい音を発することがわかった。この事実から型持たせ孔が音響に何らかの関係をもつものと推定することができる。　　　　（久野邦雄）

寺沢知子

石製模造品の出現

古代　90号
p. 169〜p. 187

石製模造品の研究には，古墳出土例と祭祀・生産・集落遺跡での出土例の出現時期と展開の動態を，相互の関連が検討できるような時間的な座標上にのせるという作業が不可欠なものといえよう。しかし，これまでは東日本と西日本の土師器の併行関係の未消化と，

須恵器の年代観の研究者間のズレと，安易な実年代の使用が，出現時期やその変遷の検討の最大のネックになっていた。

そこで，最近の土器研究のめざましい成果をふまえ，石製模造品の伴出土器を指標に，筆者案として石製模造品変遷の第Ⅰ期を4世紀後半の時期，第Ⅱ期を4世紀末から5世紀の第1四半期ぐらいの時期，第Ⅲ期を5世紀中葉の時期に設定し，各種の遺跡での出現時期の詳細な検討を行ない，その併行関係を図示した。

そのうえで石製模造品の出現期の背景を整理し，第Ⅰ期にヤマト政権の東国にむけての古墳祭祀の画一化による主導性を象徴する祭祀具の一つとして機能しはじめた時，そのルート上の拠点（たとえば峠など）で，石製模造品のなかの有孔円板や剣・勾玉などを中心とした祭祀が始まったこと。この天的祭祀を古墳時代になって受け入れた畿内以東では，そのイデオロギー的普及が急務であったことを，古墳以外の遺跡での有孔円板などの出土時期が第Ⅰ期に溯り，またⅡ期以降の分布が畿内以西より圧倒的に密なる状況から推定した。また，古墳出土の有孔円板などは，首長の意図のもとに共同体ではじめられていた石製模造品の祭祀具を，首長の在地での政治的機能を示す物として副葬されたもので，古墳時代中期における「葬と祭の分離」は認められないことを再確認した。最後にヤマト政権の東国支配のイデオロギー的主導の役割をもった三輪山の祭祀が，布留遺跡ともからめて，第Ⅰ期まで溯る可能性を探る必要性を強調しておきたい。　　　（寺沢知子）

阿久津　久

**国衙工房にみる
鉄器生産について**

茨城県立歴史博物館報　17号
p. 1〜p. 23

茨城県石岡市鹿の子C遺跡は，国衙域の中に官衙区・居住区・工

房区を整備し，8世紀後半から9世紀前半に限定された鉄製品の生産遺跡である。本論は鹿の子C遺跡を中心に，古代鍛（かぬち）の性格と，官衙における管理体制下の鉄器生産の工程を解明しようとしたものである。

調査された工房跡は4つのグループに分けられる。Aグループは竪穴状遺構の中に複数の炉を持つもので，形状からA〜C類に細分できる。Bグループは竪穴住居跡に炉を持つもの，Cグループは連房式竪穴住居跡に炉を持つもの，Dグループは掘立柱建物跡に炉を持つものである。

A─A類の小判形竪穴遺構は，複数の大型炉が置かれ，木炭，鉄滓の量が多くみられる。この特殊な構造をもつ遺構は，古代製鉄の行程の中で，しばし問題になる二次精錬に関わるものを想定した。すなわち本遺跡外で生産された製錬鉄は，まずA─A類の炉に運ばれて鉱滓の分離による精錬を行ない，製品化前の素材を生産する近世の大鍛冶にあたるものである。

遺構の分析，鉄製品，鉱滓の化学的分析を通じて鉄製品の生産過程をみると，①一次精錬（常陸国域）→②A─A類工房で二次精錬（棒状鉄の生産）→③A─B，C，B・D工房で小札・釘などの生産→④住居内で仕上げ作業（研磨・漆・銅製金具付けの作業）→⑤官衙域内の倉庫に収納が考えられる。また，刀子・鉄鏃の分析では鉄鉱石精錬の素材が確認されており，国の外から鉄素材が運ばれていたことも証明されている。

この時期の国衙における管理生産の編成は，陸奥国の情勢の緊迫と密接に関わりを持つ。宝亀七年（776）の50隻の造船命令，延暦二年（783）の兵士の遠征による自備戎具の装備，延暦九年の革甲二千領の三年以内の生産命令などにみられるように，東国諸国は国内にいる鍛を総動員して生産にあたったことをこの遺跡は物語っている。　　　　（阿久津久）

●報告書・会誌新刊一覧●

編集部編

◆日本古代墓制の考古学的研究
大阪大学文学部考古学研究室刊
1990年3月　Ｂ5判　84頁

　埋葬姿勢と埋葬儀礼との関わりを研究課題とするもので，都出比呂志の研究経過のほかに福永伸哉「原始古代埋葬姿勢の研究―近畿地方を中心に―」，大石雅章「平安期における陵墓の変遷―仏教とのかかわりを中心に―」を収録。

◆はりま館遺跡発掘調査報告書
秋田県埋蔵文化財センター刊
1990年3月　Ｂ5判　888頁

　秋田県の北東部，鹿角郡小坂町に所在する。中世のはりま館に隣接する遺跡で，縄文時代から平安時代にかけての遺構が調査されている。縄文時代では前期を主体とする住居跡49軒，Ｔピット41基，土坑46基などであり，弥生時代では住居跡1基，井戸1基，平安時代では住居跡28軒，鍛冶遺構8基のほか溝・土坑などが確認されている。平安時代の鍛冶遺構出土の鉄製品の分析も記載する。

◆大年寺山横穴群　宮城県教育委員会刊　1990年3月　Ｂ5判 129頁

　仙台市の西郊，広瀬川南岸の丘陵の北側に立地する横穴墓群で，付近に愛宕山・宗禅寺横穴墓群が位置する。27基の横穴墓が4群に分れて展開するものであり，直刀・鉄鏃などの武器，土器類の一般的な副葬品のほかに銅鋺・馬具も検出されており，群形成の端緒が6世紀の末頃に遡及する点と合わせて注目される。

◆長根羽田倉遺跡　群馬県埋蔵文化財調査事業団刊　1990年3月 Ａ4判　775頁

　多野郡吉井町に位置する関越自動車道関連の遺跡。136軒の住居跡が調査されており，古墳時代後期から平安時代の遺構が主体をなす。また土師器・須恵器・滑石製模造品を伴う祭祀遺構も調査されており，特徴的な模造品として馬形のものが12点確認されている。古墳時代後期の煮沸具の甕の観察，滑石製模造品の製作，祭祀遺跡についてまとめられている。

◆全遺跡調査概要―港北ニュータウン地域内埋蔵文化財調査報告Ⅹ
横浜市埋蔵文化財センター刊
1990年3月　Ｂ5判　367頁

　期間20年，費用18億円以上を費やして行なわれた横浜市港北ニュータウン地域内の全遺跡の概要報告。調査遺跡数268のうち報告書の刊行されたものはわずかに80遺跡で全体の30％に過ぎない。調査委員会の解散に当たっての未報告分の整理であり，先土器～近世の各時代の概要を載せるものの各遺跡の内容把握にはおぼつかないものであり，今後の報告書刊行の努力を期待したい。

◆虚空蔵山遺跡　日本窯業史研究所刊　1990年3月　Ｂ4判132頁

　横浜市緑区に所在する遺跡で，丘陵の屋根および斜面に立地する。主体は円墳1基，方形周溝墓1基，住居址50軒の古墳時代の遺構であり，縄文・弥生・平安時代の住居址12軒のほか，粘土・泥岩の採掘跡も確認されている。

◆中央自動車道長野線埋蔵文化財発掘調査報告書4　総論編　長野県埋蔵文化財センター刊　1990年3月　Ａ4判　306頁

　松本盆地の12の遺跡の総括で，7世紀後半以降の集落の動態を纏める。古代では958軒の竪穴住居跡，316棟の掘立柱建物跡の各時期の変遷が考察され，中世では104軒の竪穴住居跡，89棟の掘立柱建物跡，近世の14棟の掘立柱建物跡も付されている。遺物としては古代の土器，中世の土器・陶磁器なども纏められている。

◆阿弥陀寺遺跡　愛知県埋蔵文化財センター刊　1990年3月　Ａ4判　500頁

　海部郡甚目寺町に所在する弥生・中世の遺跡。弥生時代の遺構は住居址72軒，方形周溝墓13基，井戸7基，土坑361，溝22条などであり，遺物は多数の土器・石器のほか，はしご・高杯・いす・鋤などの木製品もある。中世の遺構は溝59条，井戸18基，掘立柱建物址13軒などで，遺物は陶磁器・漆器などである。

◆園部垣内古墳　同志社大学文学部文化学科刊　1990年7月　Ｂ5判　124頁

　京都府の中央部，船井郡園部町に位置する。1972年に調査された結果全長82ｍの前方後円墳と想定され，主体部は古墳の主軸に並行して後円部中央に設けられた東西方向の粘土槨である。副葬品は鏡鑑類が舶載の盤龍鏡・三角縁神獣鏡・三角縁仏獣鏡，仿製鏡として三角縁神獣鏡・画像鏡・四獣鏡の6面，石釧3個，車輪石9個のほか多数の玉類，斧・鎌・鍬などの農耕具，鉄鏃・銅鏃・直刀・鉄剣・鉄槍などの武器が確認されている。前期後半の丹波地方の最有力な古墳として，周辺地域の古墳との関連，出土遺物の総括，種々なる化学的な分析も収録されている。

◆研究紀要　第5号　秋田県埋蔵文化財センター　1990年3月　Ｂ4判　92頁
諏訪台Ｃ遺跡のⅠ・Ⅱ類土器群
　　………………………利部　修
七曲台における縄文時代の居住形態について…………谷地　薫
遺物管理プログラムの作成
　　………………………吉田　真

◆群馬考古学手帳　Vol.1　群馬土器観会（高崎市正観寺町 1063―2 清水マンション205 田口一郎方）
1990年4月　Ｂ5判　80頁
榛名山東南麓の槍先型尖頭器について……………………大塚昌彦
群馬県における弥生土器の崩壊過程……………………若狭　徹
黒井峯遺跡の集落構造研究（1）
　　………………………石井克己

■考古学界ニュース■

編集部編

―――――沖縄・九州地方

グスク時代の住居跡　沖縄県勝連町教育委員会が第二次の発掘調査を行なっている同町平敷屋の平敷屋古島遺跡でグスク時代（12〜16世紀）の集落とみられる住居の柱穴多数と，沖縄貝塚時代中期とみられる住居跡が新たに発見された。グスク時代の遺構からは白磁・青磁・染付・須恵器・石器などが出土，第一次調査の出土品には鎧や鉄鏃も含まれており，近くの勝連城との関連も想定される。また沖縄貝塚時代の住居跡は石組み式のものが2軒確認された。宇佐浜式土器，室川上層式土器，石皿，磨石などが出土している。

弥生中期前半の青銅器工房跡　佐賀県教育委員会が発掘調査を進めている佐賀県神埼郡三田川町と神埼町にまたがる吉野ヶ里遺跡で弥生時代中期前半の青銅器工房跡が発見された。現場は遺跡南端の第2墳丘墓の北西側で，遺構は建物跡と大きな土坑から成る。土坑は直径約8mの楕円形で，擂鉢状に掘り下げられており，工房の主要施設とみられる。これらの遺構からは細形銅矛鋳型やスズの塊のほか，大量の炭と焼け土やノミ状鉄器，獣骨片，さらに北陸原産とみられるヒスイ製の勾玉などが出土した。また工房近くの住居跡からは朝鮮系土器も出土しており注目される。さらに四面に剣と矛の型が彫られた鋳型片が出土した。この矛の鋳型は同県徳須恵遺跡出土の細形銅矛と細部にわたってサイズが一致しており，この鋳型から作られた可能性がある。

弥生中期の大量の木器　佐賀市教育委員会が発掘を進めている佐賀市兵庫町の瓦町遺跡で弥生時代中期の300基を越える土壙群と大溝から漆塗りの木製高坏，木製大皿をはじめ約250点にのぼる生活・農耕・祭祀に関する木器が出土した。高坏は長径1.7m，深さ60cmの楕円形土壙の中央付近から投棄された状態で出土した。半分は欠損しているが一木式で器高18.5cm，口縁径14.5cmと推定され，脚部には四方向の透しが施されている。器面は黒漆地で3条から7条の赤漆線紋が施されている。このほか木製の鋤・鍬・石斧柄・ひしゃく・匙・椀・槽・火鑽臼・火鑽杵・竪杵・紡錘車などが比較的保存のよい状態で出土した。

馬具をつけた馬の殉葬　福岡県教育委員会が発掘調査を進めている筑紫野市諸田の諸田仮塚（もろたかんづか）遺跡で，馬具を装着したままで馬を埋葬した古墳時代の土壙墓が出土した。土壙墓は6世紀後半の円墳（直径約10m，横穴式石室）の周溝に沿って掘られていたもので，全長1.85m，幅75cm，深さ50cm。馬具は鉄製の鏡板付轡で，引手，鏡板，面掛，馬銜の一式が揃って出土，一緒に馬の歯もそろって発見された。馬を横に寝かせるようにして埋葬したものとみられる。同墳からは飾り付の須恵器器台も出土している。馬を埋葬した土壙墓は多く例があるが，馬具を着装した状態のままの発掘例は千葉県大作遺跡についで2番目。

―――――中国地方

縄文晩期の木棺墓　下関市教育委員会が発掘調査を進めている市内永田郷の御堂（みどう）遺跡で縄文時代晩期前半の木棺墓9基がみつかった。棺材は腐朽して残っていないが，推定される棺の長さは70〜120cm，幅35〜60cmの組合式木棺。構造は北部九州の弥生時代の木棺墓との共通性もみられるが，墓坑の掘り方などは縄文時代の土坑墓に近い。稲作などの伝播は北部九州より遅いこの響灘沿岸でこれだけ早い時期の木棺墓が確認されたことは注目される。御堂遺跡では縄文時代後期から室町時代にかけての竪穴住居跡・柱穴・土坑墓や水路などの遺構，土器・石製品・人骨など多くの遺物が出土している。

長登銅山跡から大量の木簡　奈良・東大寺の大仏鋳造に使われた銅の産地で知られる山口県美祢郡美東町大田の長登（ながのぼり）銅山跡で美東町教育委員会による発掘調査が行なわれ，約120点の木簡が発見された。木簡は銅山跡の大切製錬遺跡中心部にある小さな谷の底部に土器や木器とともに折り重なるようにしてみつかった。赤外線テレビによって文字が判読されたのは約40点で，銅山の組織運営に関する事柄を書いた文書木簡と帳簿・伝票類に当たる記録木簡が主。「落鋤里庸米六斗　膳大伴部　三斗　膳大伴部大万呂三斗」の木簡は，霊亀元年（715）に国・郡・郷里制に改められることから，715年以前から銅山が国家施設として稼動していたことを証明している。このほか「周防国大嶋郡屋代郷□□里輪御調塩　三斗　天平四年四月」と書かれた一種の公文書も出土した。

平安期の梵鐘鋳造遺構　岡山県古代吉備文化財センターが発掘調査していた岡山市加茂の政所遺跡で平安時代後期の梵鐘鋳造遺構が発見された。同遺構は長さ3.1m，幅2.6mの方形で，埋まった土の中から梵鐘の鋳型，溶解炉の破片，溶滓片，土器片などが出土した。鋳型は竜頭の破片1点，撞座の小片2点，それに鈕の小片1点などで，この鋳型からは高さ1m，直径60cmぐらいの大きさの鐘が作られたとみられる。11〜12世紀に使用されたもので，遺構が1ヵ所だけだったことから梵鐘の

工房跡ではなく，鋳物師が寺院の境内か近くに出向いて出吹きを行なった跡と推定される。先の調査でこの遺構の東 50 m の所で同時期の瓦斗が大量に出土していることから文献には見当たらないものの寺院跡の存在が証明された。

―――――――――― 四国地方

弥生中期の集落跡 徳島県教育委員会が発掘調査を進めている阿波郡阿波町西長峰の西長峰遺跡で弥生時代中期の掘立柱建物跡9棟，竪穴住居跡21棟，土坑35基，溝状遺構5条，柱穴とみられるピット450基などの遺構が発見された。掘立柱建物は最大 5.5×12.1 m で，8棟が高床式で5棟は倉庫に使われたとみられる。また竪穴住居跡は大きいもので直径が約8 m あり，全体としては中央に掘立柱建物，その周囲に倉庫とみられる高床式建物，さらにその周辺に竪穴住居が配置されている。出土遺物には壺・甕・鉢・高杯などの弥生土器，石庖丁・石斧・石鏃などの石器類のほかに紡錘車や鉄鏃もある。

比江廃寺から瓦10万点 南国市比江にある比江廃寺で高知県教育委員会による発掘調査が行なわれ約10万点にものぼる白鳳時代の瓦が発見された。これまで2次にわたる調査で塔の礎石が確認されたものの金堂など寺院の全容は明らかになっていないため，今回範囲確認のための調査が紙工場跡約600 m² を対象に行なわれた。その結果，蓮華紋の軒丸瓦，軒平瓦などが大量に出土，さらに金堂に使用されたとみられる鬼瓦，鴟尾瓦なども含まれていた。

―――――――――― 近畿地方

平安初期の銅印・石帯 祓所の遺跡と考えられている兵庫県出石郡出石町袴狭の袴狭（はかざ）遺跡で兵庫県教育委員会埋蔵文化財調査事務所による発掘調査が行なわれ，平安時代初期の銅印や石帯をはじめ，土器・斎串など約 3,000 点が発見された。横 3.1 cm，縦 3.4 cm の銅印は「福」の1字でほぼ完形。また石帯（鉈尾）は横 7.3 cm，縦 4.5 cm と全国でも最大規模で，同じ場所からは人名と思われる「秦磐」の墨書土器も出土した。但馬国府については『日本後紀』の記載から 804 年に移転しており，第二次国府の所在地は日高町内に相当するとみられているが，第一次国府は日高町と出石町に候補地があり定まっていなかった。今回袴狭遺跡の調査で国府より大きな役所があったことが考えられ，注目されている。

集落遺跡から子持勾玉 土師遺跡は，にさんざい古墳の約 0.5 km 南に広がる古墳時代の集落遺跡で，過去の調査から百舌鳥古墳群の造営に関与した集落としての位置づけがなされている。今回の調査でも6世紀前〜後半の竪穴住居址13棟，掘立柱建物址9棟のほか土壙・溝などを検出し，鉄滓・子持勾玉などの出土遺物がある。滑石製の子持勾玉は径約1 m の土壙から6世紀後半の須恵器とともに出土したもので，長さ 7.2 cm，背と両側面に計21個の子勾玉がとりつく。本遺跡では昭和49年調査例について2例目の出土である。

長屋王邸宅跡近くから計帳 奈良市二条大路南の長屋王邸宅跡およびその周辺から出土した約10万点の木簡類を調査している奈良国立文化財研究所は，先ごろ古代の課税の基本台帳である計帳の軸木が出土したと発表した。出土したのは長屋王邸宅東北方の道路の側溝。軸木は長さ 31.5 cm，直径 1.9 cm で，両端木口に「大倭国志癸上郡大神里」「和銅八年 計帳」との墨書があった。大神里は大神神社がある桜井市三輪町付近とみられる。計帳は約50戸の坊や里を単位に巻物に仕立てられており，これまで計帳制度の確立は養老令(717)とされていた。しかし今回和銅8年 (715) の墨書が発見されたことにより，大和国ではすでに和銅年間から制度化されていたことがわかり注目されている。さらに邸宅内からは指の関節の位置を3つの墨点で表わし，本人であることの確認に用いられた画指の木簡3点も出土した。男性の「宇太万呂」，女性の「刀自女」「益女」の名前が書かれており，和銅4年(711)から霊亀2年(716)の間に邸内で使われて，その後一括廃棄されたらしい。

山田寺跡から五尊像 桜井市山田の国の特別史跡・山田寺跡から唐代の初期に製作されたとみられる金銅板のレリーフ「五尊像」が発見された。同寺跡は昭和51年から奈良国立文化財研究所飛鳥藤原宮跡発掘調査部が発掘を続けているもので，この像は10世紀末ごろに倒壊した宝蔵の遺構からみつかった。縦 4.5 cm，横 3.7 cm で厚さは 1.5〜6.3mm。中央に如来坐像を置き，左右に僧形と脇侍像を各1体配した五尊像形式で，上部には樹木と飛天，下部には獅子や蓮華の台座，香炉などの仏具，如来を拝む供養者も描かれている。非常に細密に表現された一級品で，如来像の胸などに金メッキの一部が残っている。様式や服装などからみて初唐ごろ中国で作られ，遣唐使などが持ち帰って個人の信仰用にしていたらしい。このほか宝蔵跡の周囲の雨落溝から奈良時代中期から平安時代初期にかけての木簡7点が出土した。うち4点は「大同二年十一月廿六日下 唯識論疏十四巻 側法師之　受 義勝 知倉人持成」など仏典の貸出しにかかわる木簡だった。

考古学界ニュース

大和から埴輪窯跡　奈良市横領町で奈良市教育委員会による発掘調査が行なわれ、6世紀の埴輪を焼いた登窯6基が発見された。現場は近鉄大和西大寺駅の南約1km。南約500mには垂仁天皇陵古墳があり、一帯は大和の土師氏の本拠地と推定されている。遺構は平城京の造営で大部分が削られていたが、丘陵斜面と丘陵を南北に切った人工の溝の斜面から各3基、長さ3.0〜5.6m、幅1.5〜1.9mの窯跡がみつかり、円筒埴輪や人物、馬などの埴輪片数万片がみつかった。窯の底は焼けた土が2〜9層重なっていることから数度にわたって大量の埴輪が製作されたらしい。周辺に同時期の古墳が知られていないこと、またその出土量から考えてつくられた埴輪はすぐ東側を流れる秋篠川から大和川水系を利用して大和盆地一帯に供給していた大規模な埴輪工房と考えられる。

飛鳥時代の巨石列　奈良県立橿原考古学研究所が調査を進めている同県高市郡明日香村野口の県道新設予定地（野口カシノ尾遺跡）から巨石列が見つかった。現場は天武・持統天皇陵の約200m南で、大きなもので約3×2×1.5m大、小さなものでひとかかえ程度の石が北西〜南東方向に並んでいる。石材は石英閃緑岩の自然石で、大型の石を南西側に面をもつように並べ、その間に小型の石を配している。石列全体の幅は2m前後で、約15mの長さにわたって検出された。石列の限界は調査区外に及ぶため不明。石列は北東側で掘り込みを設けて据えられていることや、ここで使用されている石英閃緑岩は、遺跡周辺には産出しないことなどから大規模に造成されたものである可能性が強い。石の間からは7世紀末の須恵器が出土している。ほぼ同時期に造営されたと考えられる天武・持統天皇陵に近く、それに付帯する施設である可能性もある。

琵琶湖底から縄文中期の貝塚　大津市晴嵐町沖合の琵琶湖底にある粟津湖底遺跡からよく保存された縄文時代中期前半の貝塚がみつかり、貝層と植物層が交互に約20層堆積していることがわかった。現場は晴嵐町の東沖合約400mで、水深約3mの湖底。滋賀県教育委員会と（財）滋賀県文化財保護協会が発掘を行なった結果、貝塚は南北35m、東西10mほどの三日月形をしており、セタシジミ（大半を占める）、カラスガイ、タニシ、イシガイなどの貝層とトチ、ドングリ、ヒシ、クルミなどの木の実を含む植物層が交互に約20層重なっており、季節に応じて採取した植物と動物、魚貝類が読みとれる。貝層にはナマズ、コイ、スッポン、ギギなどの魚類やイノシシ、シカ、サルなど食用とした獣骨類も含まれていた。出土した中期前半の土器片の約30％は新保式や新崎式など北陸系の土器で注目される。そのほか木製のカゴやザルのようなものもみつかったが、住居跡はまだ発見されていない。この貝塚の西約100mには水中調査で確認された早期〜中期にわたる粟津貝塚があり、この一部とみられている。

中部地方

奈良・平安期の建物群　石川県埋蔵文化財センターが発掘調査を実施した金沢市藤江北2丁目の藤江C遺跡で、奈良・平安時代の8棟以上からなる掘立柱建物群が発見された。建物は3間×4間の廂付建物、3間×3間の倉庫とみられる総柱建物などで、いずれも南北を向いてかたまるようにして建っていた。中でも倉庫とみられる建物は、柱穴の大きさが約1.2m四方、柱自体も直径約45cmと推定され、いずれも県内では最大級である。さらに柱穴は東西方向の列ごとに浅い溝でつながる串だんご状のもので、県内では初例である。付近の遺跡では以前の調査で「石田庄（いわたのしょう）」と記された墨書土器が出土しており、今回の建物群がいまだ所在のはっきりしていない加賀郡石田庄の関連遺構の可能性もある。

巨大環状木柱列　石川県埋蔵文化財センターが発掘を進めている小松市金野町の六橋（ろっきょう）遺跡で縄文時代後期から晩期にかけての巨大環状木柱列を含む柱穴約1,000ヵ所がみつかった。現場は梯川支流の郷谷川流域にあたり、遺跡の東側から直径1m、深さ70cmほどの巨大柱穴をはじめ、多くの穴が発見された。全体的には直径10m前後の環状に並ぶもので、石川県内では7遺跡目、全国的にも最も西に位置する。この上層部からは配石墓などがみつかっており、住居から墓地への変遷がうかがえる。また同遺跡からは縄文時代早期の押型文土器がみつかったほか、同中期のものでは土偶や関西系の土器なども出土している。

平安初頭の瓦塔　富山市教育委員会が調査を行なった市内山本の明神遺跡Ⅲ地区で、平安時代初頭と推定される瓦塔が出土した。遺構としては平安時代初頭の須恵器窯2基と段状遺構1ヵ所などが検出されたが、瓦塔は置き場として使われたと推定される段状遺構からみつかった。五重塔の屋蓋部分が3層で、うち1層は大きさが34cm四方、重さ3.7kg。黄白色の須恵質で、すぐ横の窯で焼かれた可能性が強い。瓦塔は関東地方を中心に全国で約150例出土している。

「沼垂城」の木簡　新潟県三島

郡和島村の八幡林遺跡で先ごろ木簡３点がみつかり，国立歴史民俗博物館が鑑定した結果，うち２点に「沼垂城」などの文字が残っていることが判明した。１号木簡は長さ58cm，幅３cmで（表）「郡司符青海郷事少丁高志君大虫右人其正身□」（裏）「虫大郡向参朔告司□率□賜」とあり３つに割れていた。２号木簡は長さ９cm，幅２cmで（表）「廿八日解所請養老」（裏）「祝　沼垂城」とある。１号木簡は郡司からの呼び出し命令書で通行手形を兼ねており，地方でも郡と郷のレベルで文書木簡を利用していたことを示すもの。また２号木簡は『日本書紀』に登場する「渟足柵」（647年）が「沼垂城」と改称されて養老年間以降も存続していたことを示す。さらに３つに割れた木簡が役目を終えて廃棄されたとすると，古代北陸道のルート解明にも重要な手掛りになると考えられる。

──────────関東地方

多量の木製品　君津郡市文化財センターが発掘調査を続けている君津市常代の常代（とこしろ）遺跡で弥生時代中期の農具など多量の木製品が出土した。現場は小糸川沿いに広がる弥生時代から江戸時代の復合遺跡。臼や鋤，鍬などの農具や織り具，建築材，弓のほか，木製刀や舟形木製品などの祭祀用具も発見された。木製刀は弥生時代中期の大溝からみつかったもので，水鳥の形をした土製品も一緒に出土した。また方形周溝墓が50基発見され，そのうち４m四方のもの１基の溝から条痕文系土器（カメ）がみつかった。周溝墓は今後さらにふえて約100基ほどになると推定される。

縄文後・晩期の祭祀跡　安中市中野谷の天神原遺跡で安中市教育委員会による発掘調査が行なわれ，長径70cm，短径50cmの平たい石皿を中心に，直径15cm，長さ50cmの石棒をはじめ，約20本の石棒・石剣と無数の拳大の丸石で形作られた遺構が発見された。石棒の一部は石皿に向かって置かれ，石皿も表面の窪みはわずかで実用的なものではなく，縄文人による祭祀の場と考えられる。さらに隣接して内側が墳丘状になった環状列石も発見された。妙義山の３つの峰に対応するように石棒・立石３本が立てられているのが特徴。また配石墓約10基や多数の土偶がみつかったほか，南側には住居群も確認された。

──────────東北地方

５遺跡間で石器の接合資料　宮城県加美郡小野田町にある薬莱山（やくらいさん）遺跡群で，宮城県教育委員会・東北歴史資料館と民間研究団体である石器文化談話会の協同調査によって，遺跡群内の５つの後期旧石器時代遺跡の間で接合する石器がみつかった。石器は全部で９組19点あり互いの遺跡は直線で0.5〜3.7km離れている。このうち薬莱山（553m）の東にある薬莱原15遺跡から出土した石刃３点とナイフ形石器，剝片の計５点は，3.7km離れた山の西側の遺跡の１つから出た石器６点とぴったり接合し，さらにもう１つの剝片が３km離れた西側の別の遺跡から出た剝片と重なった。出土品の多い薬莱原15遺跡をベースキャンプにして狩猟などのため遺跡間を往復していたか，遺跡から別の遺跡へ移住するなど，旧石器人が頻繁な移動を行なっていたことを証明するものとして注目されている。

──────────北海道地方

大量の珠洲陶器　北海道余市町大川町にある大川遺跡（１世紀〜19世紀）で余市町教育委員会による発掘調査が行なわれ，とくに13〜14世紀にかけて石川県珠洲地方で焼かれた珠洲陶器の擂鉢など250点が出土した。現場は余市川が日本海に注ぐ河口に面しており，和人の居館跡とみられているが，アイヌとの境界でもあったとみられる。珠洲陶器は日用雑器として本州の日本海側北半分の地方へ送られ，北海道でも函館付近の志海苔館や湧元など８カ所で出土しているが，点数は１〜10点程度と少なかった。15世紀半ばには津軽の安藤氏がエゾへ渡ったとされているが，今回の遺物はそれ以前にアイヌと和人の交易を示すものとして貴重。

──────────その他

西域美術展　４月２日（火）より５月12日（日）まで東京国立博物館東洋館において開催されている。４回に及ぶドイツのトゥルファン探検隊（1902〜1914年）は西域の各地（トゥルファン地域，クチャ地域，ショルチュク，トゥムシュクなど）で多くの成果をあげ，その収集品は現在ベルリンの国立インド美術館に所蔵されている。今回の展覧会では壁画，塑像，木彫，幡絵，刺繡，写本など５世紀から12世紀に及ぶ仏教美術を中心に総数158件が公開される。

騎馬民族の遺宝展　４月13日（土）〜５月26日（日）。古代オリエント博物館（東京・池袋）にて。

──**●読者からのたより●**──
会津の古墳には埴輪はないというのが半ば定説化していました。ところが最近，会津盆地の東と西に所在する古墳から，それぞれ埴輪片と考えられる遺物が出土し，さらには会津盆地西縁山麓から，円筒埴輪の良好な資料が出土するに及んで，会津の古墳にも埴輪があったことが次第に解明されようとしています。なお会津盆地では一昨年から方形周溝墓の発見が相つぎ，しかも４世紀前半とみられる古墳の発見など，およそ「東北」らしからぬ発見が続いています。　（福島・古川利意）

編集室より

◆人間の初源的な道具として，多くの人々に夢と推理を与える石器は，いったいどのようにして生まれ，変化し，発展してきたのであろうか。石器の初源的出現は，石のあるところ，世界中どこでも，同じように生まれたのであろう。人間の知恵の構造がもたらす所産として，わたしたちは，まずこれを認識する。そしてこの同一性に，さまざまな個別的変化をみせるのはいつのことだろうか。どのような理由によってであろうか。自生的から伝播の文化へ，初歩から高度な技術文化への過程を，わたしたちは本誌から十分汲みとれる

はずである。　　　（芳賀）

◆子供のころ，母の手伝いで浅い溝が何本も入った石の臼をまわし，大豆を挽いた覚えがある。思えばあれも石器だった。石器をみると，古代人の芸術的ともいうべき器用さと，穿孔などにみられる執念の深さに驚嘆する。本号では人類とは最もつき合いの古い道具である石器の歴史を縦にあつかっている。とくに縄文時代の石器は種類も豊富で数も多い。用途不明のものもあるが，農耕・狩猟・漁撈・木工用，それからまつりの石器と実に多彩である。これだけ数量があれば，土器と同様に石器で編年が組立てられないかと考えた。しかし形態的変化の乏しい石器では無理らしい。（宮島）

本号の編集協力者——戸沢充則（明治大学教授）
1932年長野県生まれ，明治大学大学院博士課程修了。「縄文時代史研究序説」「先土器時代文化の構造」「日本考古学を学ぶ」「探訪縄文の遺跡」「遺跡が語る東京の三万年」「縄文人は生きている」「縄文文化の研究7—道具と技術」などの編著がある。

■本号の表紙■

　私たち人類の永い歴史を通じて，最も深いつきあいのあった道具は石器である。その時代に応じて祖先たちは技術を改良し，形に工夫を加え，自然環境の変化に対応し，危機を克服しながら，人類文化の発展と繁栄を促してきた。石器が終わる頃から技術の進歩は加速化し，人間の知脳を超え，道具はしばしば人々の幸せをおびやかす存在になった。石器を作った遠い祖先の歴史を学ぶとともに，いま私たちは道具を学ぶこころを学ばなくてはいけない。怪物化した技術よりも，人間の哲学が大事な人類史の現段階である。（写真は壮大な人類史の堆積をみせるオルドヴァイ遺跡の地層と，右端はアウストラロピテクスの発見地点）　　　（戸沢充則）

▶本誌直接購読のご案内◀

『季刊考古学』は一般書店の店頭で販売しております。なるべくお近くの書店で予約購読なさることをおすすめしますが，とくに手に入りにくいときには当社へ直接お申し込み下さい。その場合，1年分の代金（4冊，送料は当社負担）を郵便振替（東京3-1685）か現金書留にて送金下さい。次号より1部定価2,000円（税込）にさせていただきますのでよろしくお願いいたします。

季刊 考古学　第35号　　　1991年5月1日発行
ARCHAEOLOGY QUARTERLY　　　定価 1,860 円
（本体1,806円）

編集人　芳賀章内
発行人　長坂一雄
印刷所　新日本印刷株式会社
発行所　雄山閣出版株式会社
　〒102　東京都千代田区富士見 2-6-9
　電話 03-3262-3231　振替 東京3-1685
◆本誌記事の無断転載は固くおことわりします
　ISBN4-639-01024-9　printed in Japan

季刊 考古学 オンデマンド版 第 35 号　1991 年 5 月 1 日　初版発行
ARCHAEOROGY　QUARTERLY　　　　　2018 年 6 月 10 日　オンデマンド版発行

定価（本体 2,400 円 + 税）

編集人　　芳賀章内

発行人　　宮田哲男

印刷所　　石川特殊特急製本株式会社

発行所　　株式会社　雄山閣　http://www.yuzankaku.co.jp

〒 102-0071　東京都千代田区富士見 2-6-9

電話 03-3262-3231　FAX 03-3262-6938　振替　00130-5-1685

◆本誌記事の無断転載は固くおことわりします　　ISBN 978-4-639-13035-2　Printed in Japan

初期バックナンバー、待望の復刻!!

季刊 考古学 OD 創刊号〜第 50 号〈第一期〉

全 50 冊セット定価（本体 120,000 円＋税） セット ISBN：978-4-639-10532-9

各巻分売可 各巻定価（本体 2,400 円＋税）

号　数	刊行年	特　集　名	編　者	ISBN（978-4-639-）
創刊号	1982 年 10 月	縄文人は何を食べたか	渡辺 誠	13001-7
第 2 号	1983 年 1 月	神々と仏を考古学する	坂詰 秀一	13002-4
第 3 号	1983 年 4 月	古墳の謎を解剖する	大塚 初重	13003-1
第 4 号	1983 年 7 月	日本旧石器人の生活と技術	加藤 晋平	13004-8
第 5 号	1983 年 10 月	装身の考古学	町田 章・春成秀爾	13005-5
第 6 号	1984 年 1 月	邪馬台国を考古学する	西谷 正	13006-2
第 7 号	1984 年 4 月	縄文人のムラとくらし	林 謙作	13007-9
第 8 号	1984 年 7 月	古代日本の鉄を科学する	佐々木 稔	13008-6
第 9 号	1984 年 10 月	墳墓の形態とその思想	坂詰 秀一	13009-3
第 10 号	1985 年 1 月	古墳の編年を総括する	石野 博信	13010-9
第 11 号	1985 年 4 月	動物の骨が語る世界	金子 浩昌	13011-6
第 12 号	1985 年 7 月	縄文時代のものと文化の交流	戸沢 充則	13012-3
第 13 号	1985 年 10 月	江戸時代を掘る	加藤 晋平・古泉 弘	13013-0
第 14 号	1986 年 1 月	弥生人は何を食べたか	甲元 真之	13014-7
第 15 号	1986 年 4 月	日本海をめぐる環境と考古学	安田 喜憲	13015-4
第 16 号	1986 年 7 月	古墳時代の社会と変革	岩崎 卓也	13016-1
第 17 号	1986 年 10 月	縄文土器の編年	小林 達雄	13017-8
第 18 号	1987 年 1 月	考古学と出土文字	坂詰 秀一	13018-5
第 19 号	1987 年 4 月	弥生土器は語る	工楽 善通	13019-2
第 20 号	1987 年 7 月	埴輪をめぐる古墳社会	水野 正好	13020-8
第 21 号	1987 年 10 月	縄文文化の地域性	林 謙作	13021-5
第 22 号	1988 年 1 月	古代の都城―飛鳥から平安京まで	町田 章	13022-2
第 23 号	1988 年 4 月	縄文と弥生を比較する	乙益 重隆	13023-9
第 24 号	1988 年 7 月	土器からよむ古墳社会	中村 浩・望月幹夫	13024-6
第 25 号	1988 年 10 月	縄文・弥生の漁撈文化	渡辺 誠	13025-3
第 26 号	1989 年 1 月	戦国考古学のイメージ	坂詰 秀一	13026-0
第 27 号	1989 年 4 月	青銅器と弥生社会	西谷 正	13027-7
第 28 号	1989 年 7 月	古墳には何が副葬されたか	泉森 皎	13028-4
第 29 号	1989 年 10 月	旧石器時代の東アジアと日本	加藤 晋平	13029-1
第 30 号	1990 年 1 月	縄文土偶の世界	小林 達雄	13030-7
第 31 号	1990 年 4 月	環濠集落とクニのおこり	原口 正三	13031-4
第 32 号	1990 年 7 月	古代の住居―縄文から古墳へ	宮本 長二郎・工楽 善通	13032-1
第 33 号	1990 年 10 月	古墳時代の日本と中国・朝鮮	岩崎 卓也・中山 清隆	13033-8
第 34 号	1991 年 1 月	古代仏教の考古学	坂詰 秀一・森 郁夫	13034-5
第 35 号	1991 年 4 月	石器と人類の歴史	戸沢 充則	13035-2
第 36 号	1991 年 7 月	古代の豪族居館	小笠原 好彦・阿部 義平	13036-9
第 37 号	1991 年 10 月	稲作農耕と弥生文化	工楽 善通	13037-6
第 38 号	1992 年 1 月	アジアのなかの縄文文化	西谷 正・木村 幾多郎	13038-3
第 39 号	1992 年 4 月	中世を考古学する	坂詰 秀一	13039-0
第 40 号	1992 年 7 月	古墳の形の謎を解く	石野 博信	13040-6
第 41 号	1992 年 10 月	貝塚が語る縄文文化	岡村 道雄	13041-3
第 42 号	1993 年 1 月	須恵器の編年とその時代	中村 浩	13042-0
第 43 号	1993 年 4 月	鏡の語る古代史	高倉 洋彰・車崎 正彦	13043-7
第 44 号	1993 年 7 月	縄文時代の家と集落	小林 達雄	13044-4
第 45 号	1993 年 10 月	横穴式石室の世界	河上 邦彦	13045-1
第 46 号	1994 年 1 月	古代の道と考古学	木下 良・坂詰 秀一	13046-8
第 47 号	1994 年 4 月	先史時代の木工文化	工楽 善通・黒崎 直	13047-5
第 48 号	1994 年 7 月	縄文社会と土器	小林 達雄	13048-2
第 49 号	1994 年 10 月	平安京跡発掘	江谷 寛・坂詰 秀一	13049-9
第 50 号	1995 年 1 月	縄文時代の新展開	渡辺 誠	13050-5

※ 「季刊 考古学 OD」は初版を底本とし、広告頁のみを除いてその他は原本そのままに復刻しております。初版との内容の差違は
　ございません。
「季刊 考古学　OD」は全国の一般書店にて販売しております。なるべくお近くの書店でご注文なさることをおすすめしますが、とくに手に入り
にくいときには当社へ直接お申込みください。